Job?

나는 스마트헬스케어 전문가가 될 거야!

Job?

나는 스마트헬스케어 전문가가 될 거야!

손지숙 글 | 허재호 그림 | 염창홍 감수

Special 19

국일아이

차례

직업 탐험
워크북

나는 **스마트헬스케어** 전문가가 될 거야!

등장인물

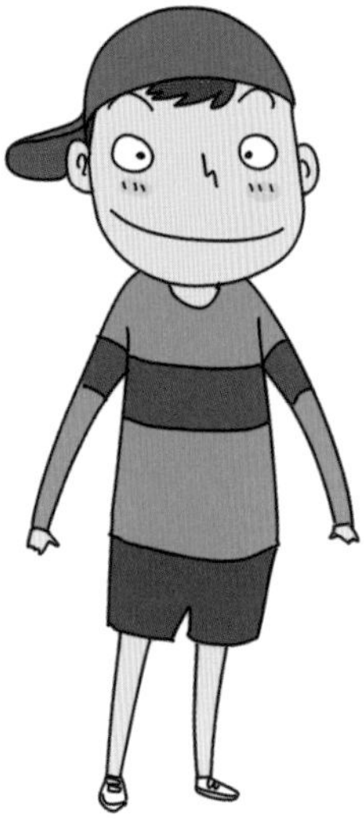

승기

스마트헬스케어에 관심이 많은 초등학교 6학년 남자아이로 추리력이 뛰어나고 쾌활한 성격이다. 건강이 좋지 않은 어머니를 잘 보살펴 드리는 효자다. 전학 온 유나를 도와주면서 유나와 친해진 덕분에 유나 할아버지를 통해 스마트헬스케어에 대해 자세히 배우게 된다. 그러던 어느 날, 할아버지가 사라지셨다는 다급한 소식을 듣게 된다. 이제 사건을 해결하기 위한 남다른 추리력을 슬슬 발동하기 시작하는데….

유나

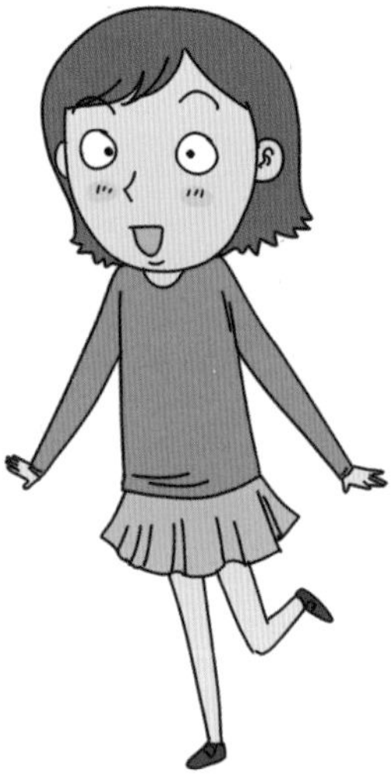

밝고 쾌활한 성격의 초등학교 6학년 여자아이이다. 스마트헬스케어 회사를 운영하는 할아버지 덕분에 스마트헬스케어에 대한 지식을 많이 갖추고 있다. 전학을 와서 친구들과 어울리지 못했지만 승기 덕분에 학교 생활에 잘 적응하게 된다. 승기와 함께 스마트헬스케어에 대해 배우면서 더욱 친해진다. 그러던 어느 날 할아버지가 갑자기 사라지고 승기와 함께 할아버지를 수소문하는데….

유나 할아버지

국일 스마트헬스케어 기업을 운영하고 있는 회장님이다. 젊은 시절부터 온갖 고생을 하며 자신의 모든 것을 바쳐 스마트헬스케어 서비스 사업을 일궈 왔다. 그 결과 사업에서는 큰 성공을 거두었지만, 일하느라 아픈 아내를 돌보지 못해 사랑하는 아내를 잃는 남모를 아픔을 겪는다. 어느 날, 끔찍이 사랑하는 유나에게도 한마디 말도 없이 홀연히 자취를 감춘다. 그 이유가 무엇일까?

유나 삼촌

능력 있는 스마트헬스케어 앱 개발자다. 하지만 할아버지는 유달리 둘째 아들인 삼촌에게 엄격하고 능력을 인정해 주지 않는다. 할아버지의 실종 사건이 터지자, 승기는 할아버지에게 내심 서운한 마음을 갖고 있던 삼촌을 의심스러운 눈초리로 바라보는데….

김 여사

할비개이 풀 패너로 할아비지의 건강을 세심하게 챙겨 드린다. 집안일까지 돌봐 주면서 할아버지의 두터운 신임을 얻고 있다. 하지만 수상한 통화를 하고 있는 것을 본 승기는 김 여사가 못내 의심스럽다.

꿈을 찾아가는
꿈나무를 위한 길잡이

허영만 화백이 그린 만화《식객》이 한국 음식 문화의 품격과 철학의 깊이를 더한 '음식 문화서'라고 한다면, 《job?》 시리즈는 '바라고 꿈꾸는 것을 이루기 위해 줄기차게 노력하면 반드시 꿈은 이루어진다'는 교육 철학을 담은 직업 관련 학습 만화입니다. 어린이와 청소년들이 만화를 통해 각 분야의 직업을 이해하고, 스스로 장래 희망을 설정하는 데 도움을 주는 진로 교육서이기도 합니다.

꿈과 희망은 사람을 움직이는 가장 강력한 에너지입니다. 꿈과 희망이 있는 사람은 밝고 활기찹니다. 그리고 호기심과 열정이 가득해서 지루할 틈이 없이 부지런합니다. 특히 어린이와 청소년들에게 꿈과 희망은 삶을 긍정적으로 바라보게 하는 가장 강력한 버팀목 역할을 합니다.

어른이 되어 이루는 성공과 성취는 어린 시절부터 바랐던 꿈과 희망이 이뤄 낸 결과입니다. 링컨과 케네디, 빌 게이츠와 오바마, 이들은 어린 시절에 꾸었던 꿈과 희망을 실현하기 위해 노력한 사람들입니다. 삼성을 일류 기업으로 이끈 고(故) 이병철 회장이나 우리나라 경제 발전에 초석을 다진 현대그룹의 고(故) 정주영 회장도 어린 시절의 꿈을 실현한 대표적인 사람입니다. 꿈과 희망 안에는 미래를 변하게 하는 놀라운 능력이 숨어 있습니다. 꿈과 희망을 품고 노력하면 바라던 것이 이루어집니다.

어린이와 청소년들이 스스로 미래를 준비할 수 있도록 도움을 주고자 기획한 《job?》 시리즈는 우리 사회 각 분야의 직업을 다루고 있습니다. 어떤 분야의 직업을 갖고 사는 것이 좋으며 가치 있을지를 만화 형식을 빌려서 설명하여 이해뿐 아니라 재미까지 더하였습니다.

그동안 직업을 소개하는 책은 많았지만, 어린이 눈높이에 맞춘 직업 관련 안내서는 드물었습니다. 이 책의 차별성은 바로 여기에 있습니다. 단순히 각각의 직업이 무슨 일을 하는지를 소개하는 데 그치지 않고 사회적 측면에서 바라본 직업의 존재 이유와 작용 원리를 적절한 용어를 사용하여 어린 독자들의 이해를 돕습니다. 자칫 딱딱할 수 있는 직업 이야기를 맛깔스러운 대화와 재미있는 전개로 설명하여 효과적인 진로 안내서 역할도 합니다.

이 책이 어린이와 청소년들에게 세상의 여러 직업을 깊이 이해하고 자신의 미래를 여는 데 도움을 줄 것이라 기대합니다. 아울러 장차 세계를 이끌 주인공이 될 어린이와 청소년들이 직업과 관련해서 멋진 꿈과 희망을 얻길 바랍니다.

문용린(서울대학교 교육학과 명예교수)

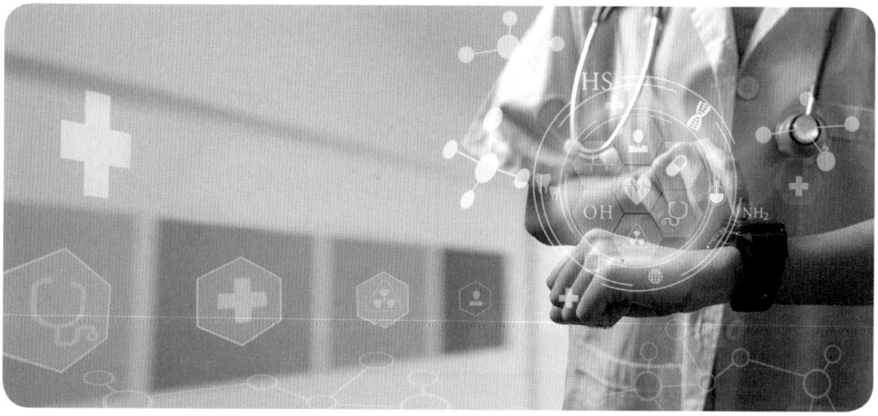
HS
OH
NH2

건강하고 행복한 삶을 만들어 줘요

오랜 옛날, 중국 진나라의 진시황제는 불로초를 찾기 위해 애썼어요. 불로초는 먹으면 늙지도 죽지도 않는다는 전설의 풀이었거든요. 이 풀은 신선이 사는 곳에 돋아난다고 해요. 결국 진시황제는 불로초를 찾았을까요? 안타깝게도 진시황제는 꿈을 이루지 못하고 세상을 떠났어요. 진시황제의 이야기에서 무엇을 느꼈나요? 오래오래 건강하게 살고 싶은 사람들의 바람은 옛날이나 지금이나 변함없다는 것이 느껴지지 않나요?

그 뒤 세월이 흐르고 흘러 현대 의학이 발달하면서 수많은 약이 개발되고 수술 기술도 발전했어요. 예전에는 고치지 못했던 병을 이제 고칠 수 있게 되었지요. 그에 따라 사람들의 수명은 점점 늘어났어요.

하지만 사람들은 단순히 오래 사는 것에 만족하지 않아요. 또한 병이 났을 때 약을 먹거나 수술을 받고 병을 고치는 것만 원하지도 않지요. 이제는 늙고 병든 몸으로 그저 오래 사는 것이 아니라 좀 더 건강하고 행복하게 오래 사는 것을 바라게 되었어요. 그리고 좀 더 쉽고 편리하게, 좀 더 많은 의료 서비스 혜택을 누릴 수 있기를 원하게 되었지요. 이러한 사람들의 꿈과 바람을 스마트헬스케어가 한 걸음, 한 걸음씩 이루어 나가고 있답니다.

요즈음 우리가 쓰는 말에 스마트폰, 스마트카, 스마트TV처럼 '스마트'라는 말이 많이 붙지요? 스마트는 현대 사회와 떼려야 뗄 수 없는 말이에요.

스마트헬스케어란 정보통신기술을 활용하여 종합적인 의료 서비스를 제공받는 것을 말해요. 사람들은 스마트헬스케어의 다양한 서비스를 통해 만성 질환을 치료하고 꾸준히 관리받으며 질병을 예방할 수 있어요. 더 나아가 병원에 직접 가지 않고도 더 많은 의료 서비스 혜택을 받을 수 있게 되었어요. 스마트헬스케어는 미래의 세상을, 이 세상을 살아가는 사람들의 삶을 새롭게 바꾸어 줄 거예요.

앞으로 스마트헬스케어 분야에서 할 일은 점점 더 늘어나고 전문가도 많이 필요하게 될 거예요. 스마트헬스케어 전문가의 전망은 매우 밝답니다. 사람들의 건강하고 즐거운 삶을 위해 일하는 만큼 더욱더 보람도 느낄 수 있을 거고요.

승기, 유나와 함께 스마트헬스케어의 세계로 떠나 볼까요?

글쓴이 **손지숙**

어느 가족의 아침

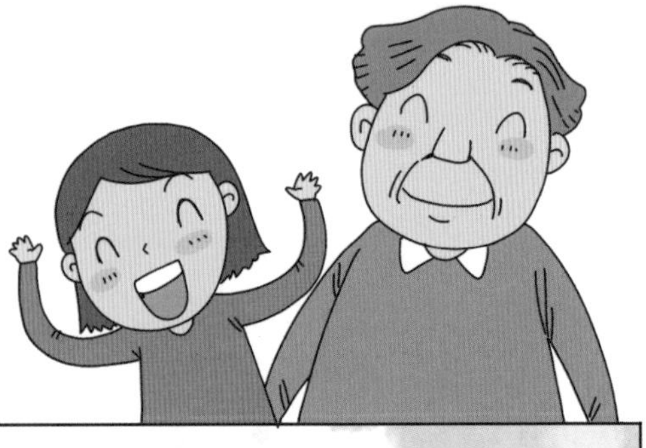

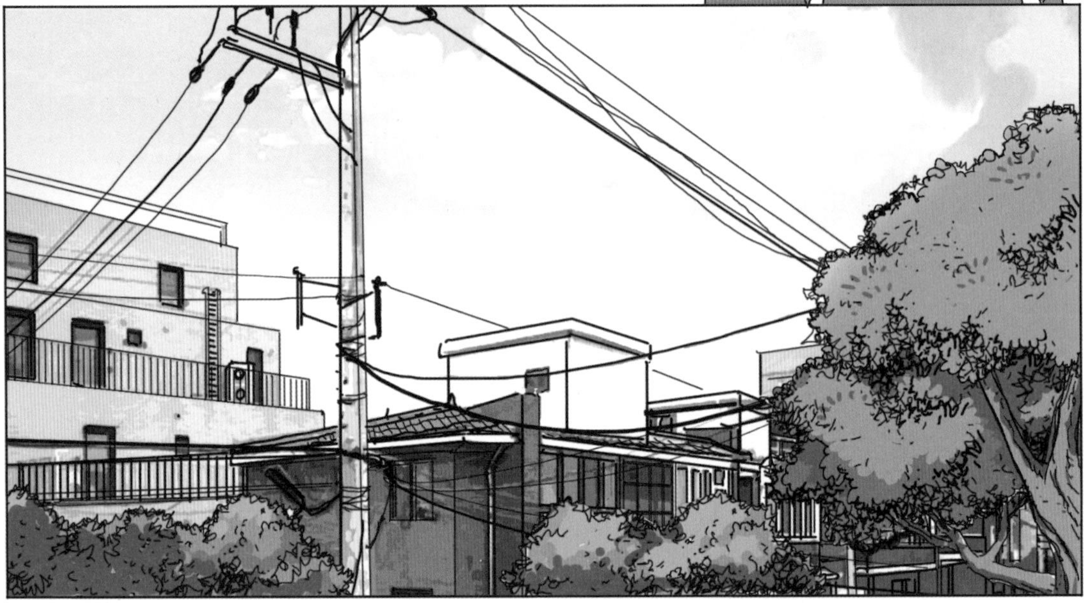

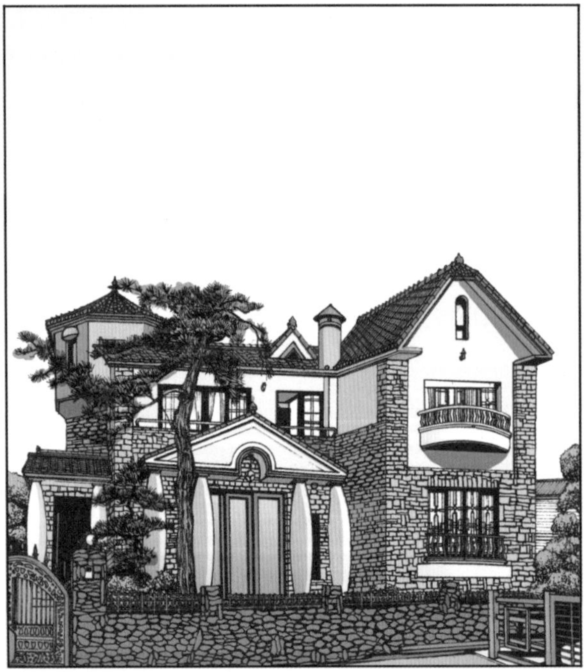

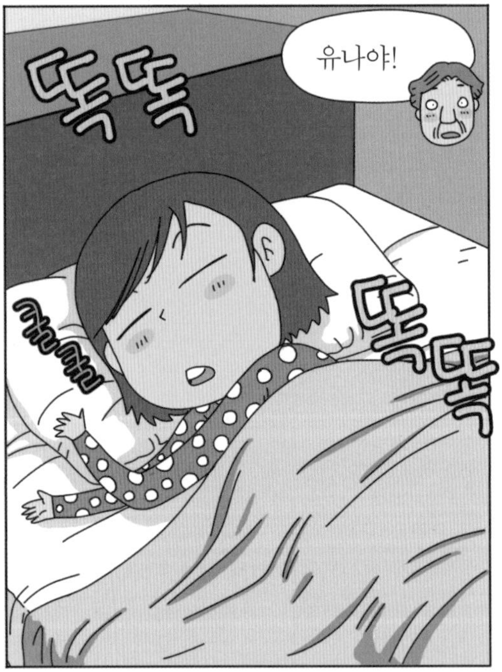
똑똑
유나야!
쿨쿨
똑똑

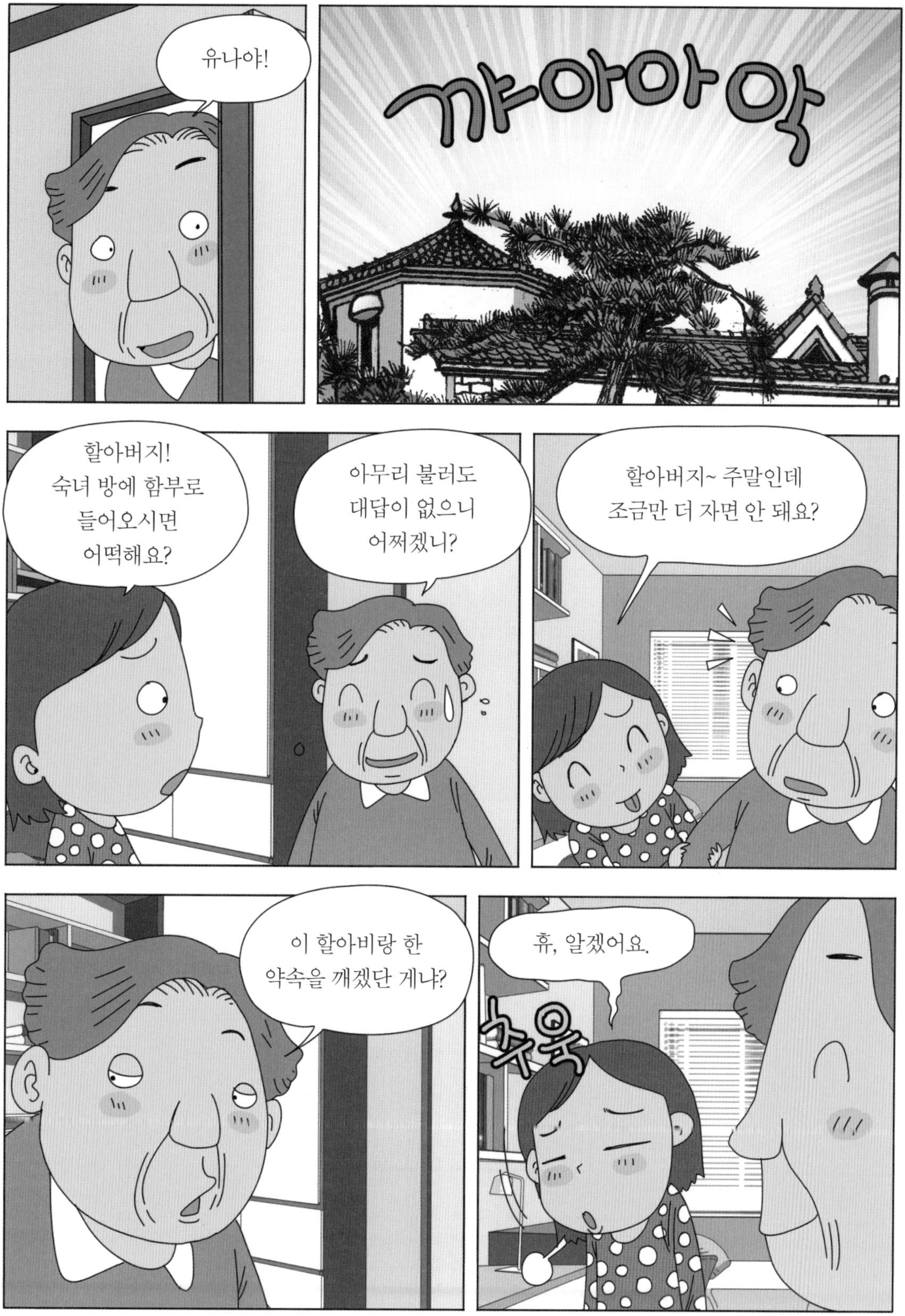
유나야!
꺄아아악
할아버지! 숙녀 방에 함부로 들어오시면 어떡해요?
아무리 불러도 대답이 없으니 어쩌겠니?
할아버지~ 주말인데 조금만 더 자면 안 돼요?
이 할아비랑 한 약속을 깨겠단 게냐?
휴, 알겠어요.
축욱

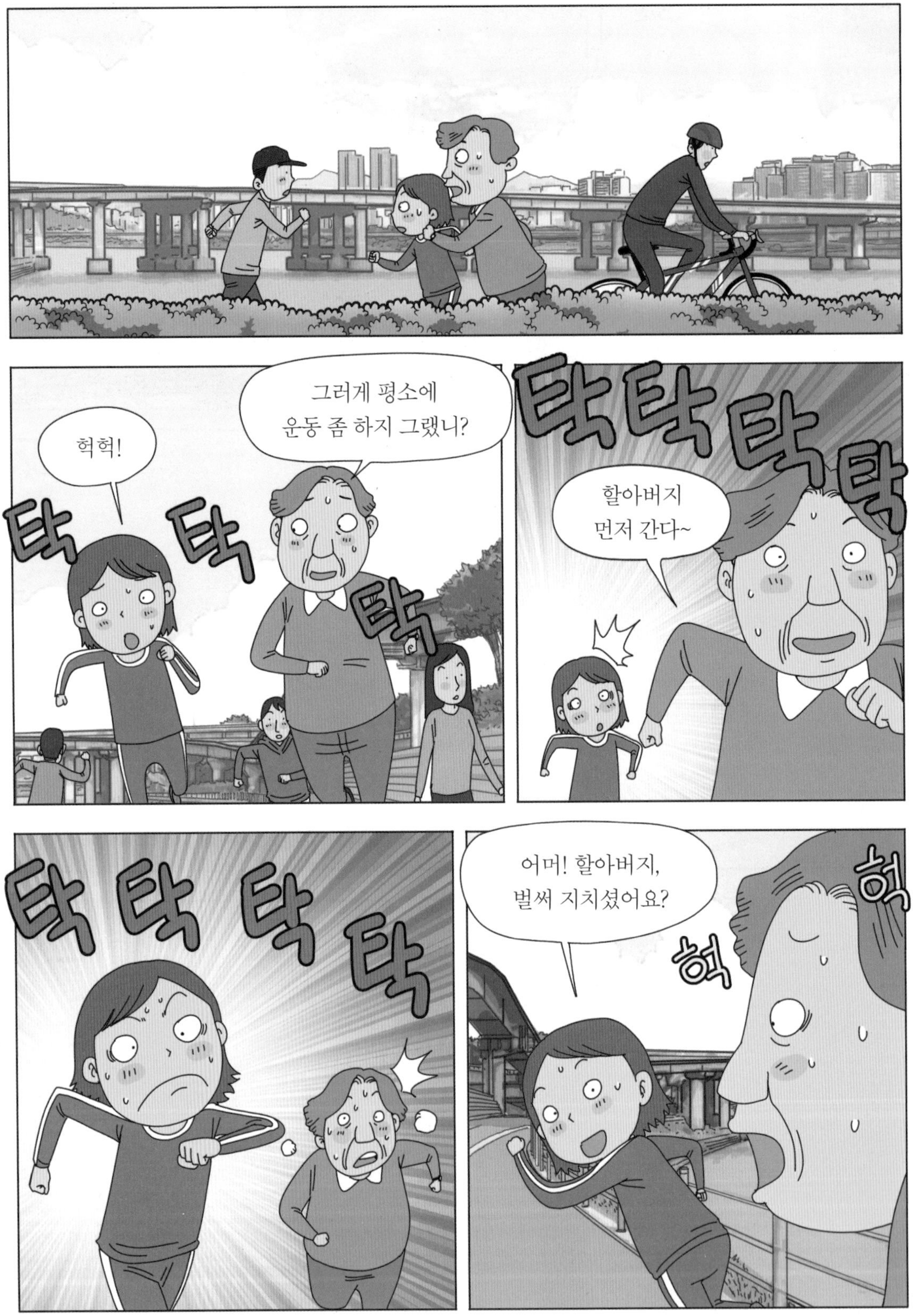
헉헉!
그러게 평소에 운동 좀 하지 그랬니?
탁 탁 탁
탁탁탁탁
할아버지 먼저 간다~
탁탁탁탁
어머! 할아버지, 벌써 지치셨어요?
헉
헉

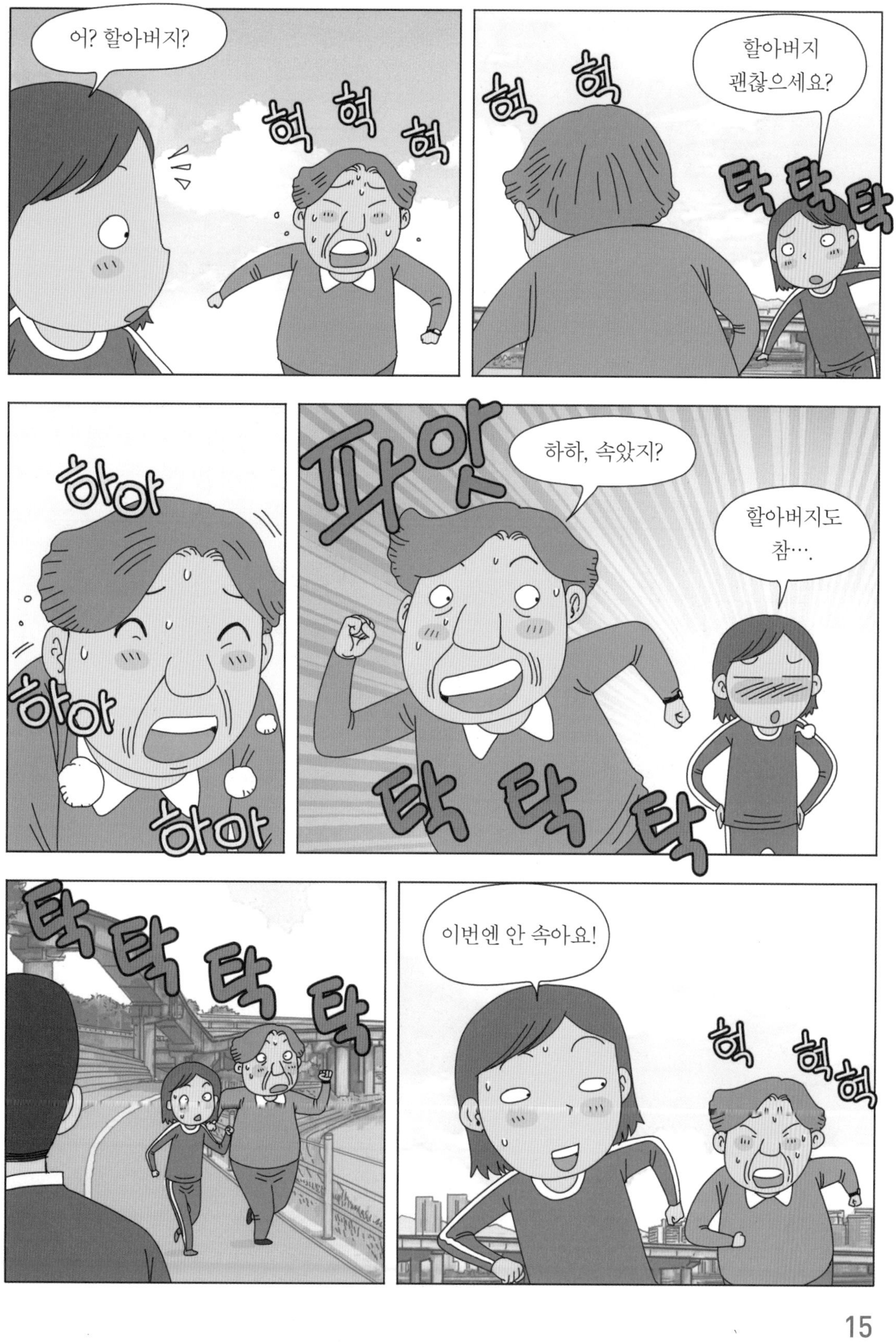
어? 할아버지?
헉 헉 헉
헉 헉
할아버지
괜찮으세요?
탁 탁 탁
하아
하아
하아
파앗
하하, 속았지?
할아버지도
참….
탁 탁 탁
탁 탁 탁 탁
이번엔 안 속아요!
헉 헉 헉

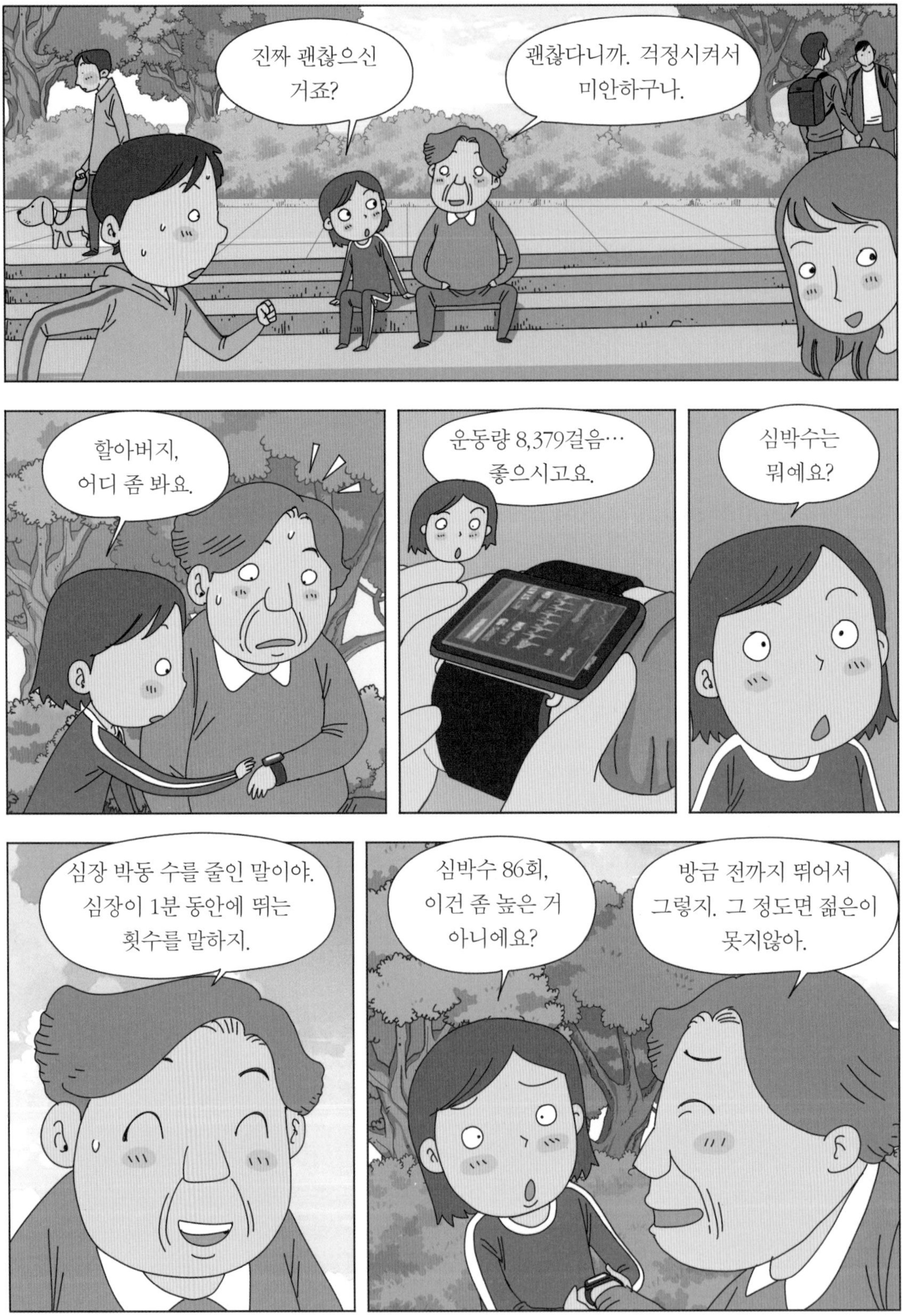
진짜 괜찮으신 거죠?
괜찮다니까. 걱정시켜서 미안하구나.
할아버지, 어디 좀 봐요.
운동량 8,379걸음… 좋으시고요.
심박수는 뭐예요?
심장 박동 수를 줄인 말이야. 심장이 1분 동안에 뛰는 횟수를 말하지.
심박수 86회, 이건 좀 높은 거 아니에요?
방금 전까지 뛰어서 그렇지. 그 정도면 젊은이 못지않아.

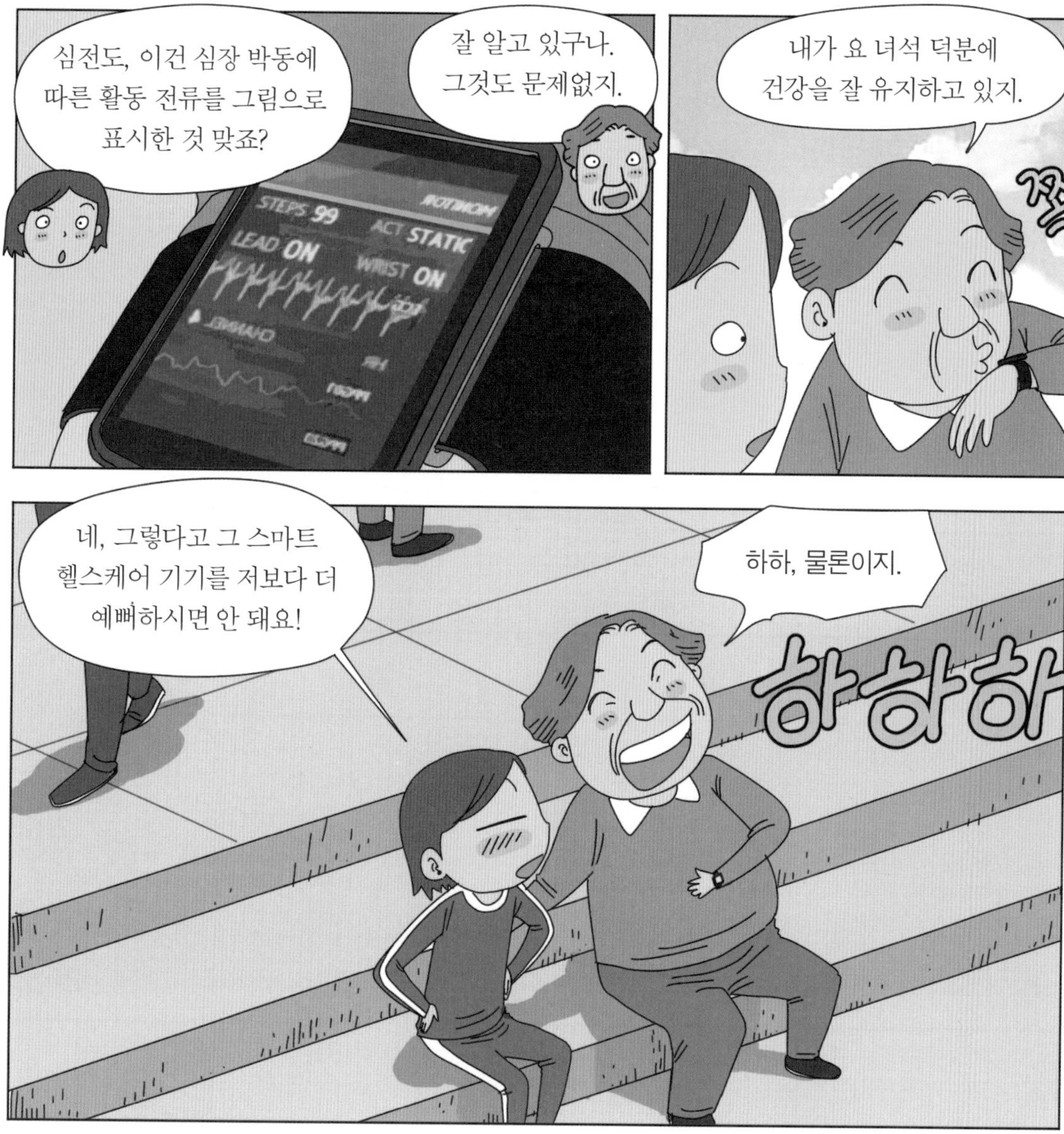

심전도, 이건 심장 박동에 따른 활동 전류를 그림으로 표시한 것 맞죠?
잘 알고 있구나. 그것도 문제없지.
STEPS 99
ACT STATIC
LEAD ON
WRIST ON
내가 요 녀석 덕분에 건강을 잘 유지하고 있지.
쪽
네, 그렇다고 그 스마트 헬스케어 기기를 저보다 더 예뻐하시면 안 돼요!
하하, 물론이지.
하하하

스마트헬스케어

스마트헬스케어란 정보통신기술(ICT)을 활용하여 종합적인 의료 서비스를 제공하는 것을 말해요. 병원에 가지 않고도 언제, 어디서나 건강 관리를 받을 수 있어요.
스마트헬스케어는 디지털헬스케어라고도 불려요.

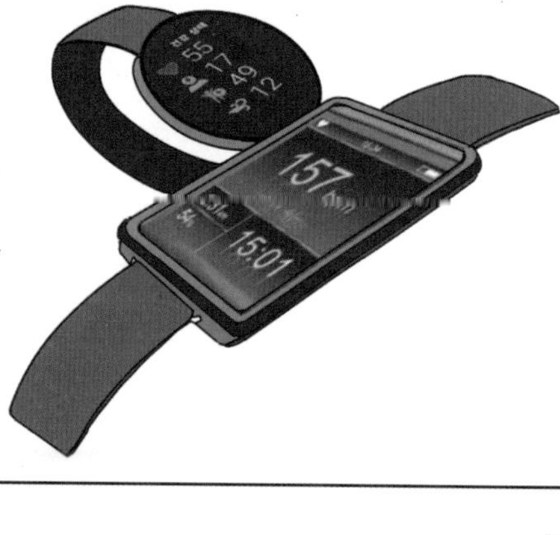

157
15:01

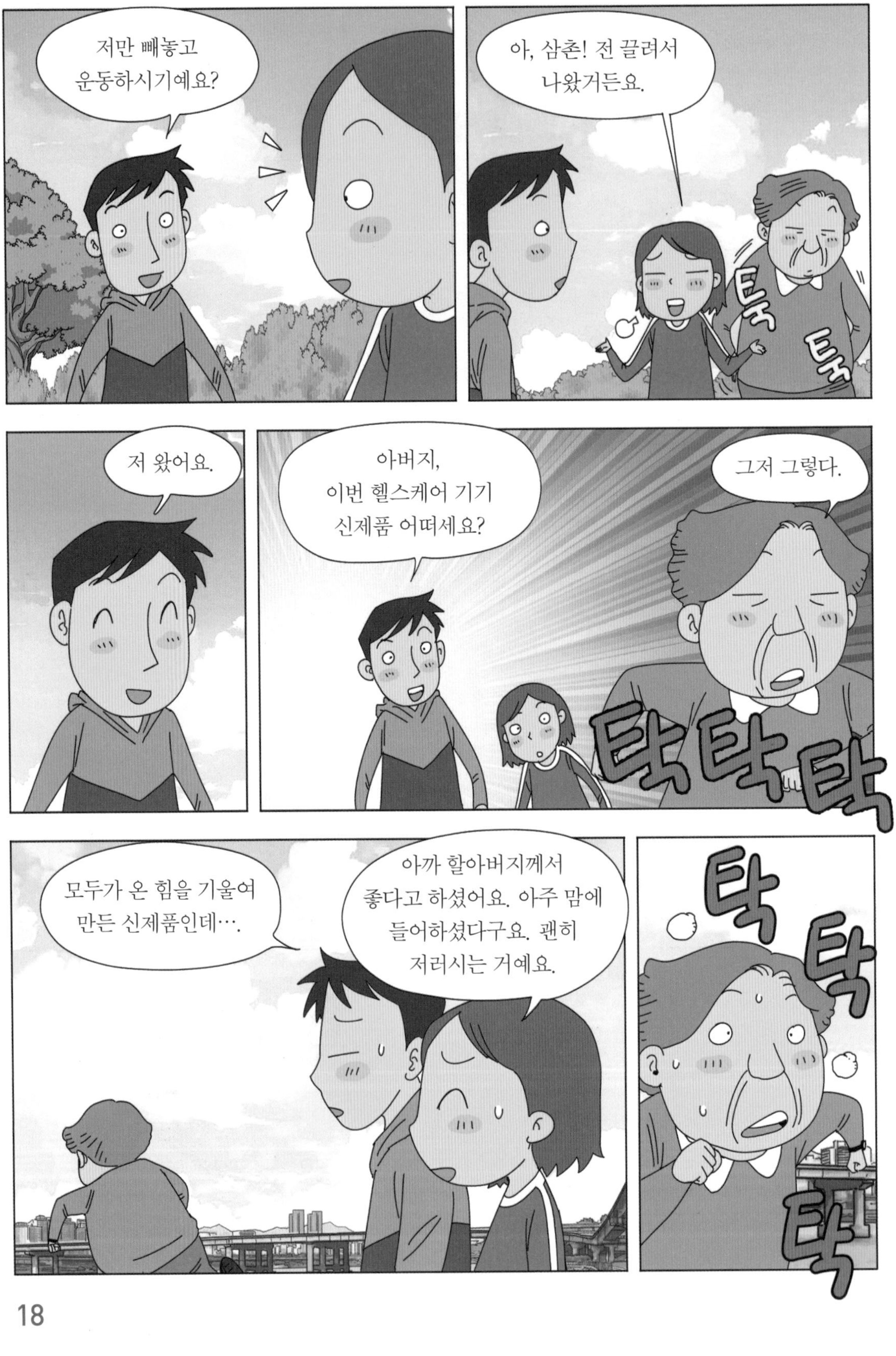

저만 빼놓고 운동하시기예요?
아, 삼촌! 전 끌려서 나왔거든요.
툭
툭
저 왔어요.
아버지, 이번 헬스케어 기기 신제품 어떠세요?
그저 그렇다.
탁탁탁
모두가 온 힘을 기울여 만든 신제품인데….
아까 할아버지께서 좋다고 하셨어요. 아주 맘에 들어하셨다구요. 괜히 저러시는 거예요.
탁
탁
탁

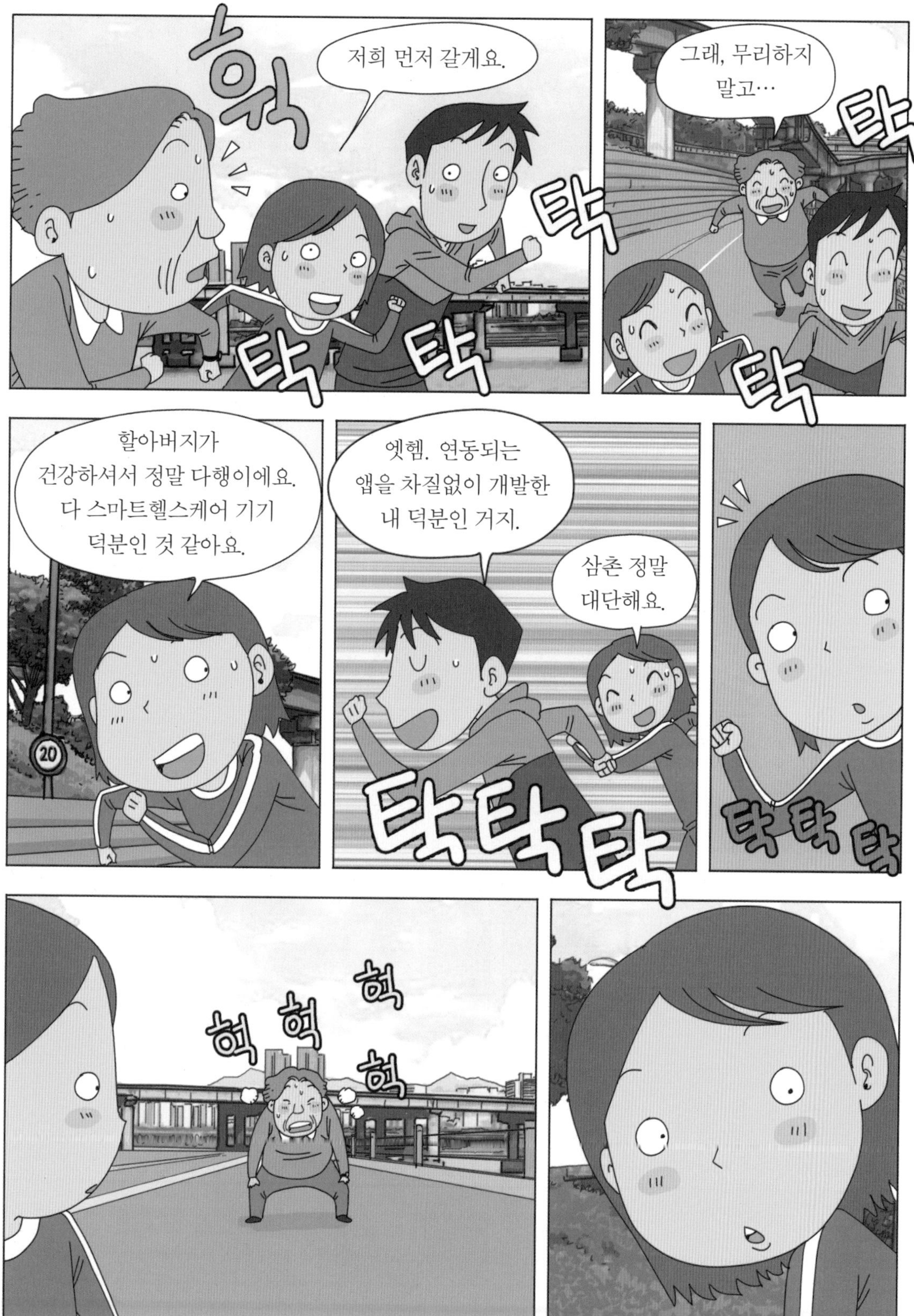
헉
저희 먼저 갈게요.
탁
탁
탁
그래, 무리하지 말고…
탁
탁
할아버지가 건강하셔서 정말 다행이에요. 다 스마트헬스케어 기기 덕분인 것 같아요.
엣헴. 연동되는 앱을 차질없이 개발한 내 덕분인 거지.
삼촌 정말 대단해요.
탁탁탁
탁탁탁
헉 헉 헉 헉

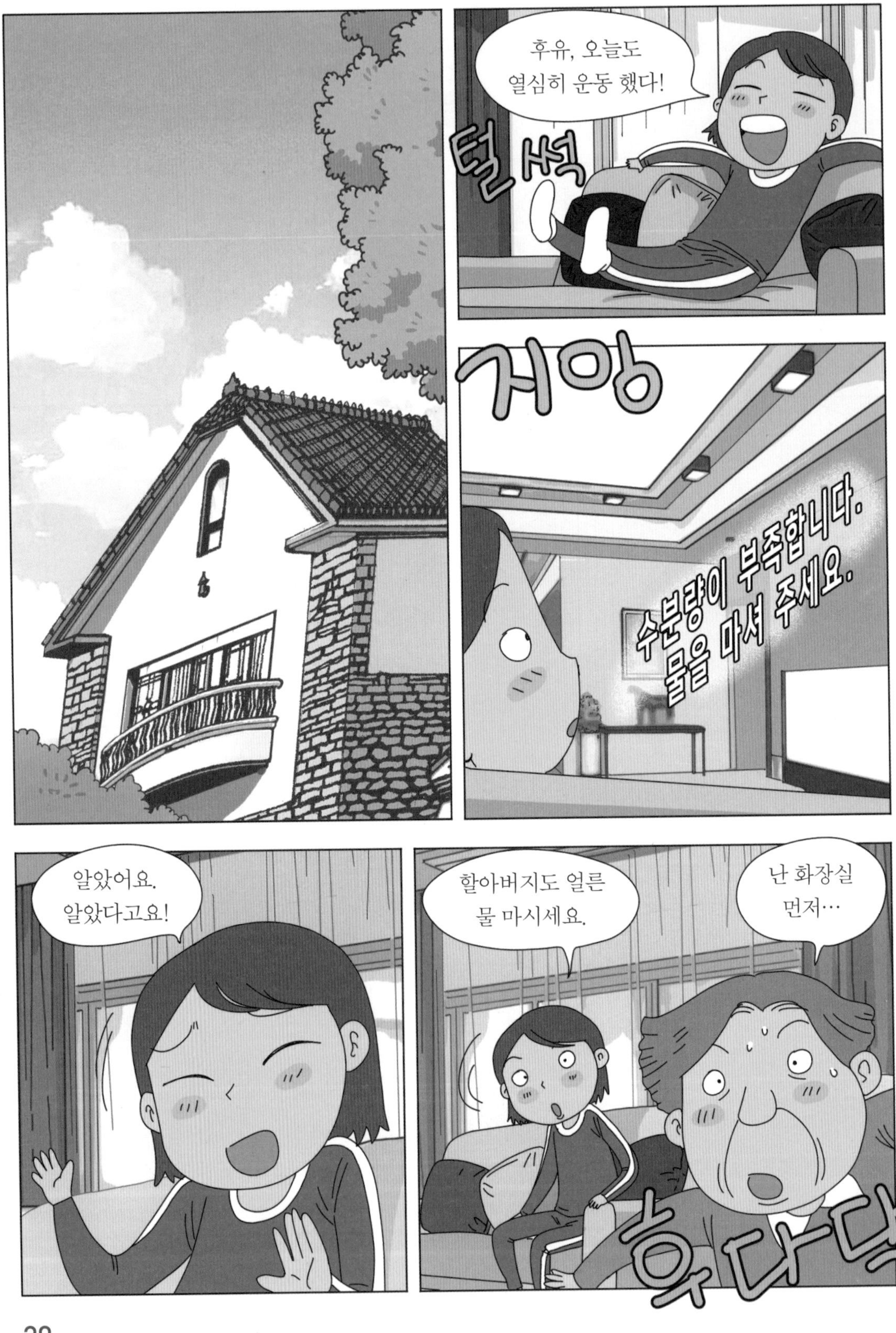
후유, 오늘도
열심히 운동 했다!
털썩
지잉
수분량이 부족합니다.
물을 마셔 주세요.
알았어요.
알았다고요!
할아버지도 얼른
물 마시세요.
난 화장실
먼저…
후다닥

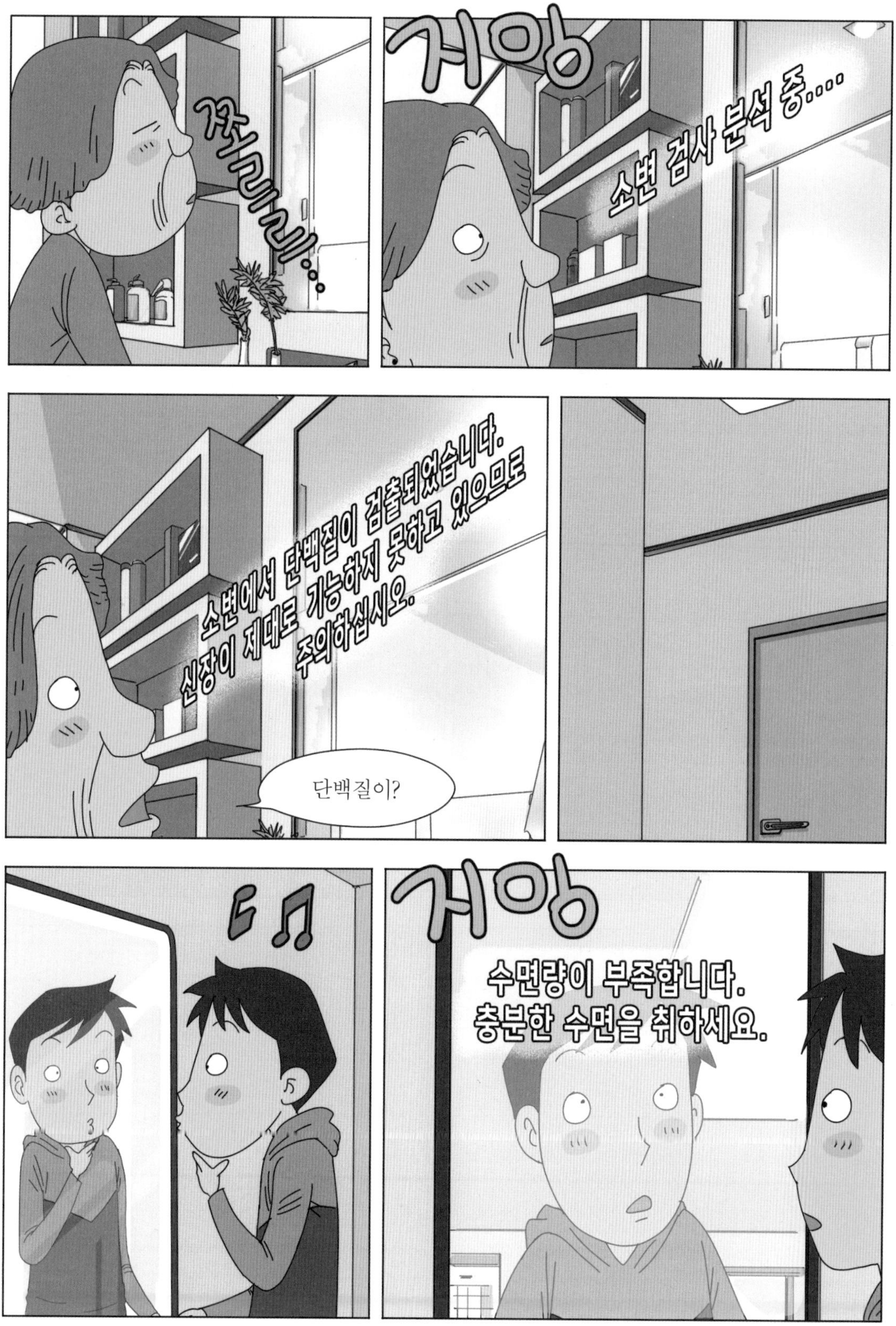
꼬르릭...
지잉
소변 검사 분석 중....
소변에서 단백질이 검출되었습니다.
신장이 제대로 기능하지 못하고 있으므로
주의하십시오.
단백질이?
지잉
수면량이 부족합니다.
충분한 수면을 취하세요.

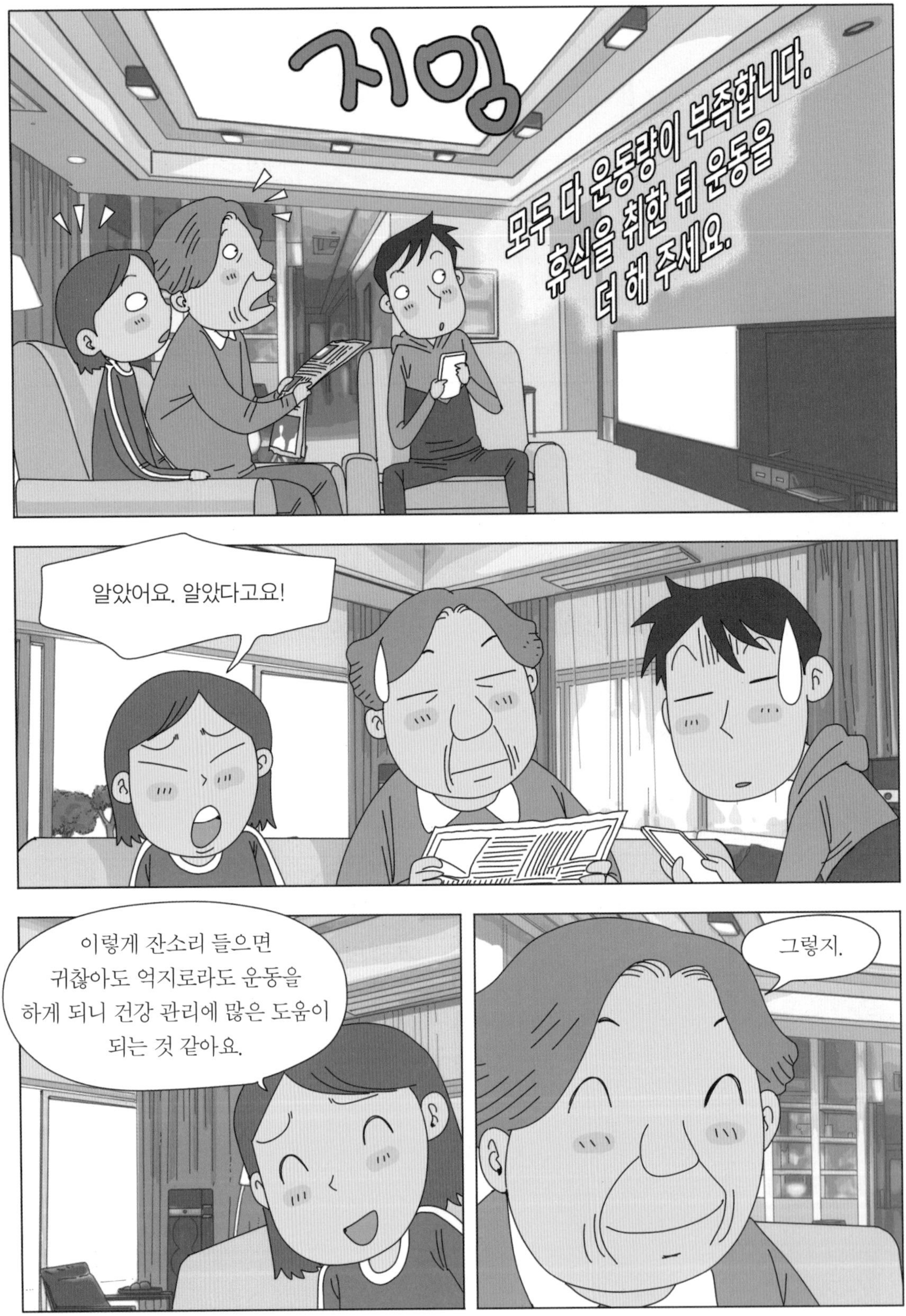
지잉
모두 다 운동량이 부족합니다.
휴식을 취한 뒤 운동을
더 해 주세요.
알았어요. 알았다고요!
이렇게 잔소리 들으면
귀찮아도 억지로라도 운동을
하게 되니 건강 관리에 많은 도움이
되는 것 같아요.
그렇지.

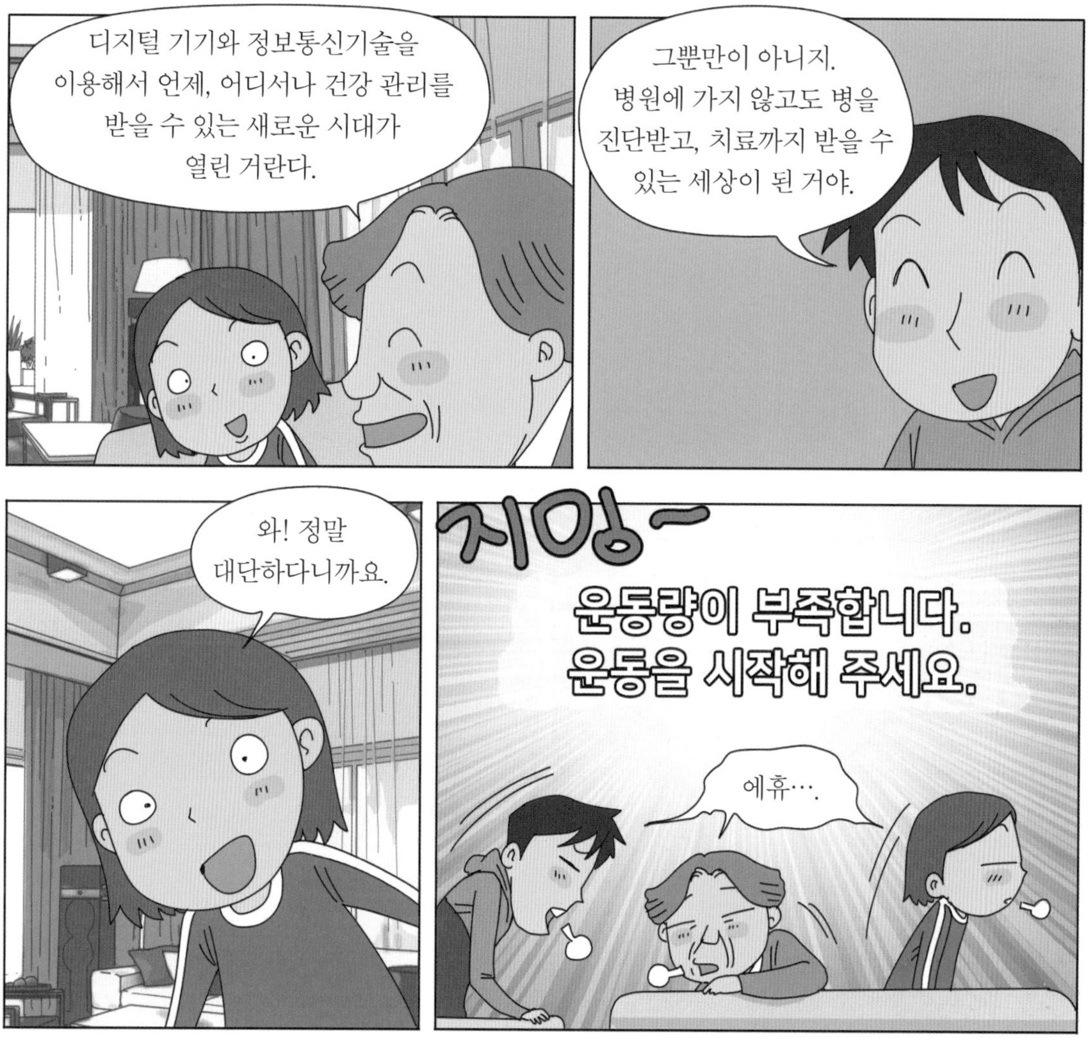
디지털 기기와 정보통신기술을 이용해서 언제, 어디서나 건강 관리를 받을 수 있는 새로운 시대가 열린 거란다.
그뿐만이 아니지. 병원에 가지 않고도 병을 진단받고, 치료까지 받을 수 있는 세상이 된 거야.
와! 정말 대단하다니까요.
지잉~
운동량이 부족합니다. 운동을 시작해 주세요.
에휴….

스마트홈케어 시스템

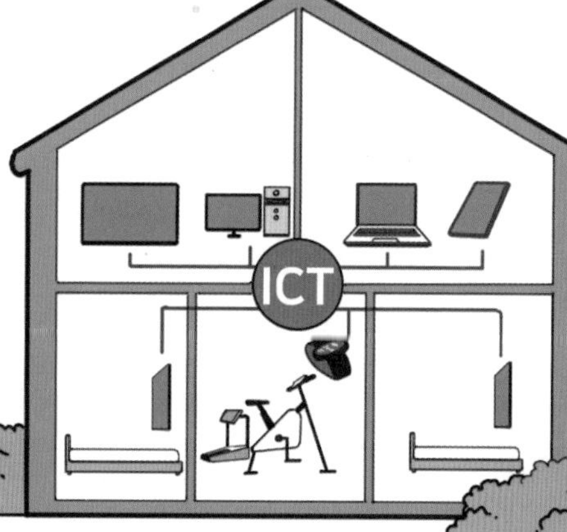
ICT

스마트홈케어 시스템이란, 정보통신기술(ICT)을 활용한 종합 의료 서비스 시스템을 집 안에 갖추어 놓고 건강 관리를 받을 수 있는 것을 말해요. 정보통신기술을 결합하여 집 안 곳곳에 사용자의 건강 상태나 생활 방식, 운동량 등을 확인하고 이상이 있으면 알려 줄 수 있게 갖추어 놓은 것이지요.
예를 들어 화장실에서는 소변을 분석하여 사용자의 건강 상태를 바로 확인하고 알려 주는 편리한 시스템이랍니다.

엄마, 더 심해지신 거 같은데 내일은 병원에 가보세요.

병원비가 비쌀 텐데…

아니야, 괜찮아.

제가 내일은 학교 끝나고 바로 올게요. 같이 가요.

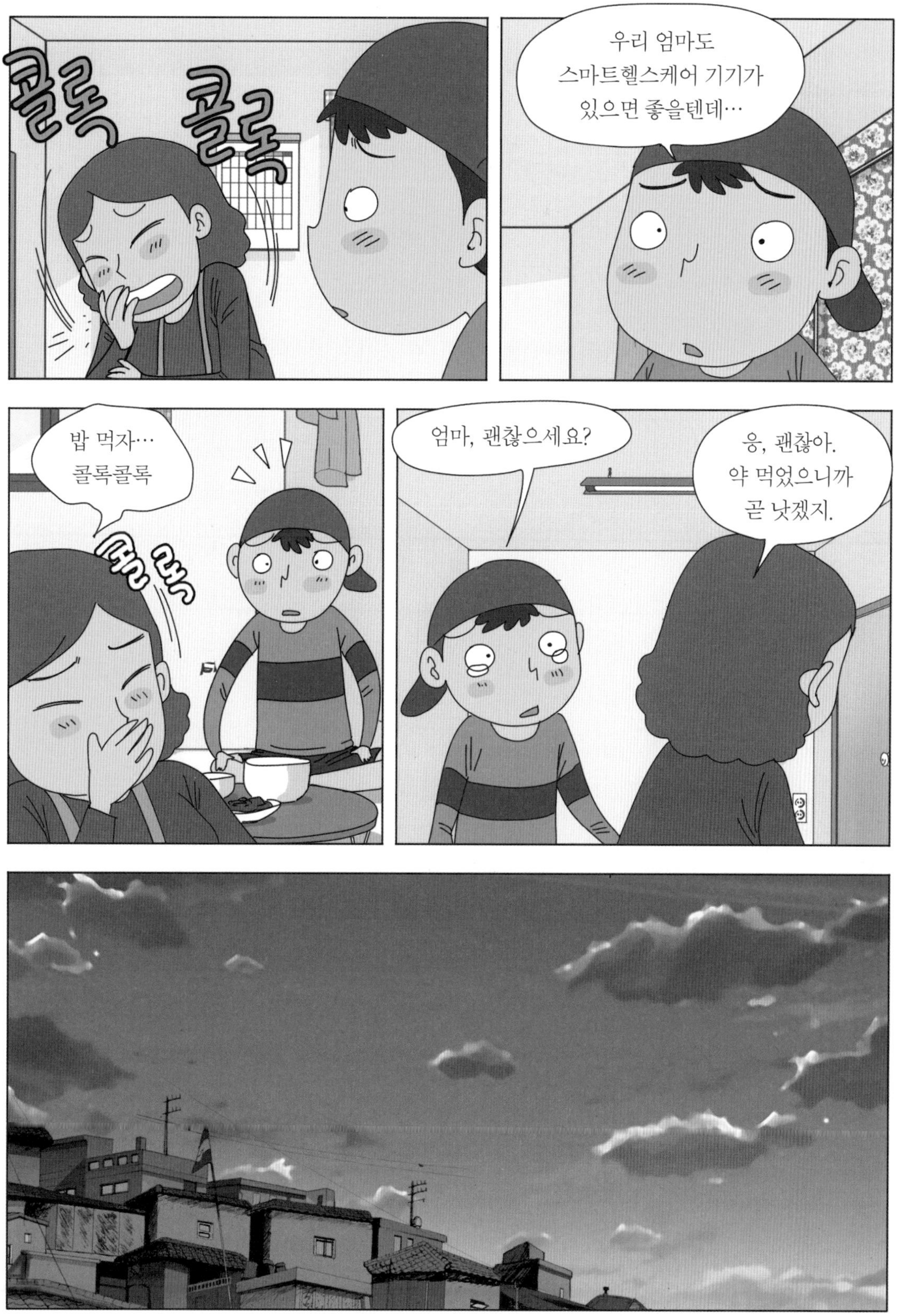
콜록 콜록
우리 엄마도
스마트헬스케어 기기가
있으면 좋을텐데…
밥 먹자…
콜록콜록
콜록
엄마, 괜찮으세요?
응, 괜찮아.
약 먹었으니까
곧 낫겠지.

스마트헬스케어의 개념과 등장배경

4차 산업이 발전하면서 의료 산업에 정보통신기술(ICT)을 더한 스마트헬스케어도 함께 주목받고 있어요. 개인의 건강 상태를 실시간 확인해 주는 건강 관리 서비스부터 만성 질환을 치료하고 관리하는 스마트의료 서비스까지 스마트헬스케어가 제공하는 서비스는 무궁무진해요. 스마트헬스케어란 무엇인지, 어떻게 등장하게 되었는지 알아볼까요?

● 스마트헬스케어의 개념

스마트헬스케어는 정보통신기술과 보건의료를 연결하여 언제 어디서나 예방, 진단, 치료, 사후 관리의 보건의료 서비스를 제공하는 것이에요. 스마트 기기를 이용하여 환자의 건강 상태를 모니터링하고 환자 정보와 질환을 분석하여 실시간으로 개인에 최적화된 맞춤형 건강 관리 서비스를 제공해요. 즉 개인이 소지한 스마트폰, 스마트 웨어러블 기기나 클라우드 병원정보시스템 등에서 확보된 생활습관, 신체검진, 의료 이용정보 등의 분석을 바탕으로 개인 맞춤형 건강 관리 서비스를 제공하는 것이에요. 스마트헬스케어를 통해 질병을 치료하고 예방하여 삶의 질을 높일 수 있답니다.

스마트헬스케어는 유헬스(U-Health), 이헬스(E-Health), 모바일헬스(M-Health) 등 다양한 용어로도 불리며, 개인의 건강과 의료에 관한 정보, 기기, 시스템, 플랫폼을 다루는 산업 분야로서 건강 관련 서비스와 의료IT가 융합된 분야예요. 건강 관리에 시간과 공간의 제약이 없어진다는 것이 가장 큰 특징이에요.

● 스마트헬스케어의 등장배경

스마트헬스케어는 의료, 바이오, 정보통신기술의 발전과 더불어 고령 인구와 만성 질환자가 증가하면서 등장하기 시작했어요. 특히 선진국들이 고령화 사회로 진입하면서 건강 관리의 중요성이 대두되었고, 이에 맞춰 다양한 스마트헬스케어 기기와 서비스들이 개발되기 시작했어요. 4차 산업 혁명으로 인공지능 기술이 고도화되고 빅데이터가 쌓이면서 난치병과 만성 질환에 대한 진단과 치료가 정밀해지고 의약품 개발에 걸리는 시간과 비용도 줄어들게 되었어요. 이에 따라 스마트기기만으로도 건강 관리와 의료 진단이 수월해지면서 스마트헬스케어 서비스가 상용화되고 있답니다.

또 사물과 사물이 네트워크로 연결되어 새로운 기능을 제공하는 사물인터넷은 스마트홈 서비스를 통해 스마트헬스케어를 대중화하고 있는데요. 스마트홈을 통해 집에서 소변을 보거나 잠을 자는 것만으로도 건강 상태를 모니터링해 줌으로써 스마트헬스케어 대중화에 큰 역할을 하는 것이지요.

4차 산업 기술과 빅데이터를 활용한 건강 관련 정보 생산과 공유가 전 세계적으로 광범위하게 발생하면서 의료 산업에도 새로운 혁신이 일어나고 있어요. 과거 의료기기, 제약회사, 의료기관 중심의 유-호스피털(U-Hospital)에서 개인 중심의 홈-헬스케어(Home-Healthcare)로 발전되고 확장되는 중이에요. 이렇게 점차 모바일 운영체제, 통신사, 웨어러블 기기의 영역으로 확장됨으로 인해 앞으로는 의료비를 낮추고 더 쉽고 편리하게 진료를 받을 수 있어 치료의 효율성을 높일 수 있을 거예요.

스마트헬스케어의 세계로!

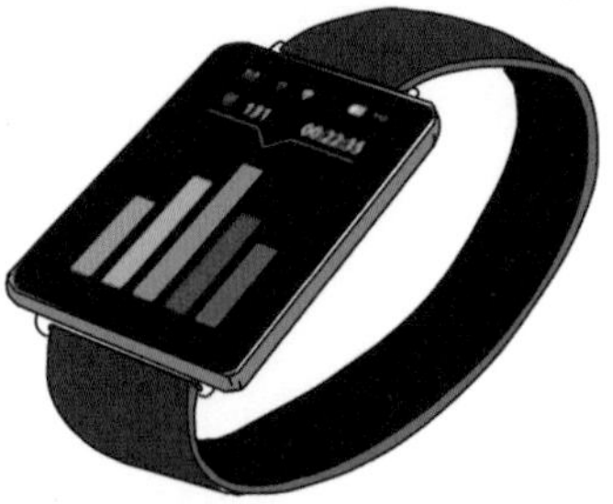

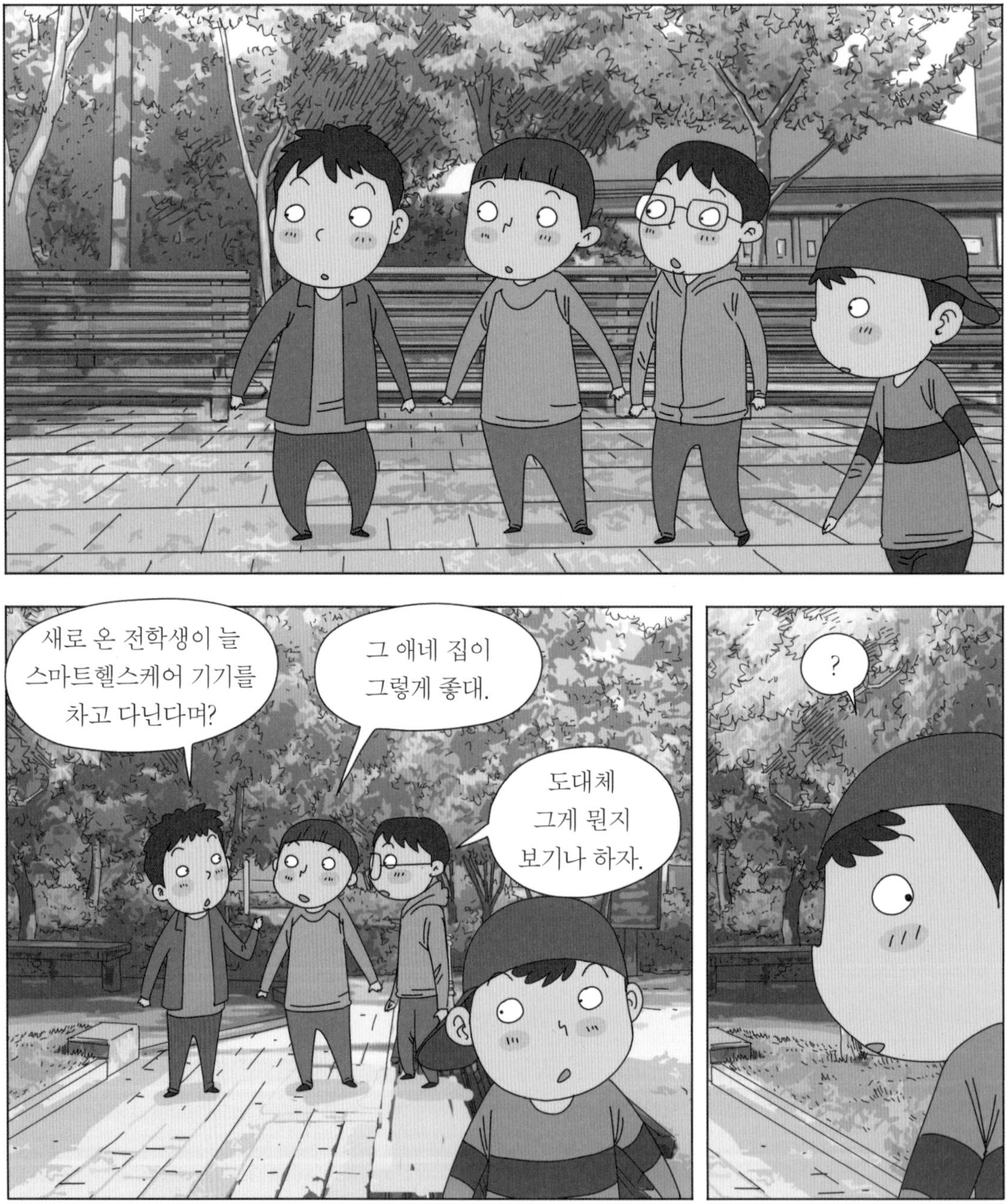
새로 온 전학생이 늘 스마트헬스케어 기기를 차고 다닌다며?
그 애네 집이 그렇게 좋대.
도대체 그게 뭔지 보기나 하자.
?

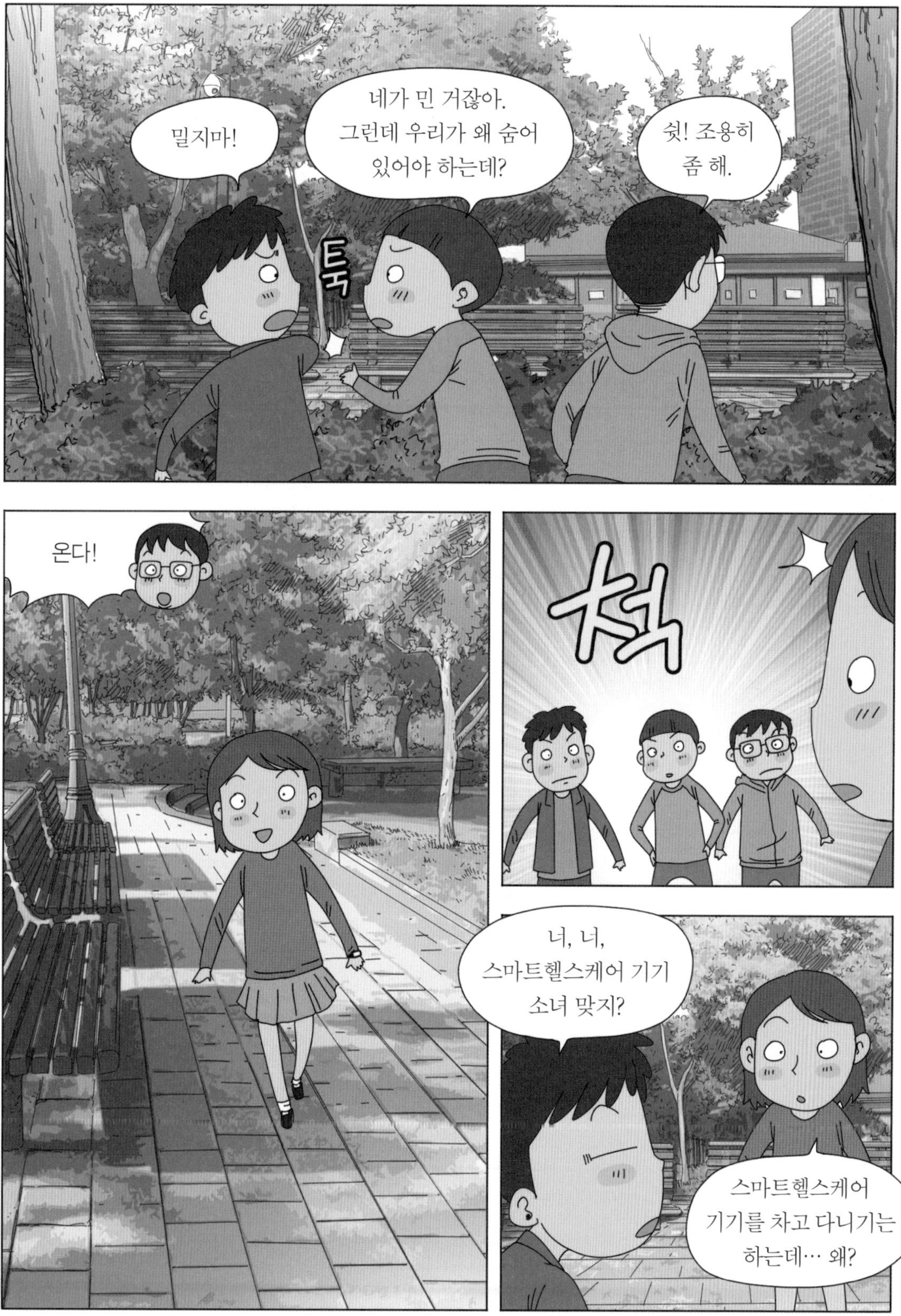
밀지마!
네가 민 거잖아. 그런데 우리가 왜 숨어 있어야 하는데?
툭
쉿! 조용히 좀 해.
온다!
척
너, 너, 스마트헬스케어 기기 소녀 맞지?
스마트헬스케어 기기를 차고 다니기는 하는데… 왜?

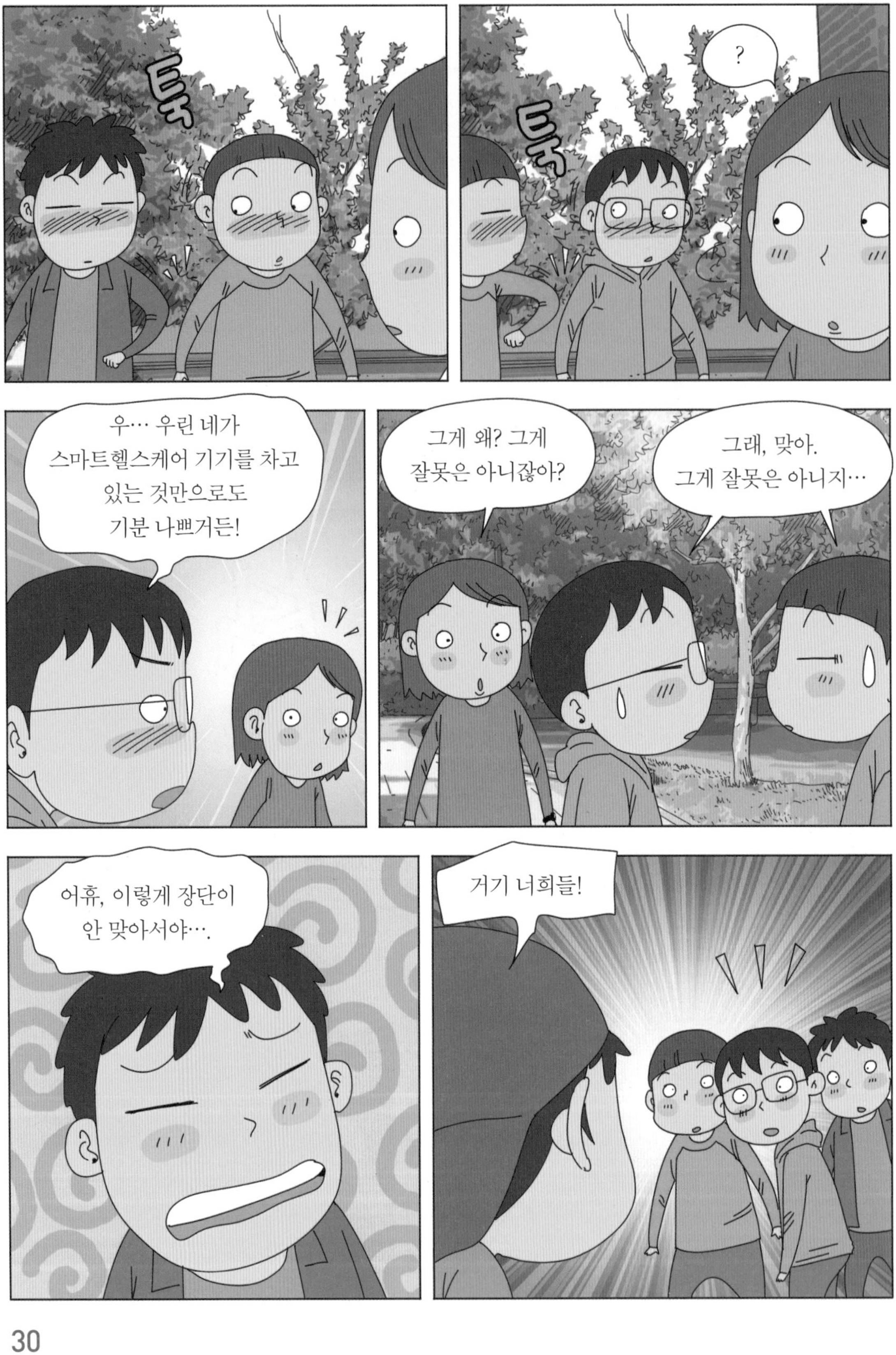
툭
툭
?
우… 우린 네가 스마트헬스케어 기기를 차고 있는 것만으로도 기분 나쁘거든!
그게 왜? 그게 잘못은 아니잖아?
그래, 맞아. 그게 잘못은 아니지…
어휴, 이렇게 장단이 안 맞아서야….
거기 너희들!

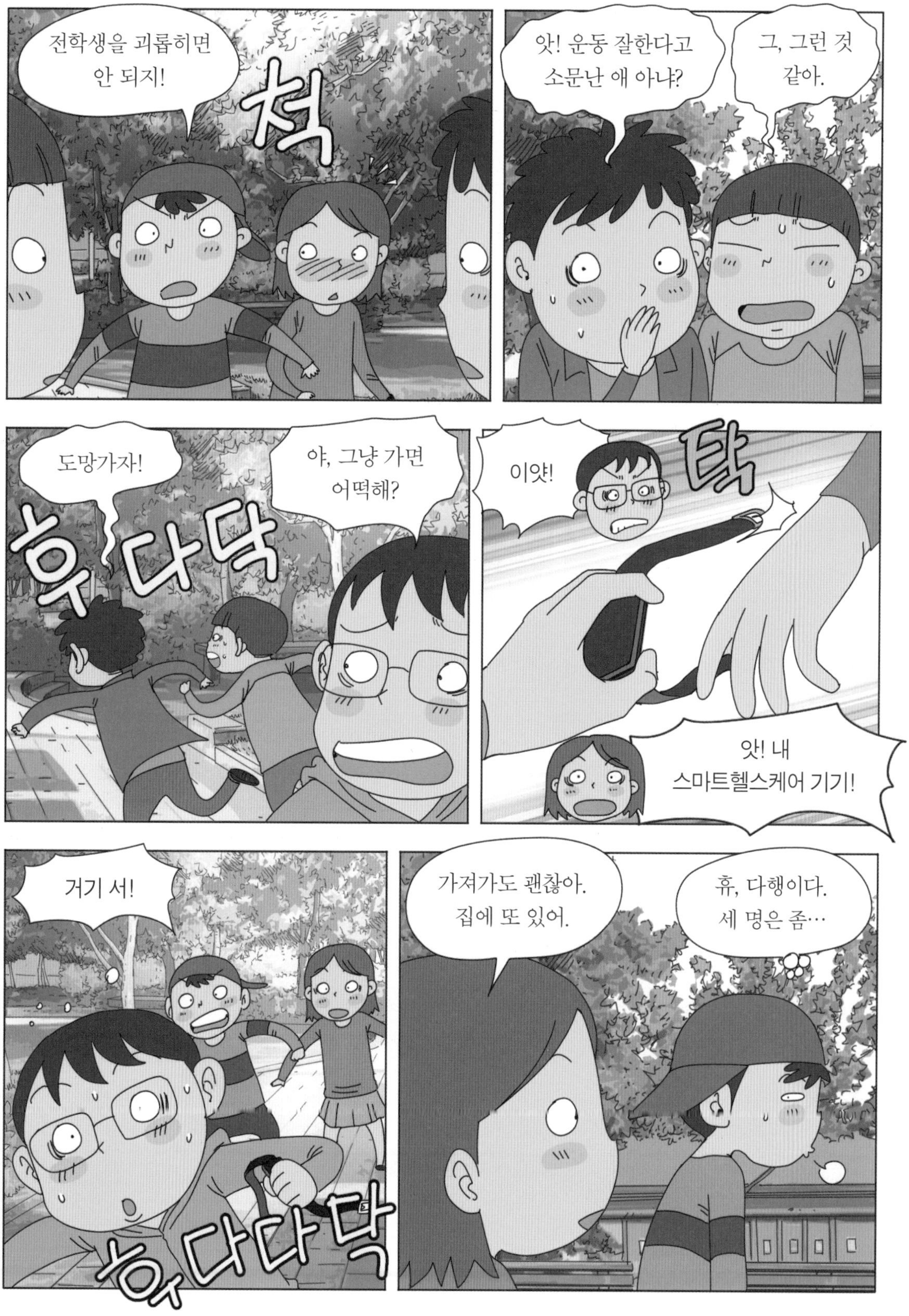
전학생을 괴롭히면 안 되지!
척
앗! 운동 잘한다고 소문난 애 아냐?
그, 그런 것 같아.
도망가자!
후다닥
야, 그냥 가면 어떡해?
이얏!
탁
앗! 내 스마트헬스케어 기기!
거기 서!
후다다닥
가져가도 괜찮아. 집에 또 있어.
휴, 다행이다. 세 명은 좀…

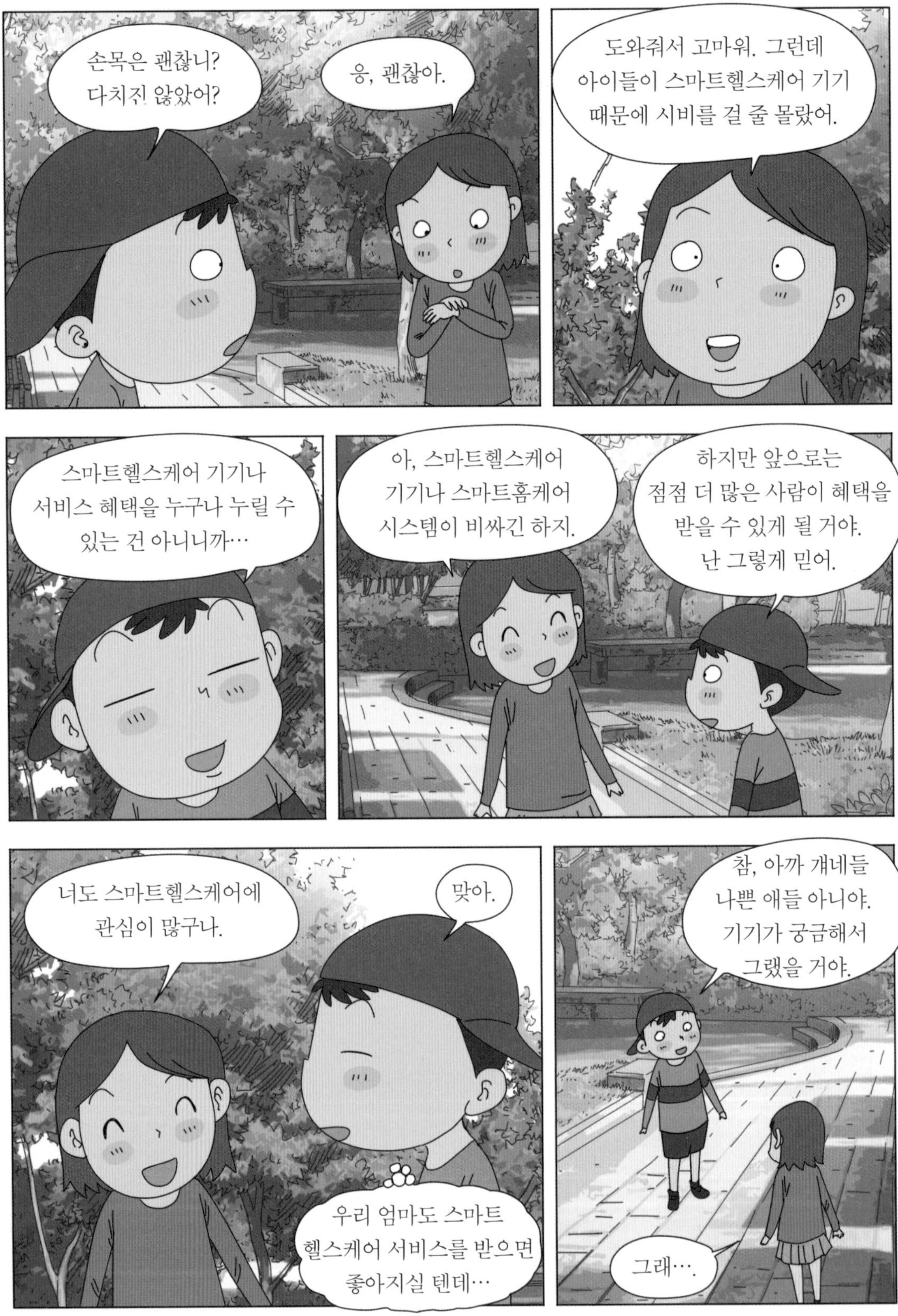
손목은 괜찮니?
다치진 않았어?
응, 괜찮아.
도와줘서 고마워. 그런데
아이들이 스마트헬스케어 기기
때문에 시비를 걸 줄 몰랐어.
스마트헬스케어 기기나
서비스 혜택을 누구나 누릴 수
있는 건 아니니까…
아, 스마트헬스케어
기기나 스마트홈케어
시스템이 비싸긴 하지.
하지만 앞으로는
점점 더 많은 사람이 혜택을
받을 수 있게 될 거야.
난 그렇게 믿어.
너도 스마트헬스케어에
관심이 많구나.
맞아.
우리 엄마도 스마트
헬스케어 서비스를 받으면
좋아지실 텐데…
참, 아까 걔네들
나쁜 애들 아니야.
기기가 궁금해서
그랬을 거야.
그래….

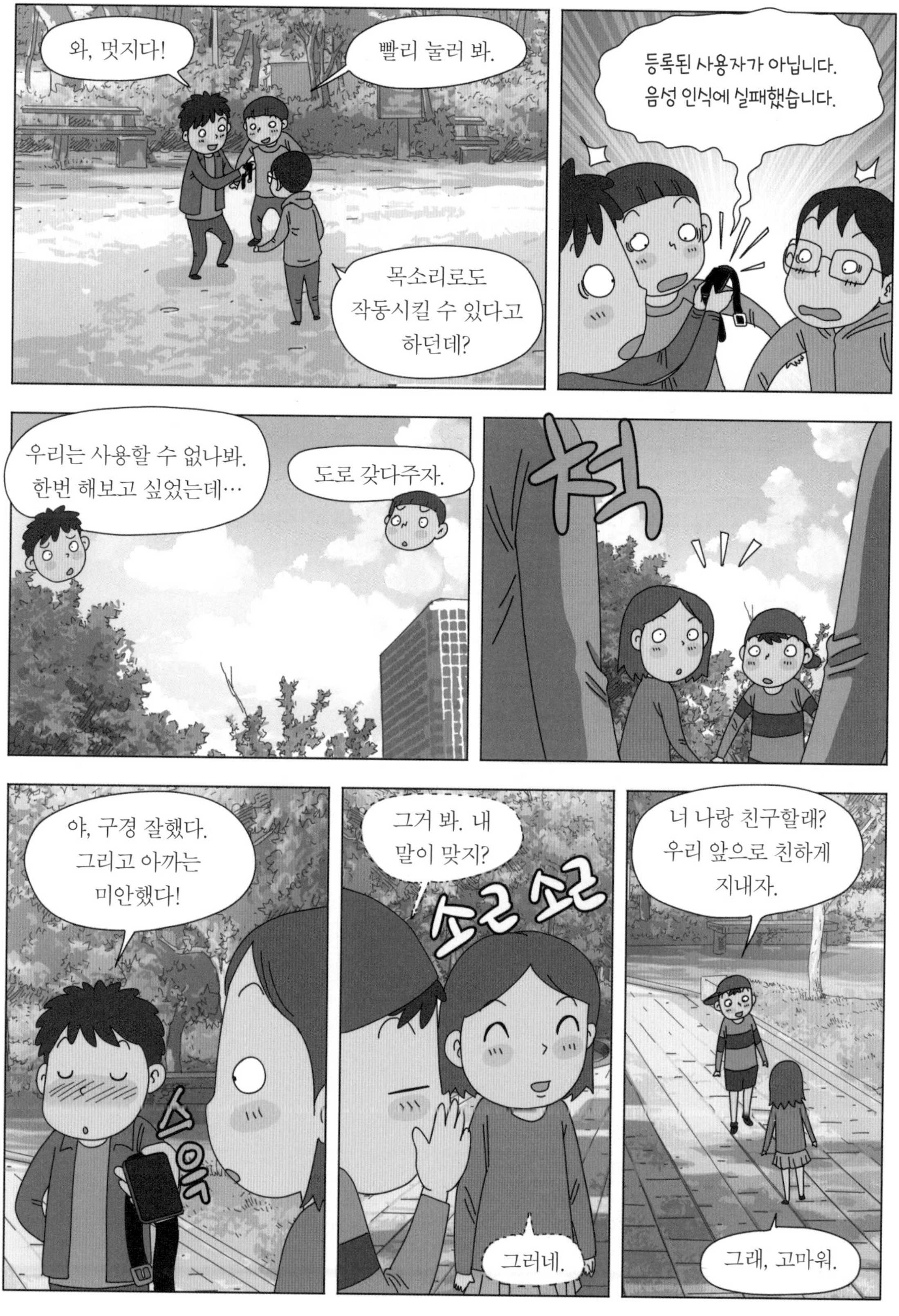

와, 멋지다!
빨리 눌러 봐.
목소리로도 작동시킬 수 있다고 하던데?
등록된 사용자가 아닙니다. 음성 인식에 실패했습니다.
우리는 사용할 수 없나봐. 한번 해보고 싶었는데…
도로 갖다주자.
척
야, 구경 잘했다. 그리고 아까는 미안했다!
스윽
그거 봐. 내 말이 맞지?
소곤 소곤
그러네.
너 나랑 친구할래? 우리 앞으로 친하게 지내자.
그래, 고마워.

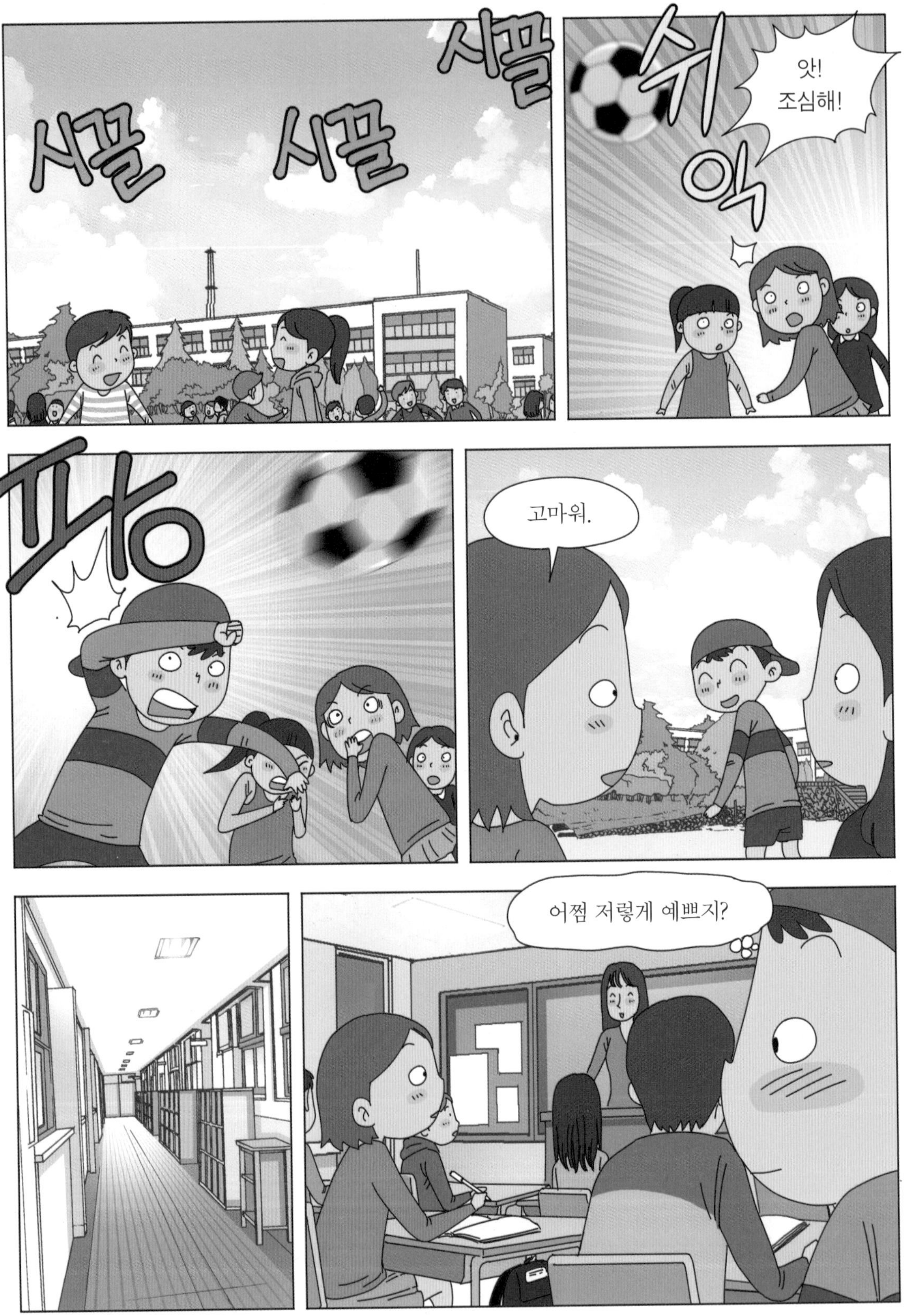
시끌 시끌 시끌
쉬익
앗!
조심해!
파앙
고마워.
어쩜 저렇게 예쁘지?

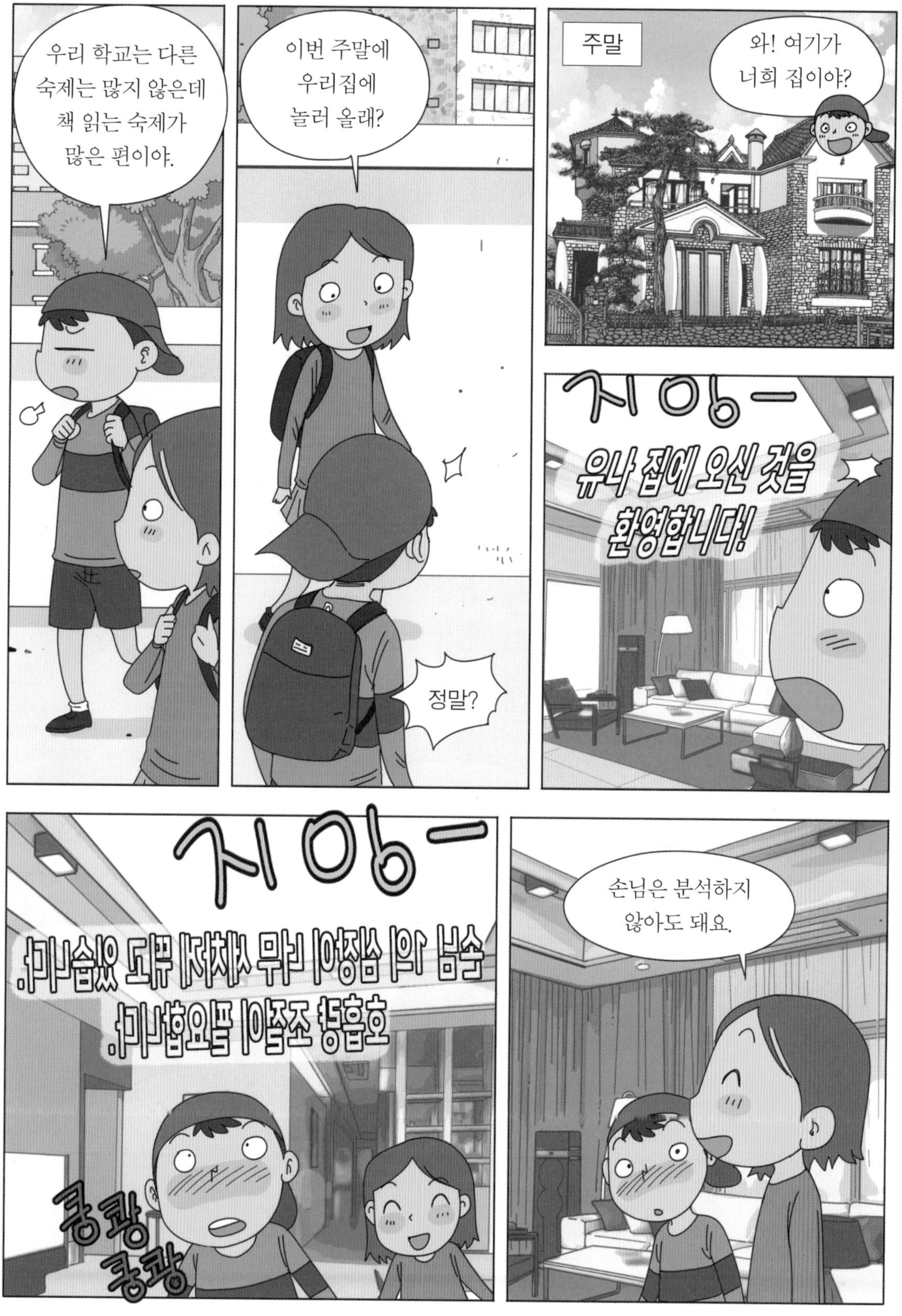

우리 학교는 다른 숙제는 많지 않은데 책 읽는 숙제가 많은 편이야.
이번 주말에 우리집에 놀러 올래?
정말?
주말
와! 여기가 너희 집이야?
지잉-
유나 집에 오신 것을 환영합니다!
지잉-
손님 1의 심장이 너무 세차게 뛰고 있습니다.
호흡을 조절이 필요합니다.
쿵쾅
쿵쾅
손님은 분석하지 않아도 돼요.

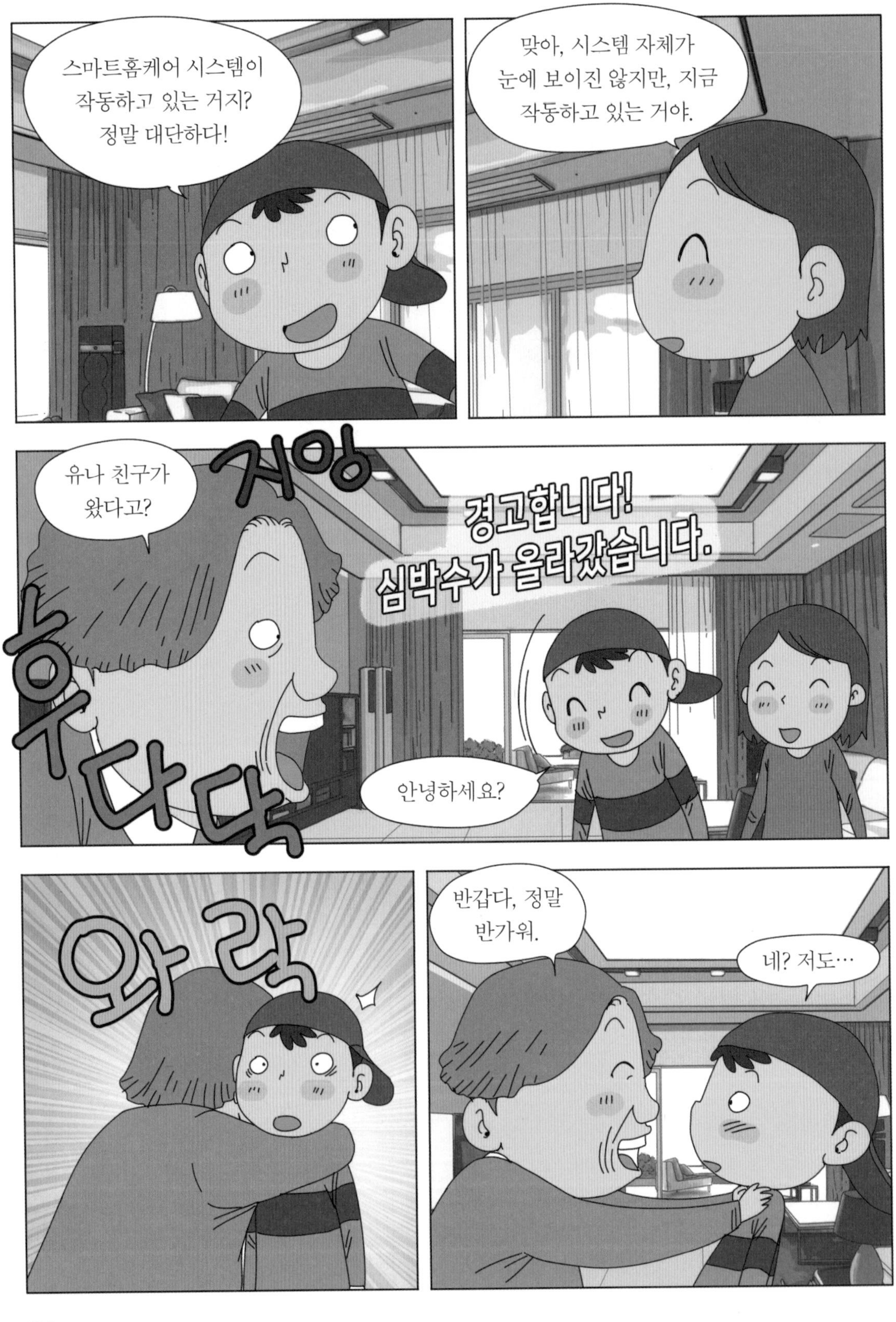

스마트홈케어 시스템이 작동하고 있는 거지? 정말 대단하다!
맞아, 시스템 자체가 눈에 보이진 않지만, 지금 작동하고 있는 거야.
유나 친구가 왔다고?
지잉
경고합니다! 심박수가 올라갔습니다.
후다닥
안녕하세요?
와락
반갑다, 정말 반가워.
네? 저도…

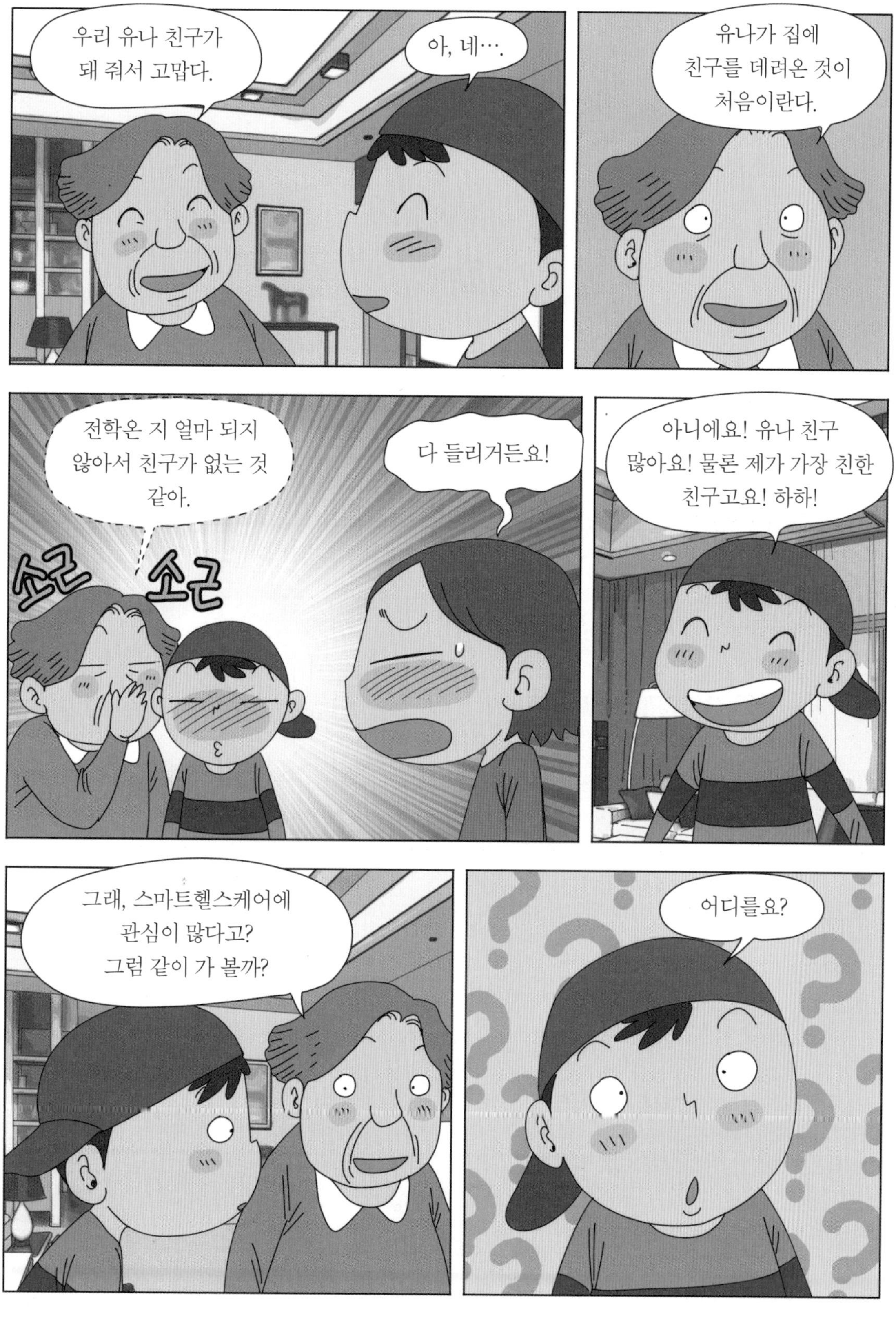
우리 유나 친구가 돼 줘서 고맙다.
아, 네….
유나가 집에 친구를 데려온 것이 처음이란다.
전학온 지 얼마 되지 않아서 친구가 없는 것 같아.
소곤 소곤
다 들리거든요!
아니에요! 유나 친구 많아요! 물론 제가 가장 친한 친구고요! 하하!
그래, 스마트헬스케어에 관심이 많다고? 그럼 같이 가 볼까?
어디를요?

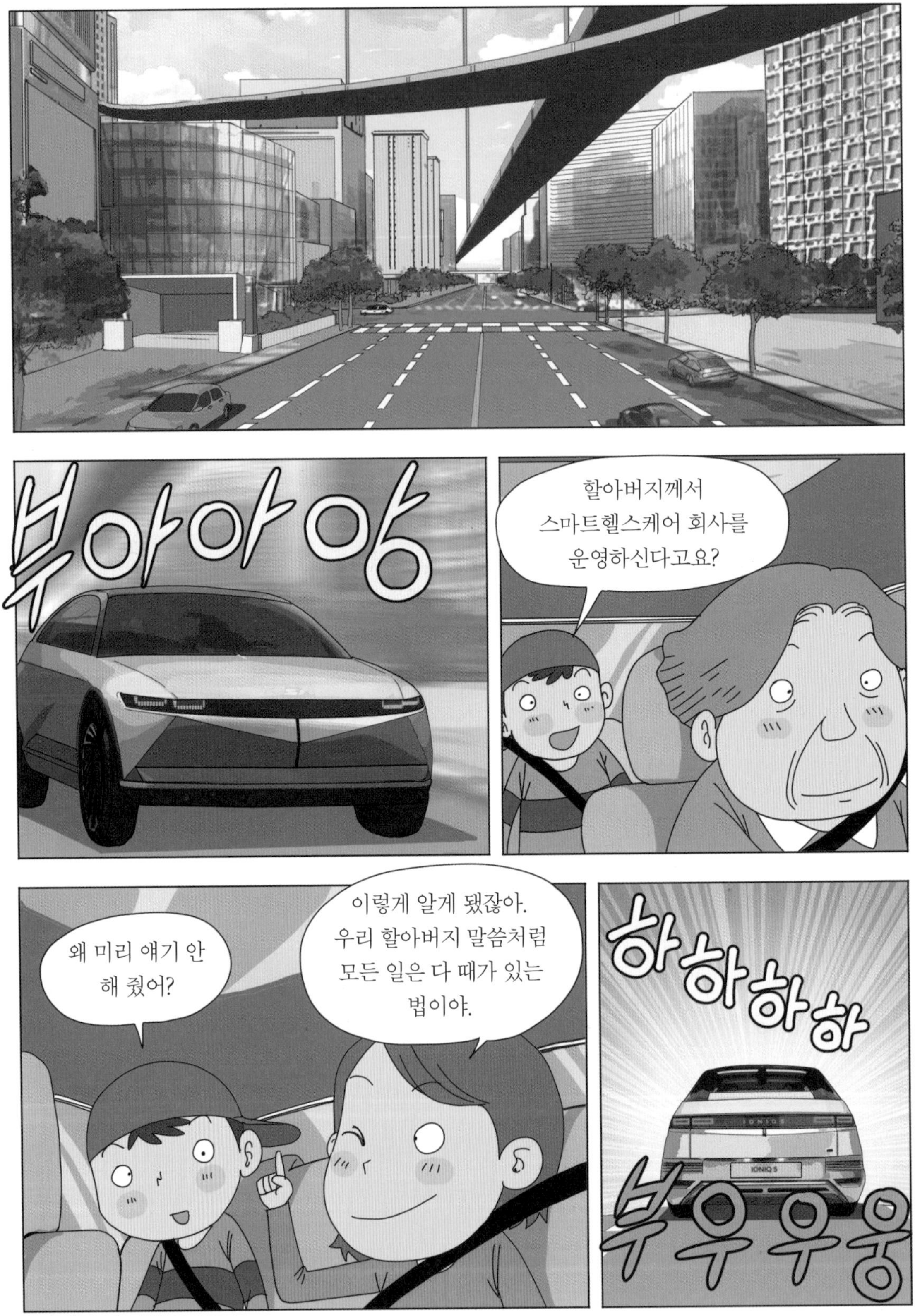
부아아앙
할아버지께서 스마트헬스케어 회사를 운영하신다고요?
왜 미리 얘기 안 해 줬어?
이렇게 알게 됐잖아. 우리 할아버지 말씀처럼 모든 일은 다 때가 있는 법이야.
하하하하
부우우웅

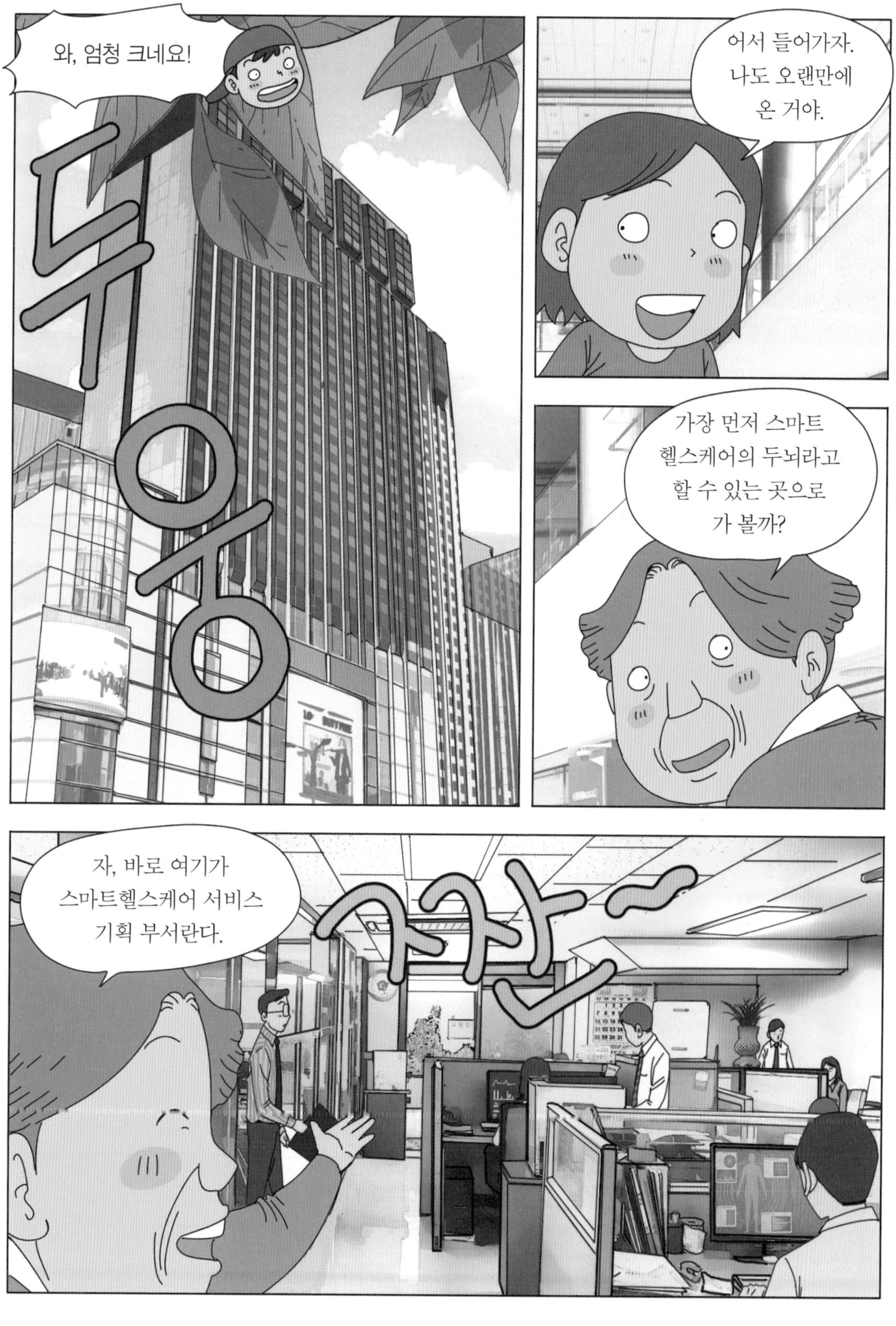
와, 엄청 크네요!
두웅
어서 들어가자. 나도 오랜만에 온 거야.
가장 먼저 스마트 헬스케어의 두뇌라고 할 수 있는 곳으로 가 볼까?
자, 바로 여기가 스마트헬스케어 서비스 기획 부서란다.
짜잔~

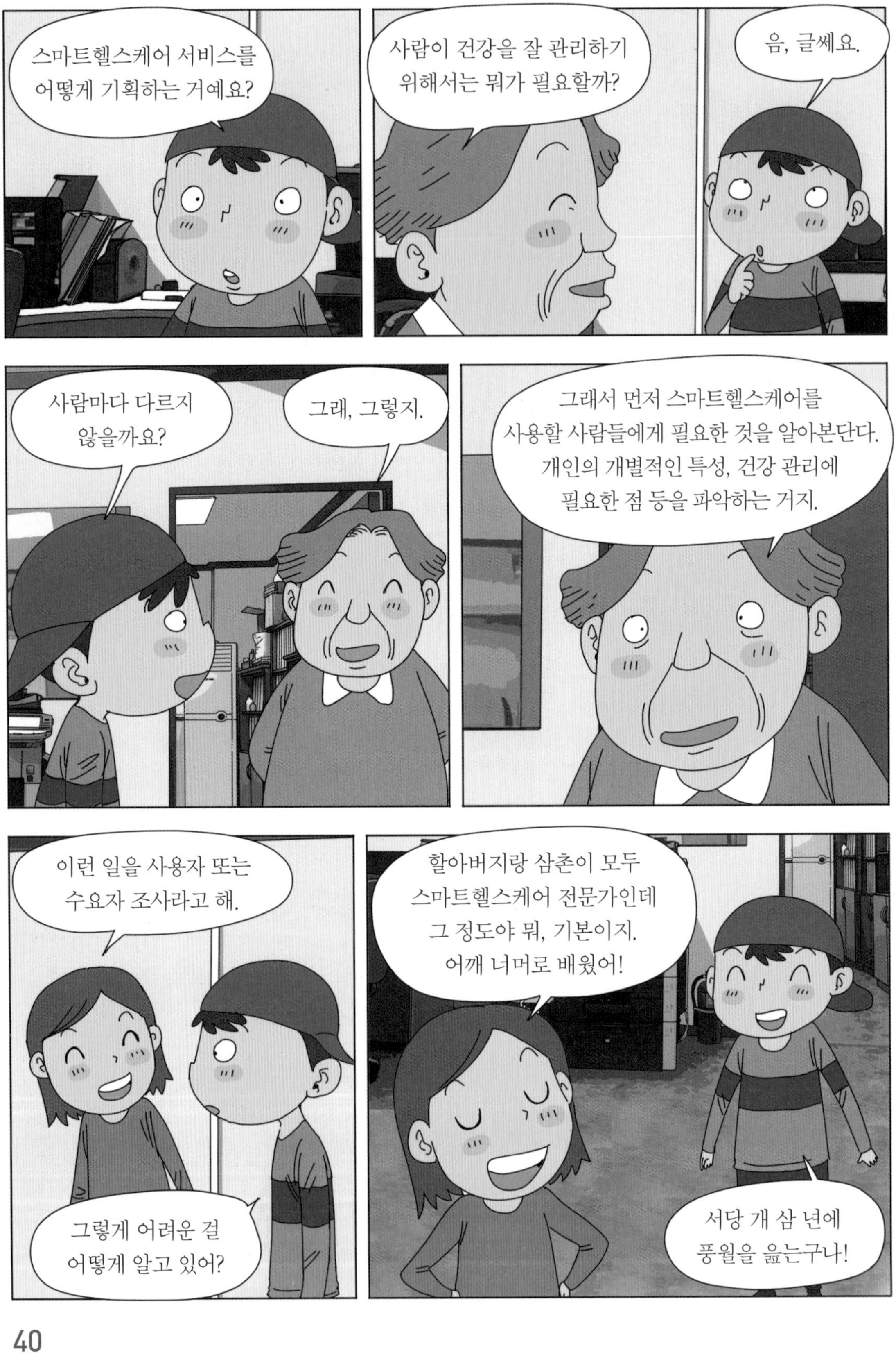

스마트헬스케어 서비스를 어떻게 기획하는 거예요?
사람이 건강을 잘 관리하기 위해서는 뭐가 필요할까?
음, 글쎄요.
사람마다 다르지 않을까요?
그래, 그렇지.
그래서 먼저 스마트헬스케어를 사용할 사람들에게 필요한 것을 알아본단다. 개인의 개별적인 특성, 건강 관리에 필요한 점 등을 파악하는 거지.
이런 일을 사용자 또는 수요자 조사라고 해.
그렇게 어려운 걸 어떻게 알고 있어?
할아버지랑 삼촌이 모두 스마트헬스케어 전문가인데 그 정도야 뭐, 기본이지. 어깨 너머로 배웠어!
서당 개 삼 년에 풍월을 읊는구나!

아니, 어떻게 그런 속담을 알고 있냐? 보면 볼수록 마음에 드는구나!

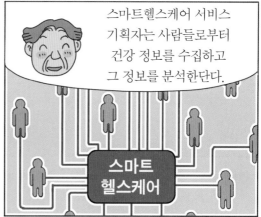

스마트헬스케어 서비스 기획자는 사람들로부터 건강 정보를 수집하고 그 정보를 분석한단다.

스마트 헬스케어

그리고 분석한 결과를 바탕으로 서비스 제공을 위한 알맞은 방향이나 기준이 되는 지표를 개발하지.

그 다음에는 이 지표를 바탕으로 사용자 환경(UI)을 기획하고 서비스를 개발하는 것이란다.

사용자 환경이란 사람과 기기, 시스템 등이 서로 잘 소통할 수 있게 해 주는 알맞은 환경을 말해.

오, 제법인데!

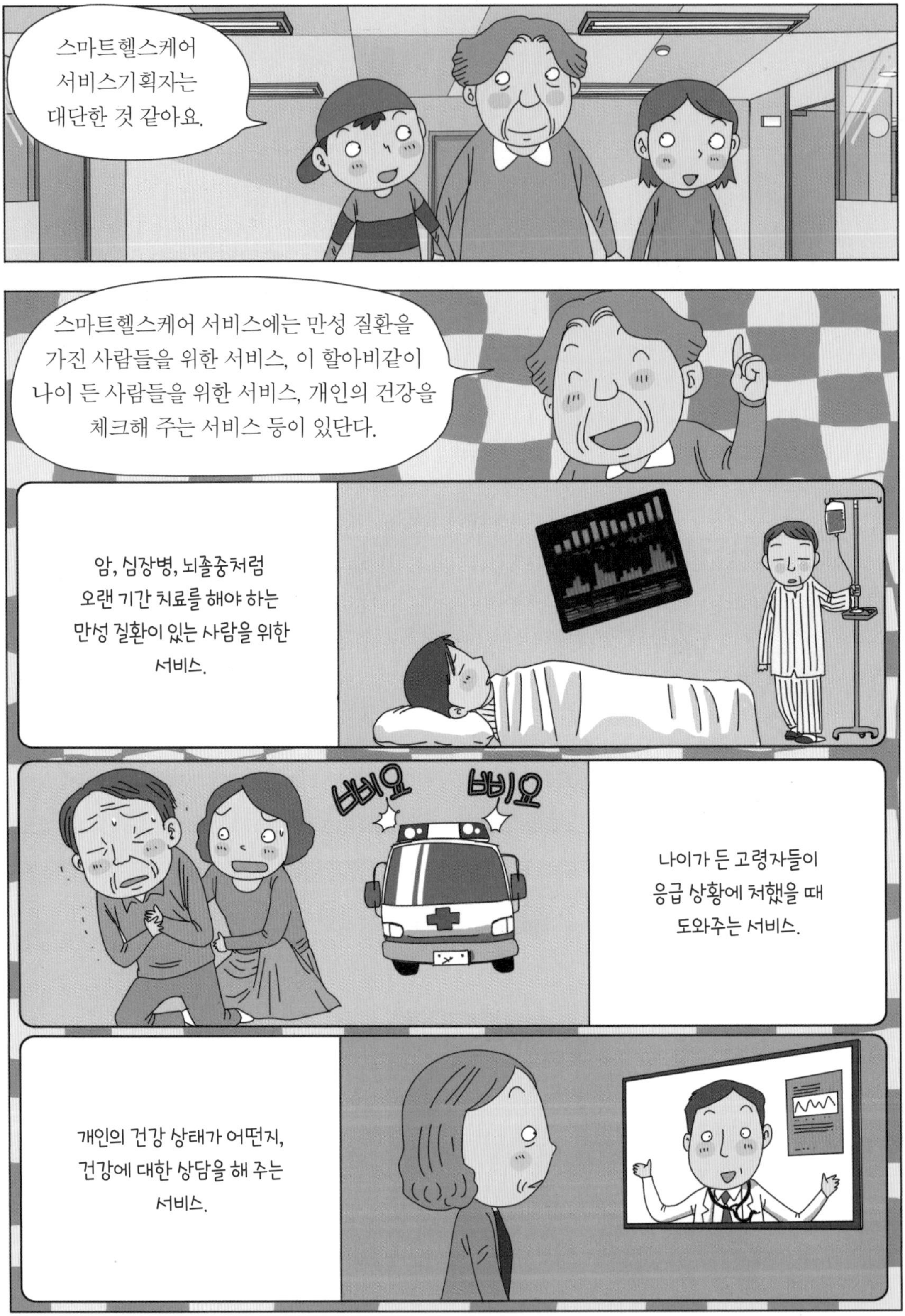
스마트헬스케어 서비스기획자는 대단한 것 같아요.
스마트헬스케어 서비스에는 만성 질환을 가진 사람들을 위한 서비스, 이 할아비같이 나이 든 사람들을 위한 서비스, 개인의 건강을 체크해 주는 서비스 등이 있단다.
암, 심장병, 뇌졸중처럼 오랜 기간 치료를 해야 하는 만성 질환이 있는 사람을 위한 서비스.
삐오
삐오
나이가 든 고령자들이 응급 상황에 처했을 때 도와주는 서비스.
개인의 건강 상태가 어떤지, 건강에 대한 상담을 해 주는 서비스.

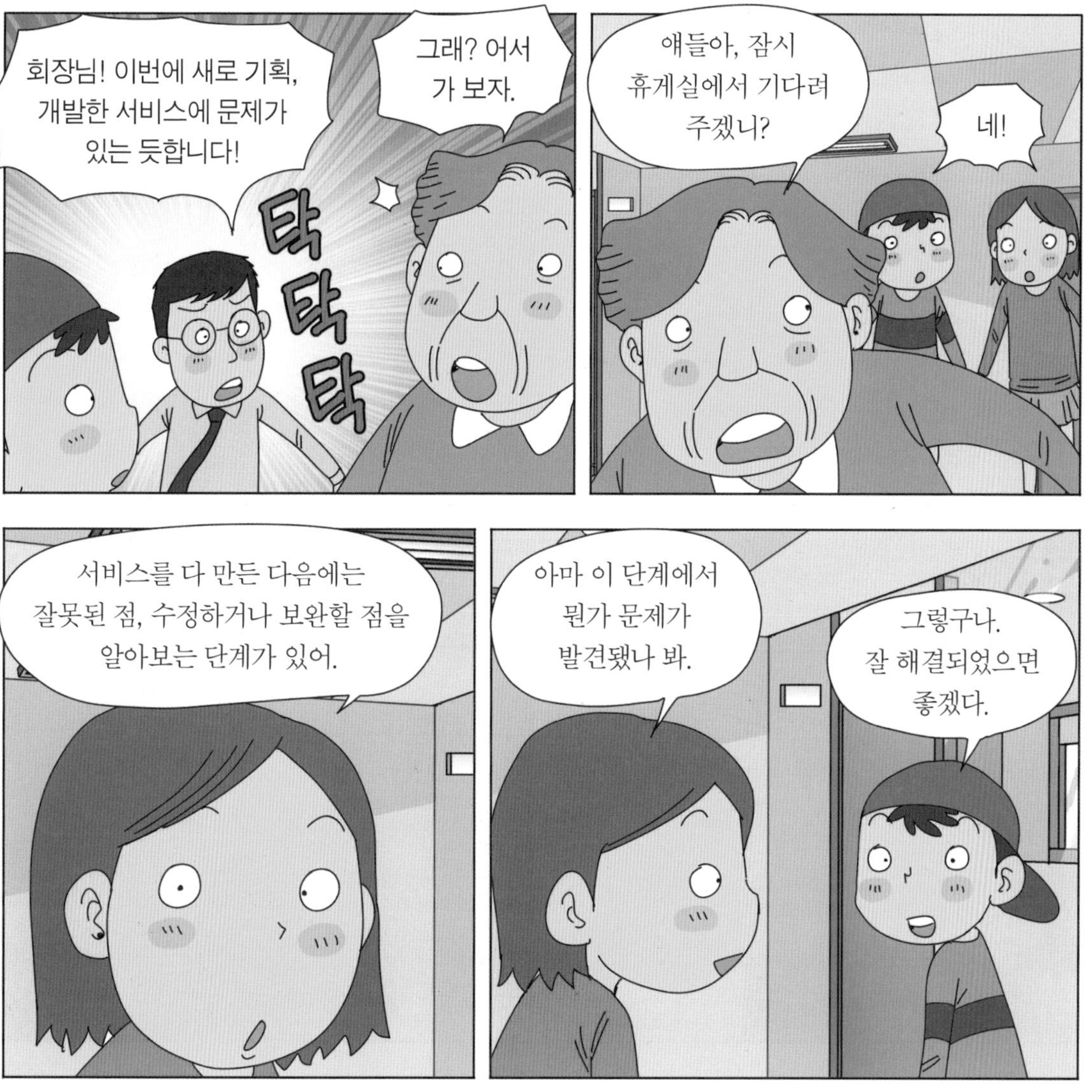
회장님! 이번에 새로 기획, 개발한 서비스에 문제가 있는 듯합니다!
탁 탁 탁
그래? 어서 가 보자.
얘들아, 잠시 휴게실에서 기다려 주겠니?
네!
서비스를 다 만든 다음에는 잘못된 점, 수정하거나 보완할 점을 알아보는 단계가 있어.
아마 이 단계에서 뭔가 문제가 발견됐나 봐.
그렇구나. 잘 해결되었으면 좋겠다.

스마트헬스케어 서비스기획자

스마트헬스케어 서비스기획자는 사람들의 건강을 지켜 주는 스마트헬스케어 서비스를 기획하는 사람이에요. 사람들이 건강을 잘 유지하기 위해 수시로 확인해야 할 건강 정보 등을 알아보고 알맞은 서비스를 기획하거나 프로그램을 개발하지요. 기획한 서비스나 개발한 프로그램은 사람들이 몸에 항상 지니고 다니는 스마트헬스케어 기기에 담을 수도 있고 스마트홈케어 시스템에 적용할 수도 있어요. 스마트헬스케어 서비스기획자는 스마트헬스케어 프로그램 개발자라고도 해요.

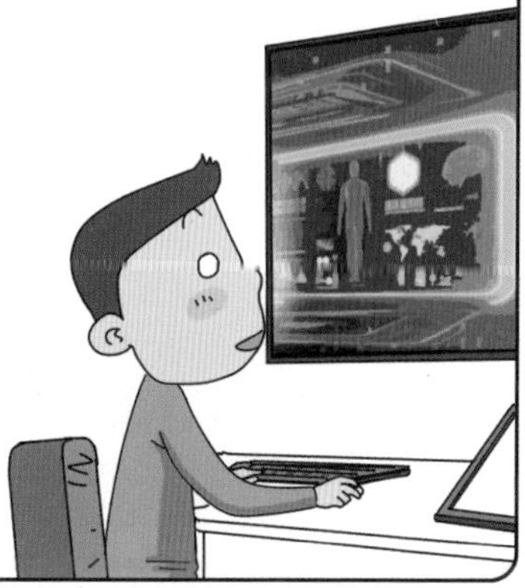

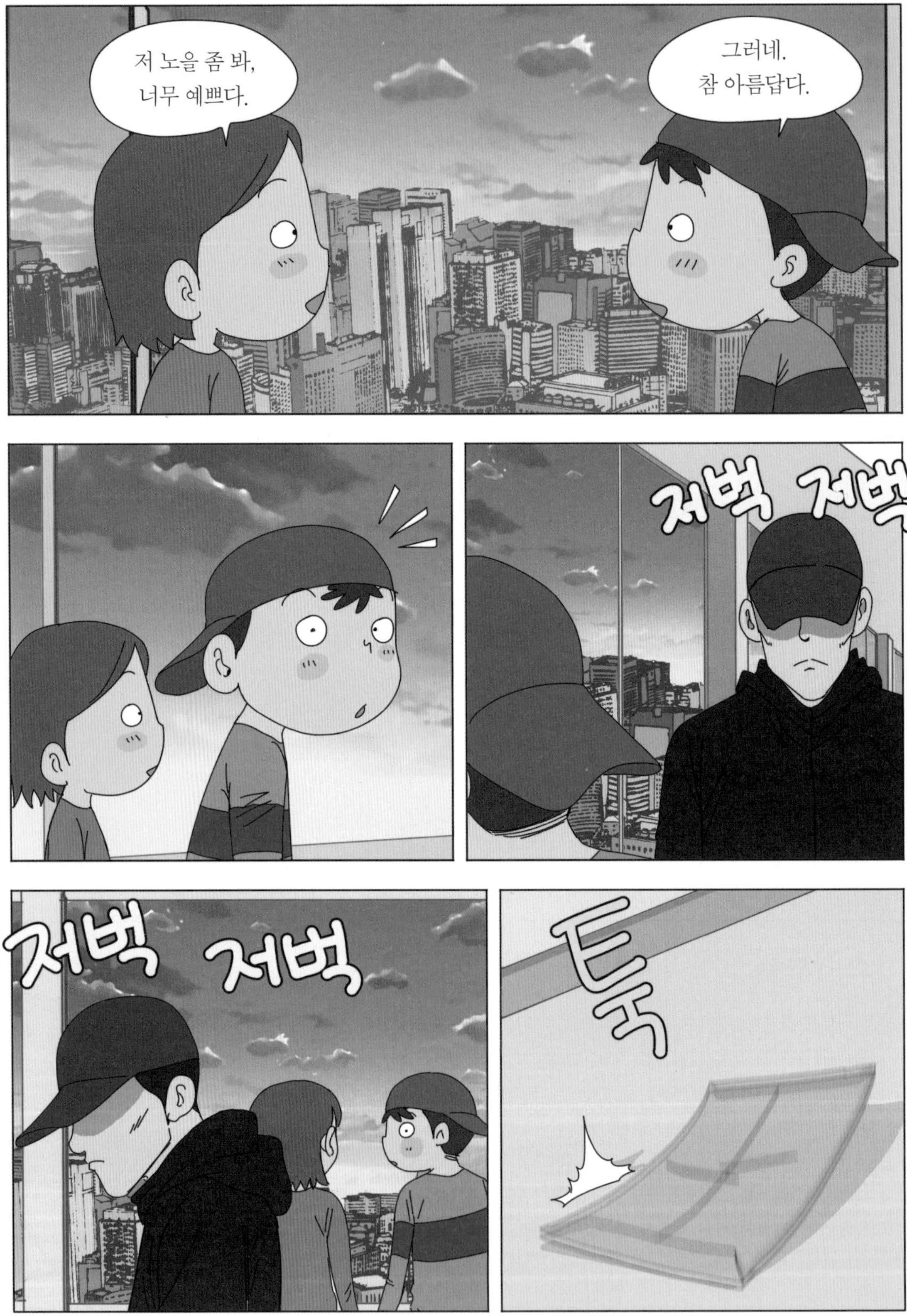
저 노을 좀 봐,
너무 예쁘다.
그러네.
참 아름답다.
저벅 저벅
저벅 저벅
툭

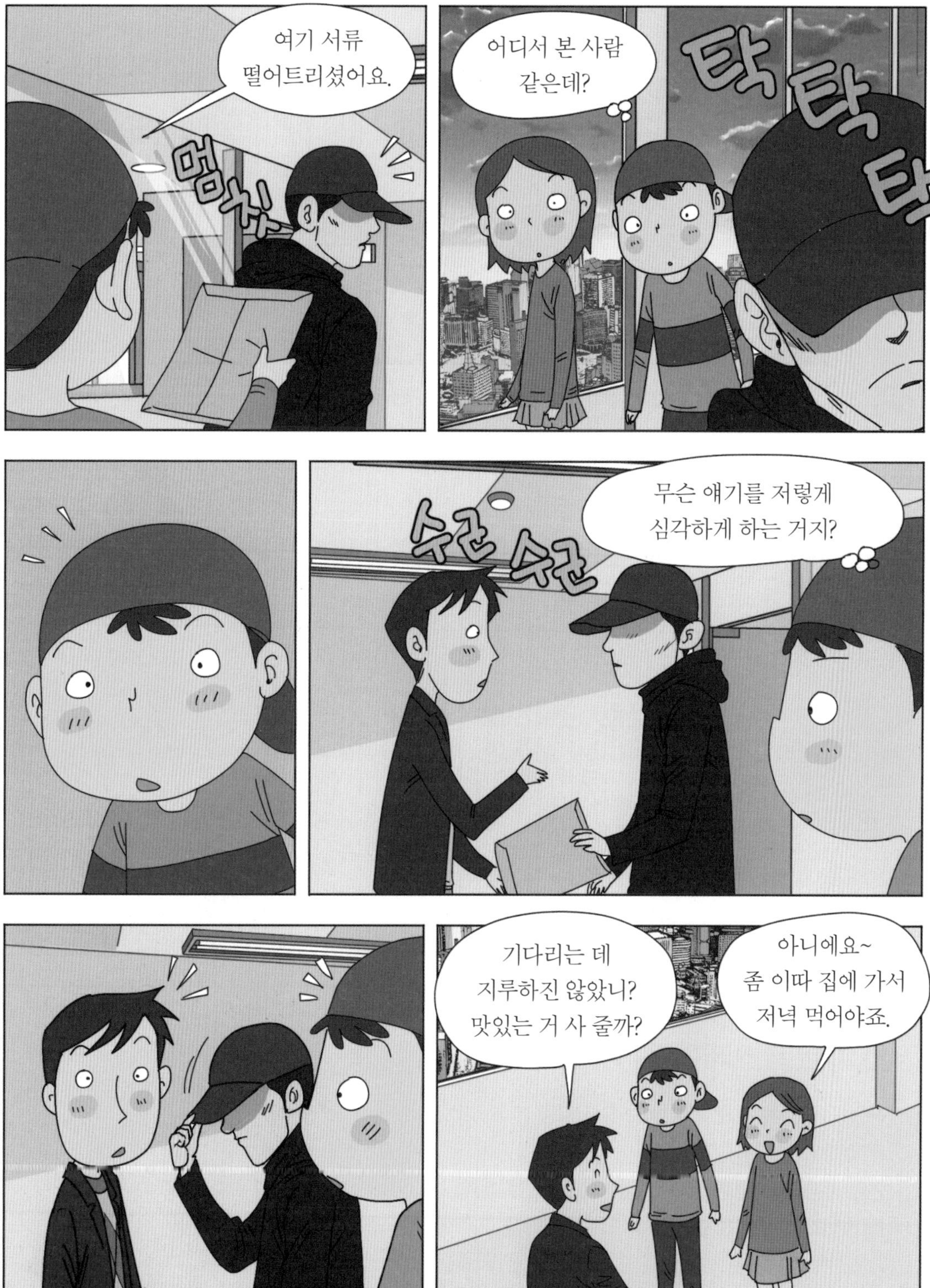

여기 서류 떨어트리셨어요.
멈칫
어디서 본 사람 같은데?
탁 탁 탁
수군 수군
무슨 얘기를 저렇게 심각하게 하는 거지?
기다리는 데 지루하진 않았니? 맛있는 거 사 줄까?
아니에요~ 좀 이따 집에 가서 저녁 먹어야죠.

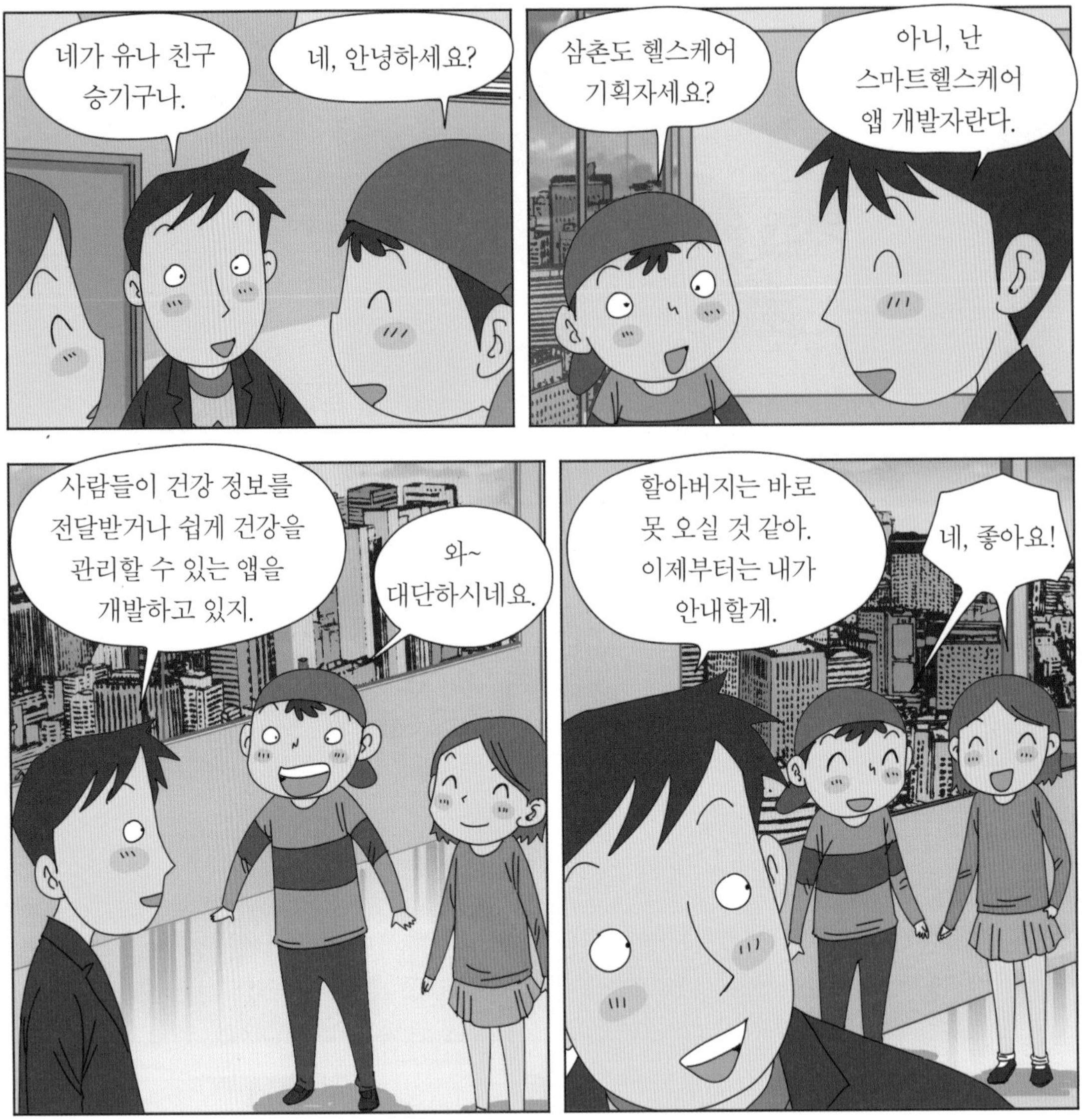
네가 유나 친구
승기구나.
네, 안녕하세요?
삼촌도 헬스케어
기획자세요?
아니, 난
스마트헬스케어
앱 개발자란다.
사람들이 건강 정보를
전달받거나 쉽게 건강을
관리할 수 있는 앱을
개발하고 있지.
와~
대단하시네요.
할아버지는 바로
못 오실 것 같아.
이제부터는 내가
안내할게.
네, 좋아요!

스마트헬스케어 앱 개발자

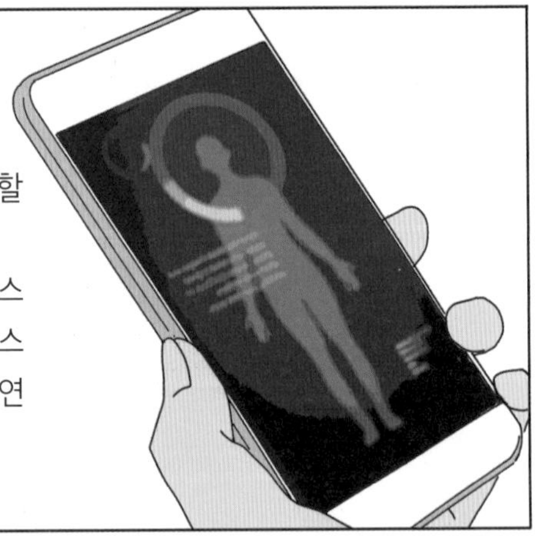

사람들이 앱을 통해 건강 정보를 전달받거나 건강을 관리할 수 있게 해주는 사람이에요.
먼저 사람들에게 필요한 건강 정보, 건강 관리 방법 등 서비스할 콘텐츠를 설계한 뒤 실제 앱으로 만들지요. 이러한 앱은 스마트폰에서 내려받아 사용할 수도 있고 다른 의료 기기와 연결시켜 주기도 한답니다.

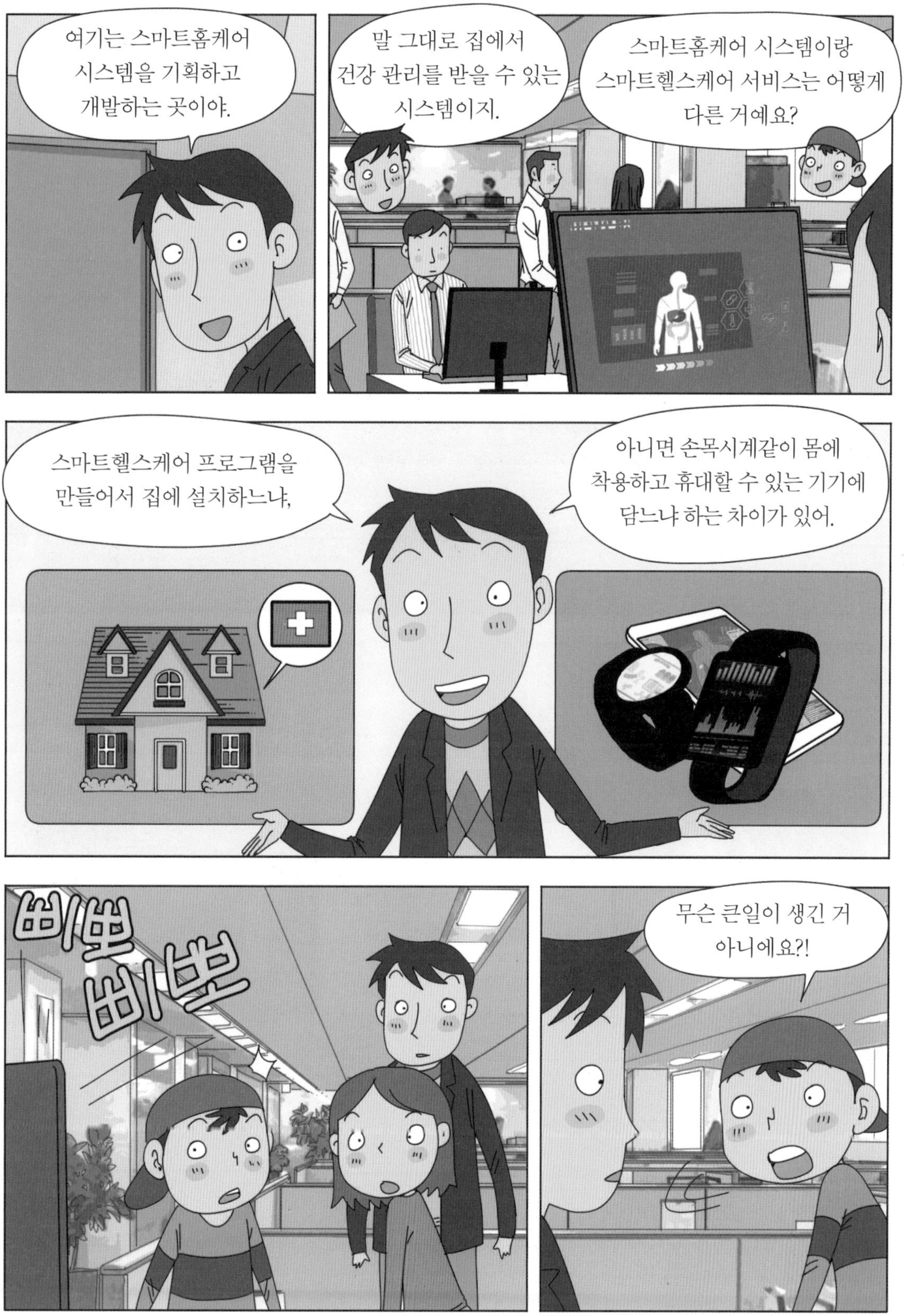
여기는 스마트홈케어 시스템을 기획하고 개발하는 곳이야.
말 그대로 집에서 건강 관리를 받을 수 있는 시스템이지.
스마트홈케어 시스템이랑 스마트헬스케어 서비스는 어떻게 다른 거예요?
스마트헬스케어 프로그램을 만들어서 집에 설치하느냐,
아니면 손목시계같이 몸에 착용하고 휴대할 수 있는 기기에 담느냐 하는 차이가 있어.
삐뽀 삐뽀
무슨 큰일이 생긴 거 아니에요?!

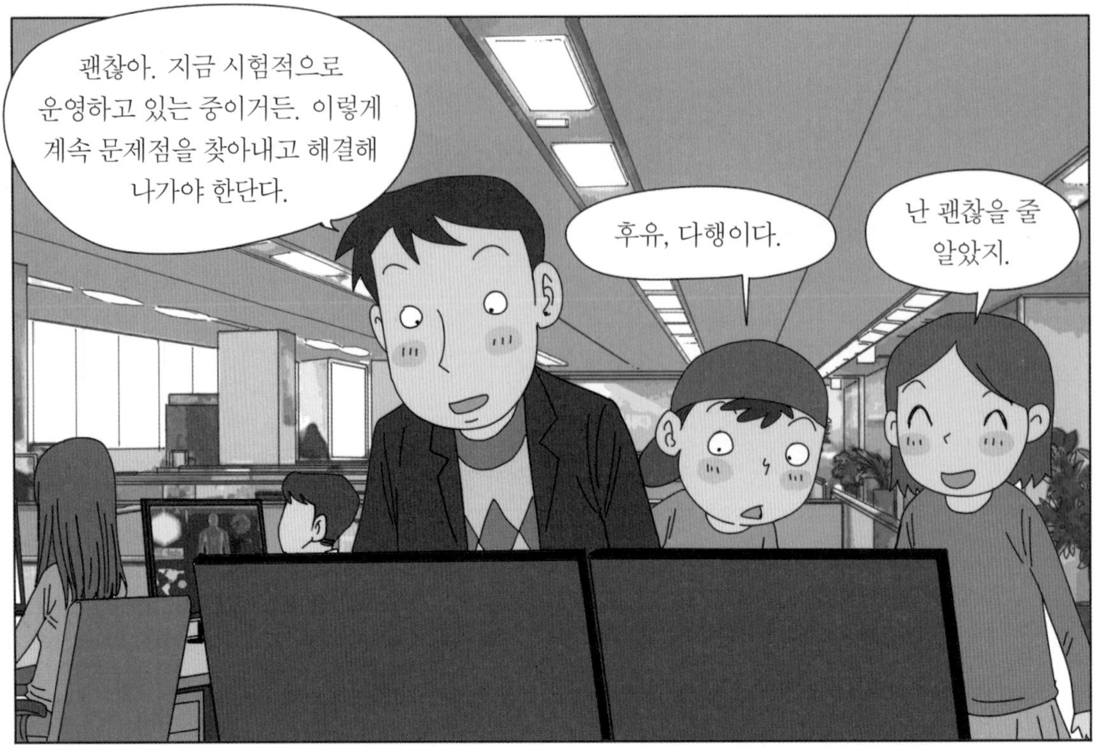
괜찮아. 지금 시험적으로 운영하고 있는 중이거든. 이렇게 계속 문제점을 찾아내고 해결해 나가야 한단다.
후유, 다행이다.
난 괜찮을 줄 알았지.

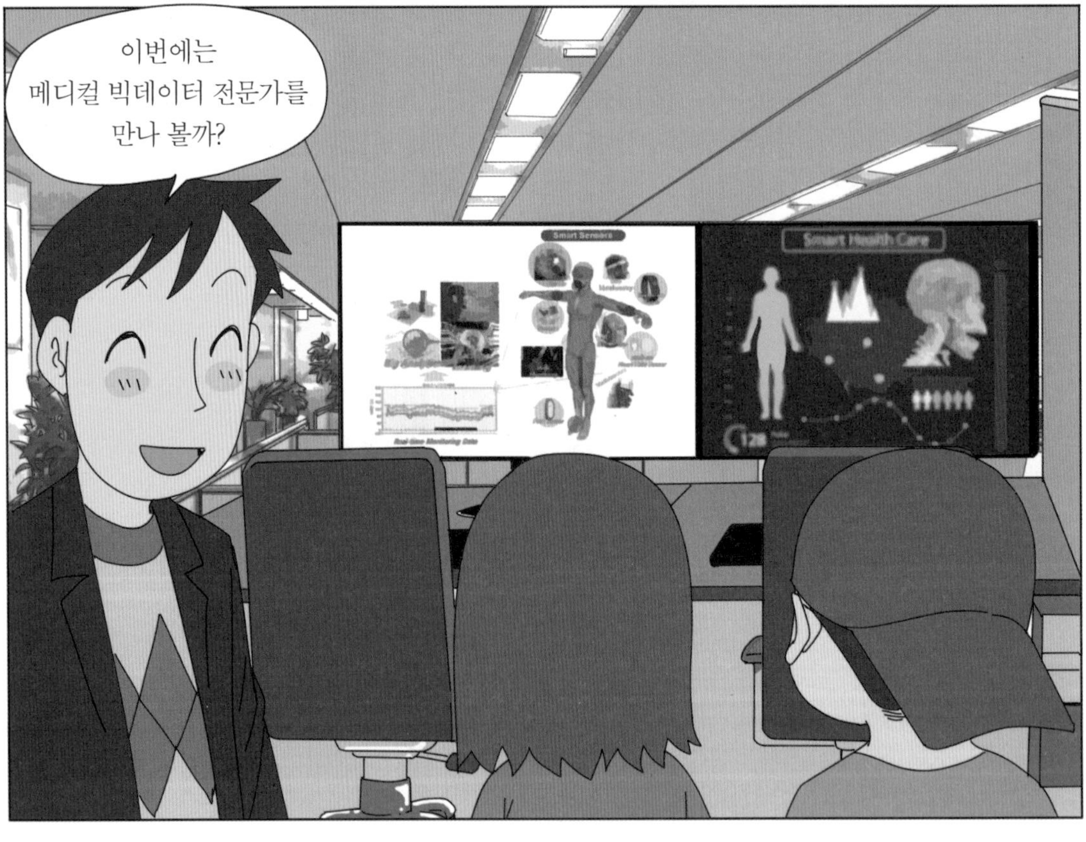
이번에는 메디컬 빅데이터 전문가를 만나 볼까?
Smart Sensors
Smart Health Care

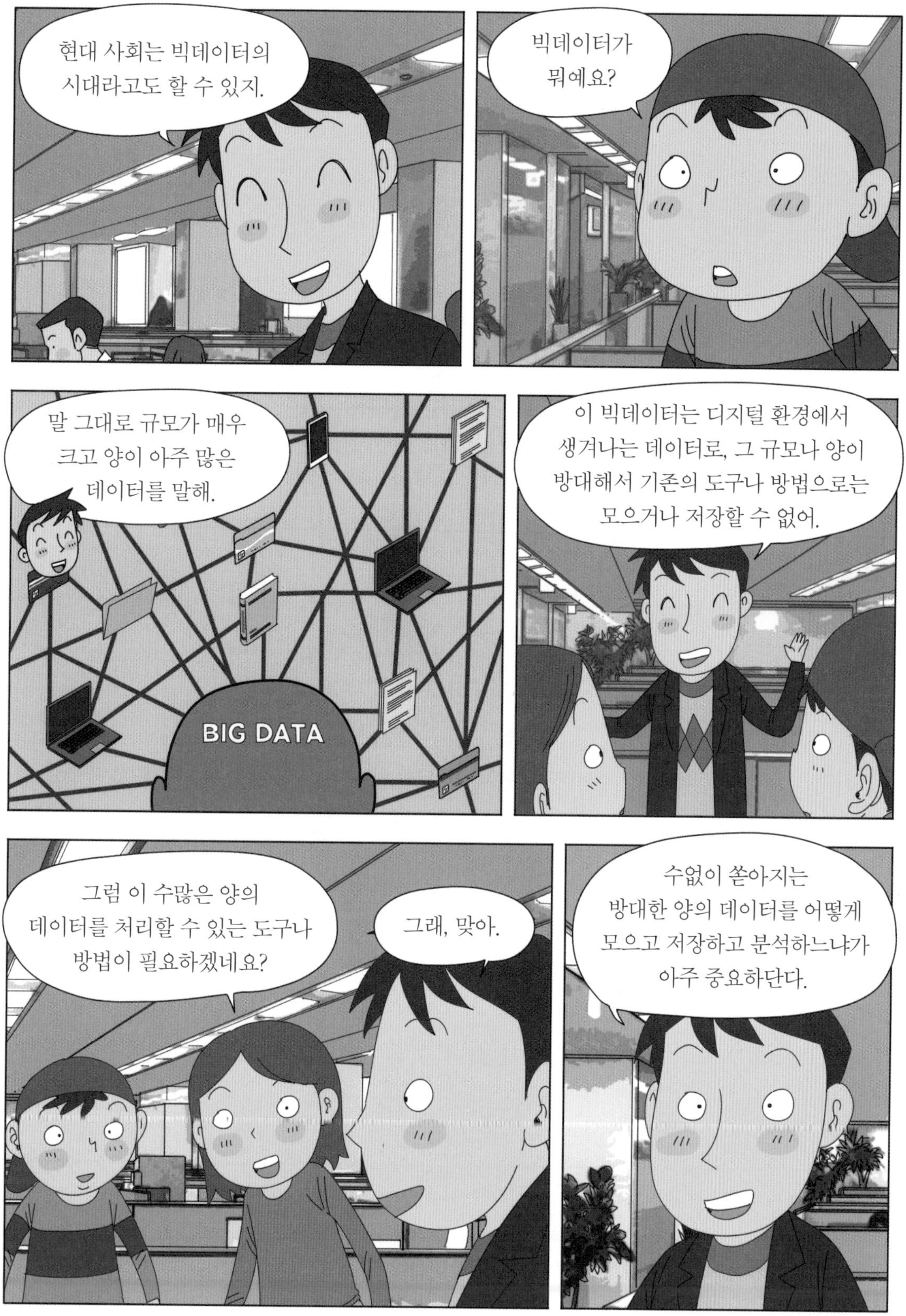
현대 사회는 빅데이터의 시대라고도 할 수 있지.
빅데이터가 뭐예요?
말 그대로 규모가 매우 크고 양이 아주 많은 데이터를 말해.
BIG DATA
이 빅데이터는 디지털 환경에서 생겨나는 데이터로, 그 규모나 양이 방대해서 기존의 도구나 방법으로는 모으거나 저장할 수 없어.
그럼 이 수많은 양의 데이터를 처리할 수 있는 도구나 방법이 필요하겠네요?
그래, 맞아.
수없이 쏟아지는 방대한 양의 데이터를 어떻게 모으고 저장하고 분석하느냐가 아주 중요하단다.

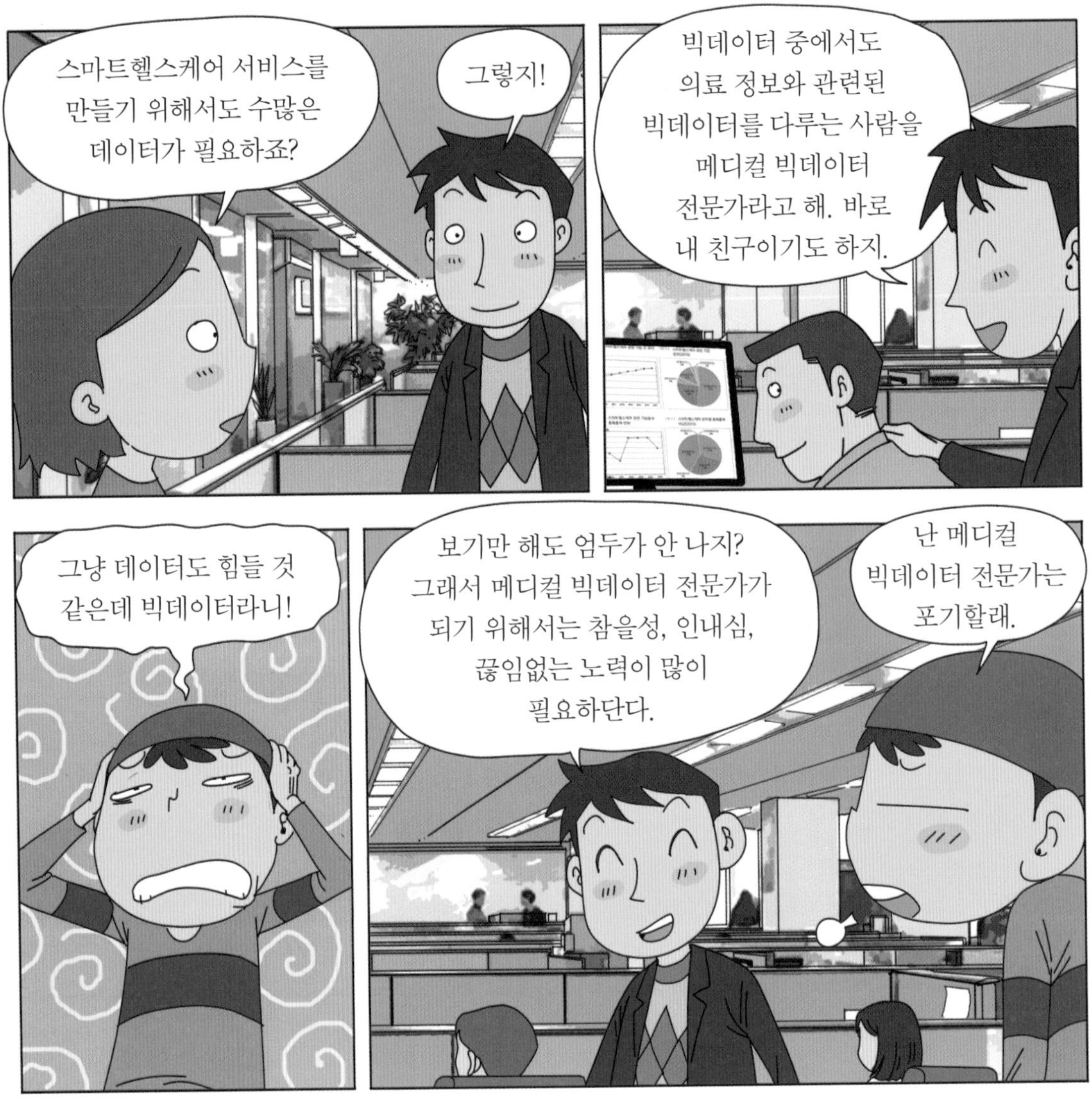
스마트헬스케어 서비스를 만들기 위해서도 수많은 데이터가 필요하죠?
그렇지!
빅데이터 중에서도 의료 정보와 관련된 빅데이터를 다루는 사람을 메디컬 빅데이터 전문가라고 해. 바로 내 친구이기도 하지.
그냥 데이터도 힘들 것 같은데 빅데이터라니!
보기만 해도 엄두가 안 나지? 그래서 메디컬 빅데이터 전문가가 되기 위해서는 참을성, 인내심, 끊임없는 노력이 많이 필요하단다.
난 메디컬 빅데이터 전문가는 포기할래.

메디컬 빅데이터 전문가

메디컬 빅데이터 전문가는 수많은 데이터 중에서 의료 정보와 관련된 빅데이터를 전문적으로 다루는 직업을 가진 사람이에요. 의료와 관련된 데이터들을 모으고 분류하고 저장하고 처리하여 분석해요. 그리고 그 데이터가 지닌 특성을 파악한 다음 분석한 결과를 제공하지요. 메디컬 빅데이터 전문가를 통해 앞으로 다가올 병의 위험성을 예측할 수도 있고 스스로 건강 관리도 할 수 있답니다.

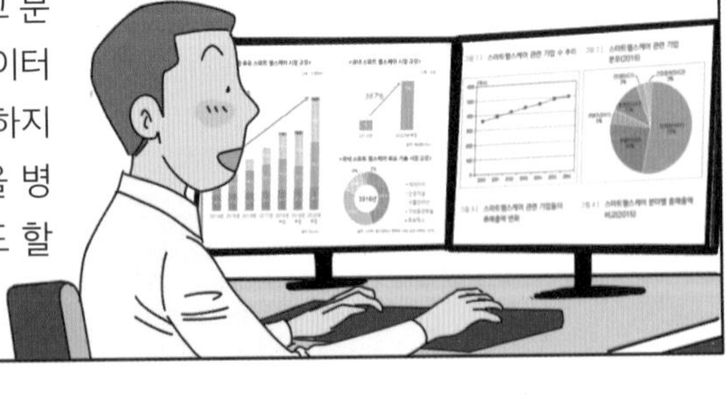

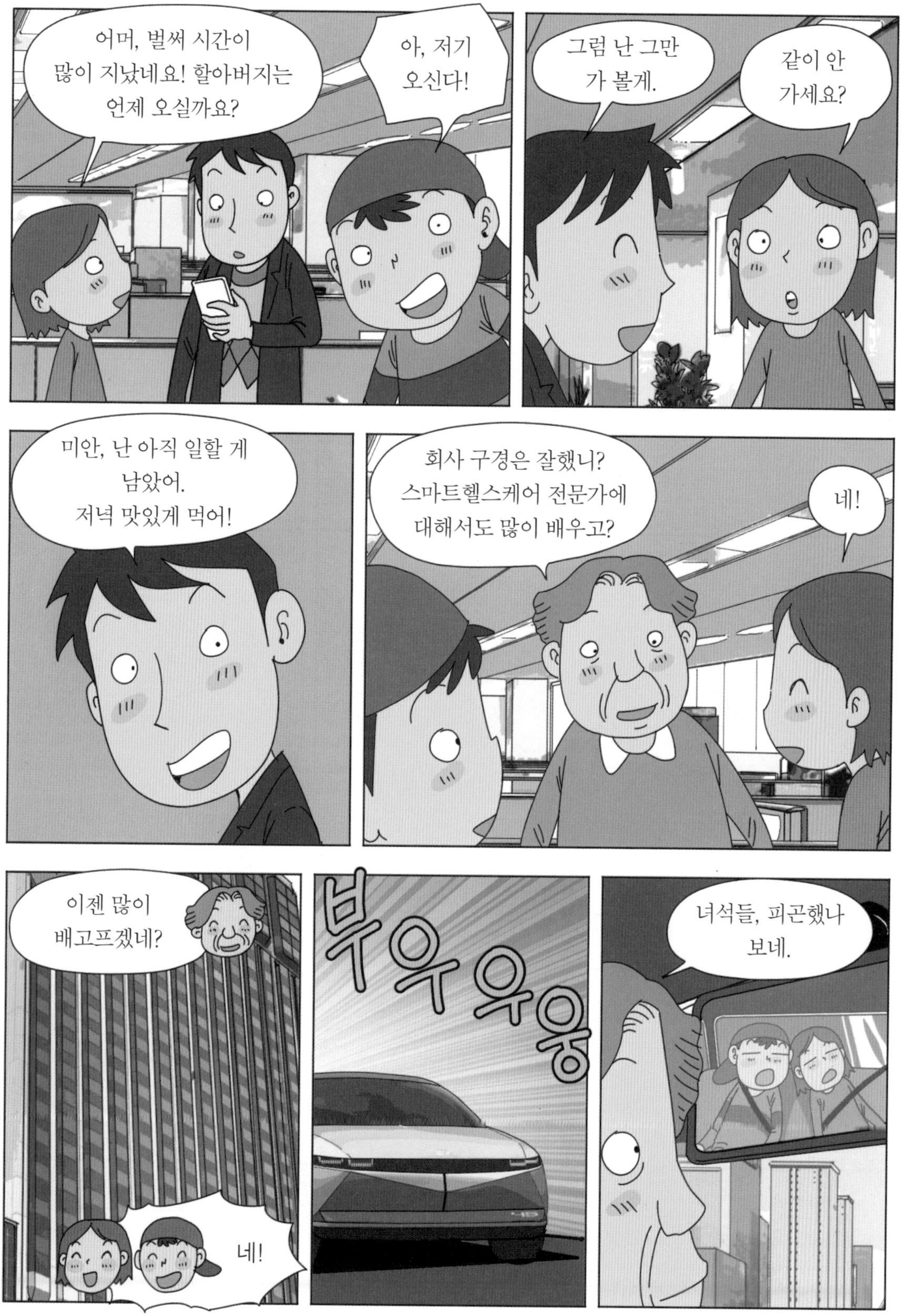
어머, 벌써 시간이 많이 지났네요! 할아버지는 언제 오실까요?
아, 저기 오신다!
그럼 난 그만 가 볼게.
같이 안 가세요?
미안, 난 아직 일할 게 남았어. 저녁 맛있게 먹어!
회사 구경은 잘했니? 스마트헬스케어 전문가에 대해서도 많이 배우고?
네!
이젠 많이 배고프겠네?
네!
부우우웅
녀석들, 피곤했나 보네.

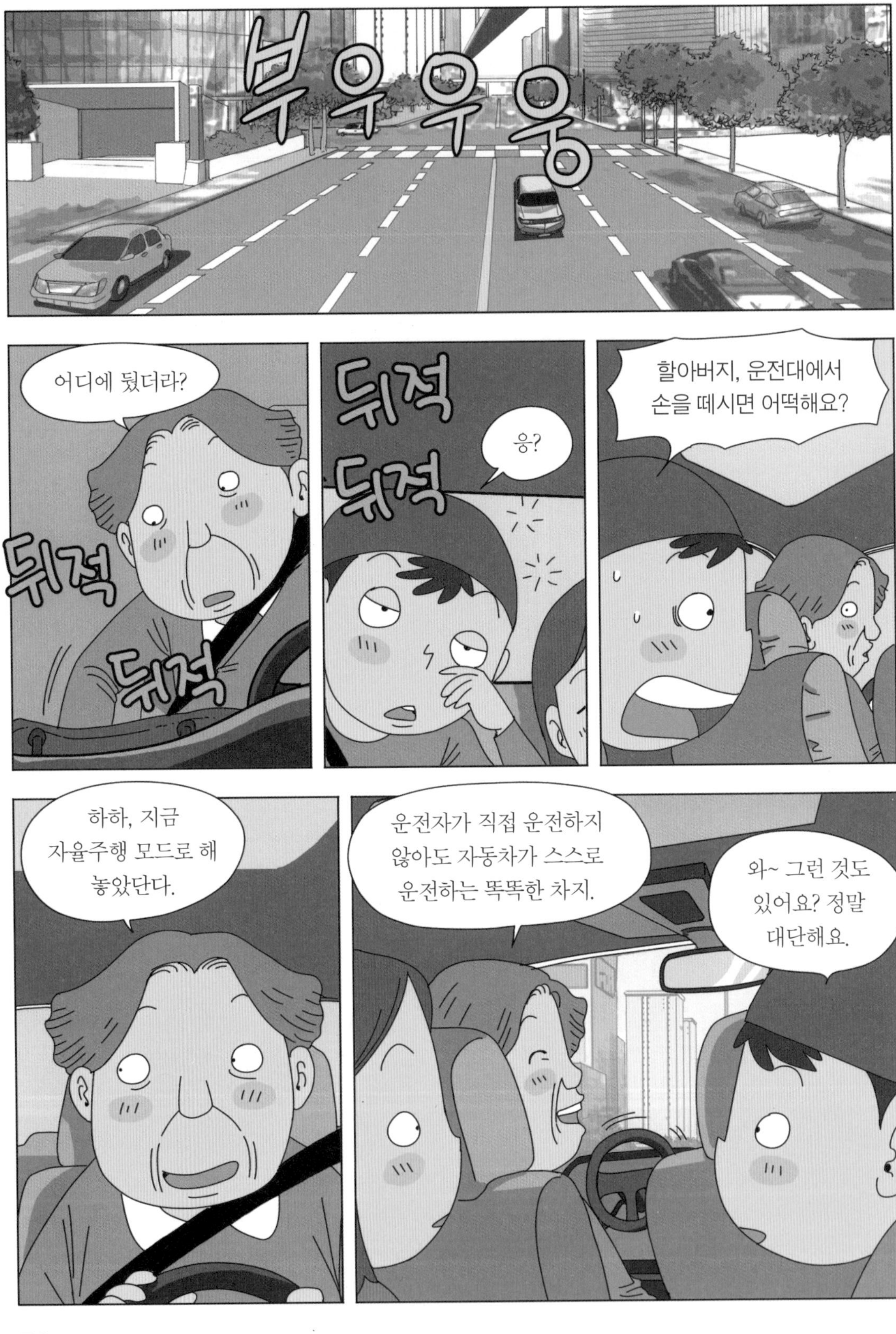
부우우웅
어디에 뒀더라?
뒤적
뒤적
뒤적
뒤적
응?
할아버지, 운전대에서 손을 떼시면 어떡해요?
하하, 지금 자율주행 모드로 해 놓았단다.
운전자가 직접 운전하지 않아도 자동차가 스스로 운전하는 똑똑한 차지.
와~ 그런 것도 있어요? 정말 대단해요.

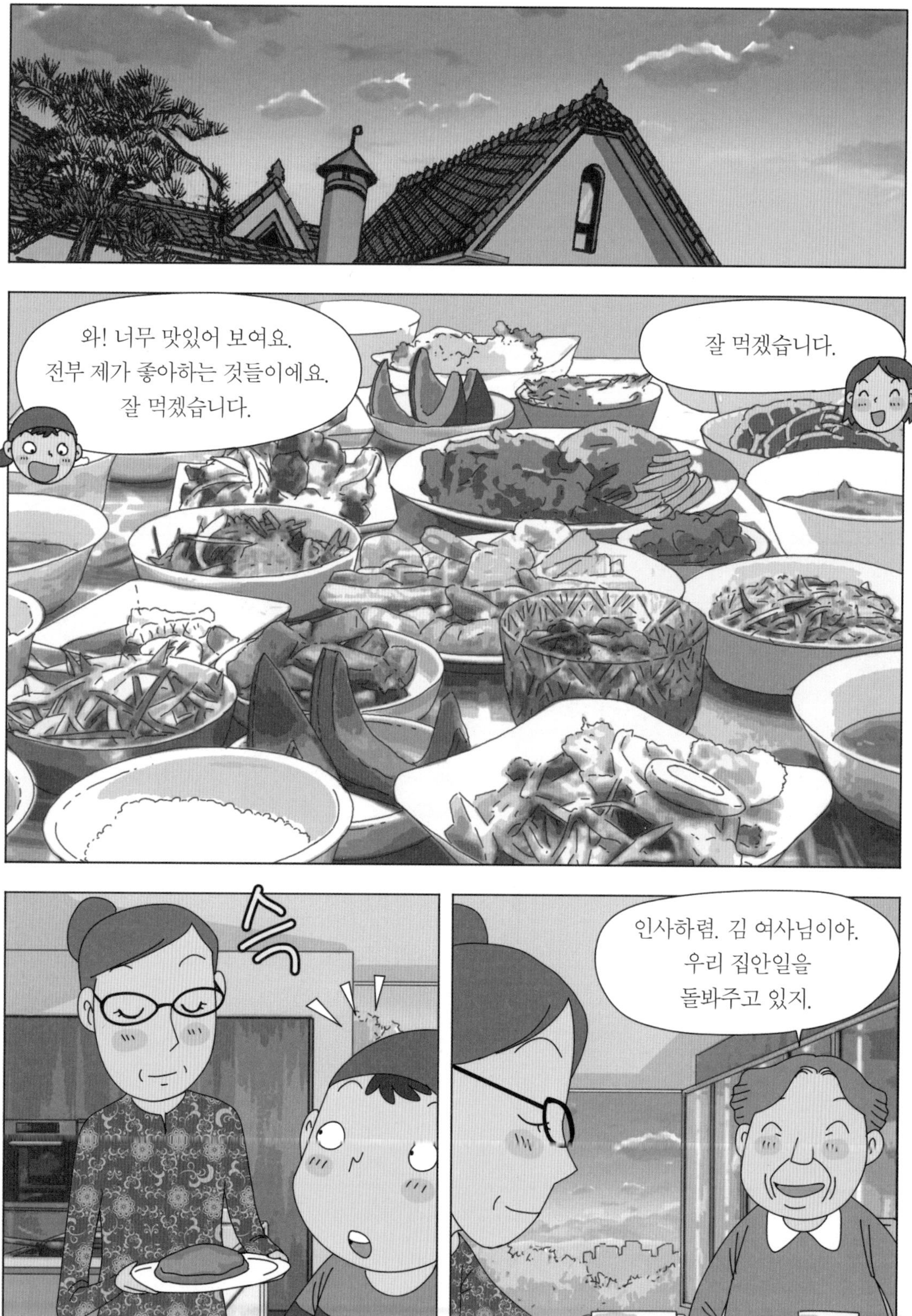
와! 너무 맛있어 보여요.
전부 제가 좋아하는 것들이에요.
잘 먹겠습니다.
잘 먹겠습니다.
인사하렴. 김 여사님이야.
우리 집안일을
돌봐주고 있지.

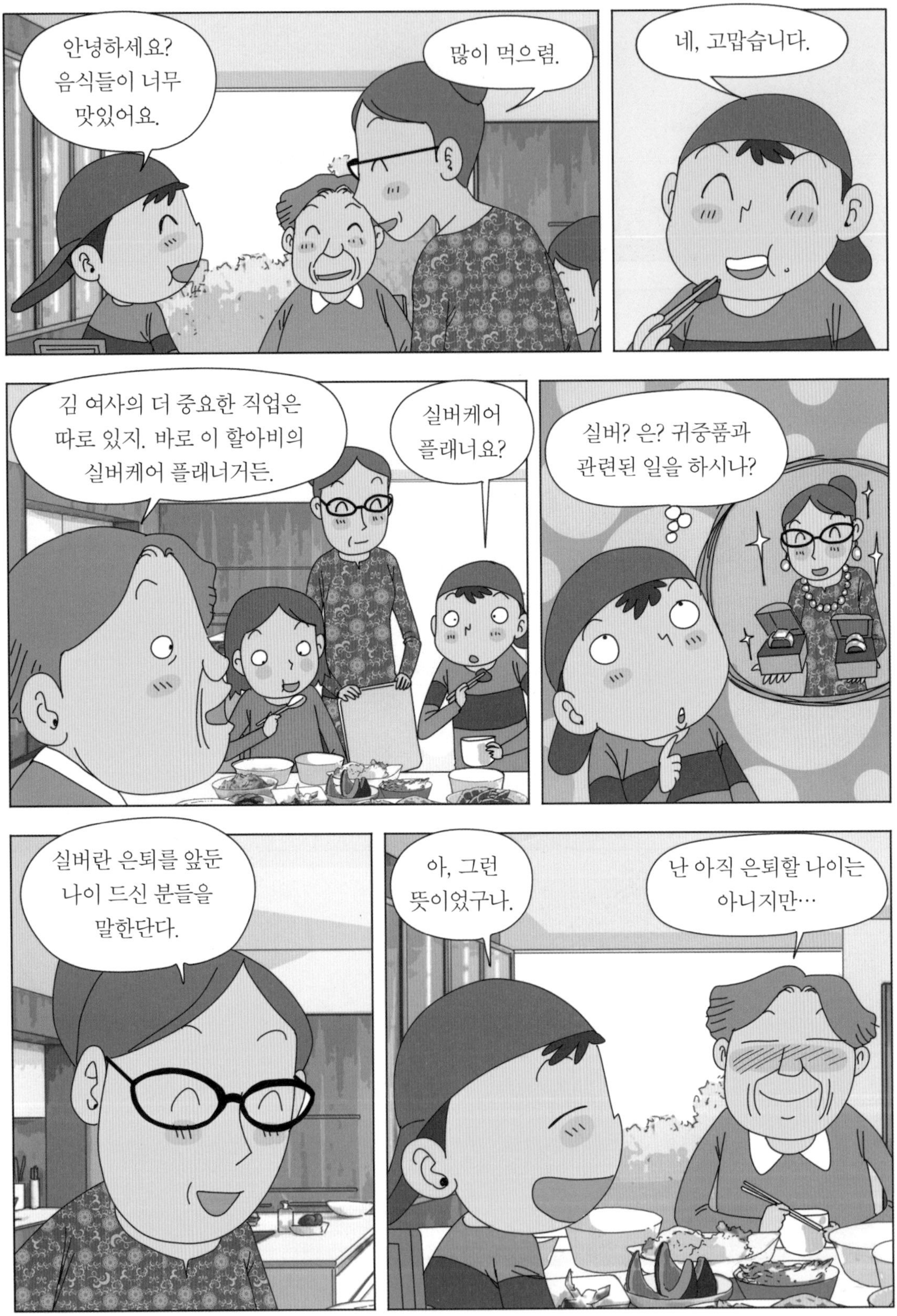
안녕하세요? 음식들이 너무 맛있어요.
많이 먹으렴.
네, 고맙습니다.
김 여사의 더 중요한 직업은 따로 있지. 바로 이 할아비의 실버케어 플래너거든.
실버케어 플래너요?
실버? 은? 귀중품과 관련된 일을 하시나?
실버란 은퇴를 앞둔 나이 드신 분들을 말한단다.
아, 그런 뜻이었구나.
난 아직 은퇴할 나이는 아니지만…

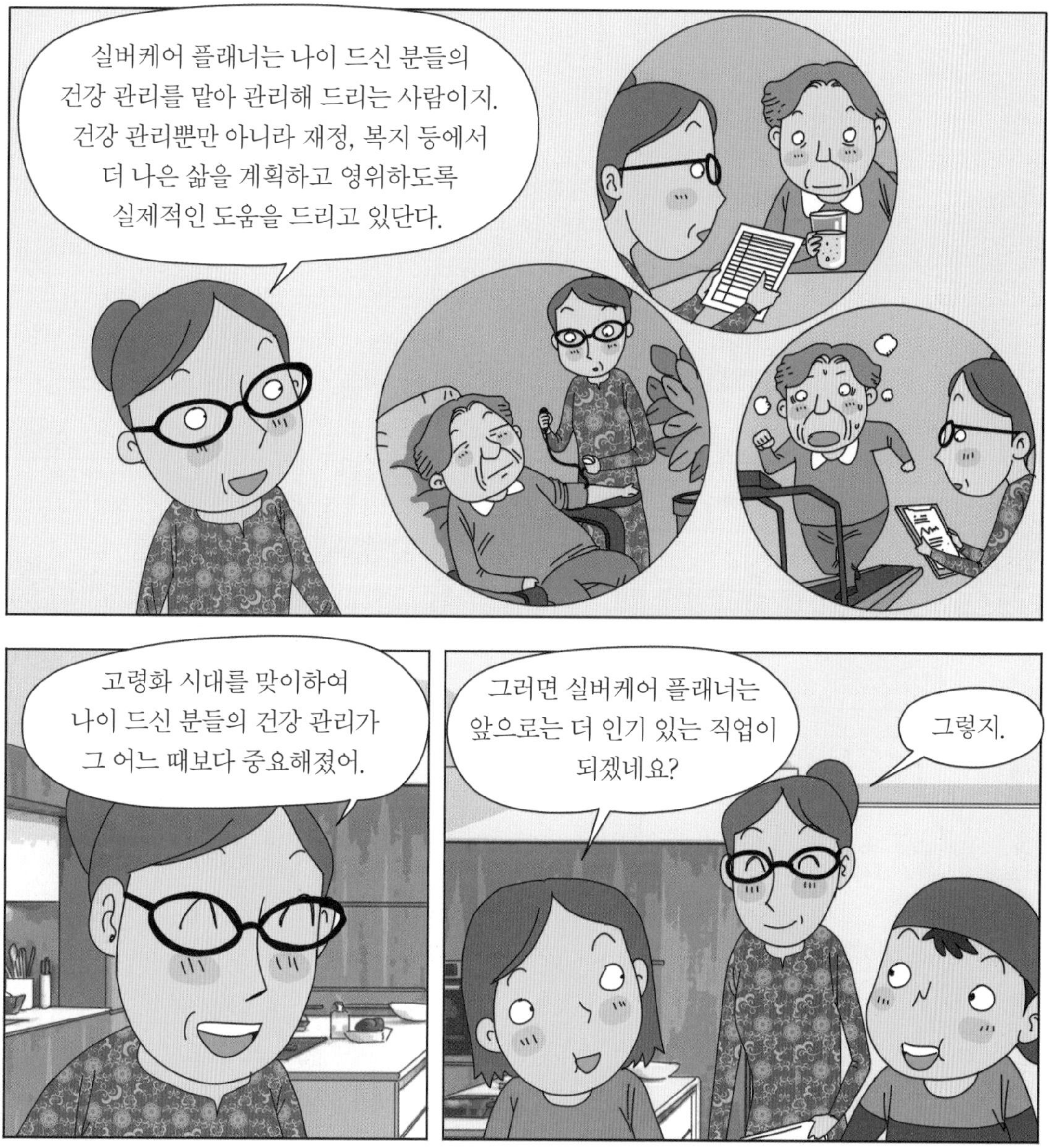
실버케어 플래너는 나이 드신 분들의 건강 관리를 맡아 관리해 드리는 사람이지. 건강 관리뿐만 아니라 재정, 복지 등에서 더 나은 삶을 계획하고 영위하도록 실제적인 도움을 드리고 있단다.
고령화 시대를 맞이하여 나이 드신 분들의 건강 관리가 그 어느 때보다 중요해졌어.
그러면 실버케어 플래너는 앞으로는 더 인기 있는 직업이 되겠네요?
그렇지.

실버케어 플래너

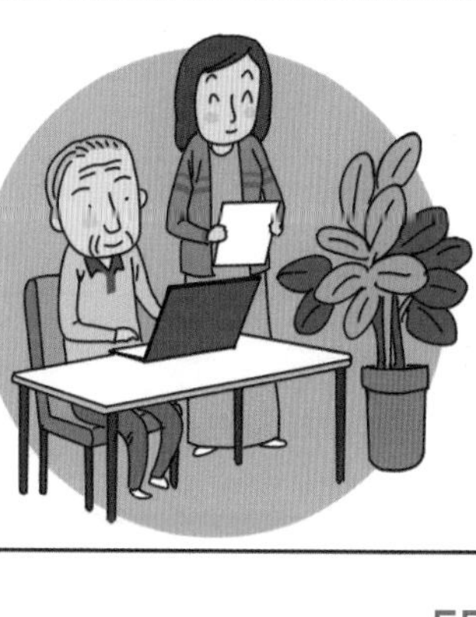

실버케어 플래너는 노인들을 돌보고 미래를 설계해 주는 전문가예요. 노인들의 건강을 관리해 주는 것부터 노인들이 남은 인생을 더욱 뜻깊고 의미 있게 보낼 수 있도록 이끌어 주는 일까지 실버케어 플래너가 하는 일은 매우 다양해요. 사람들의 평균 수명이 점점 늘어나고 노인들이 많아지는 시대인 만큼 실버케어 플래너의 중요성은 매우 크답니다.

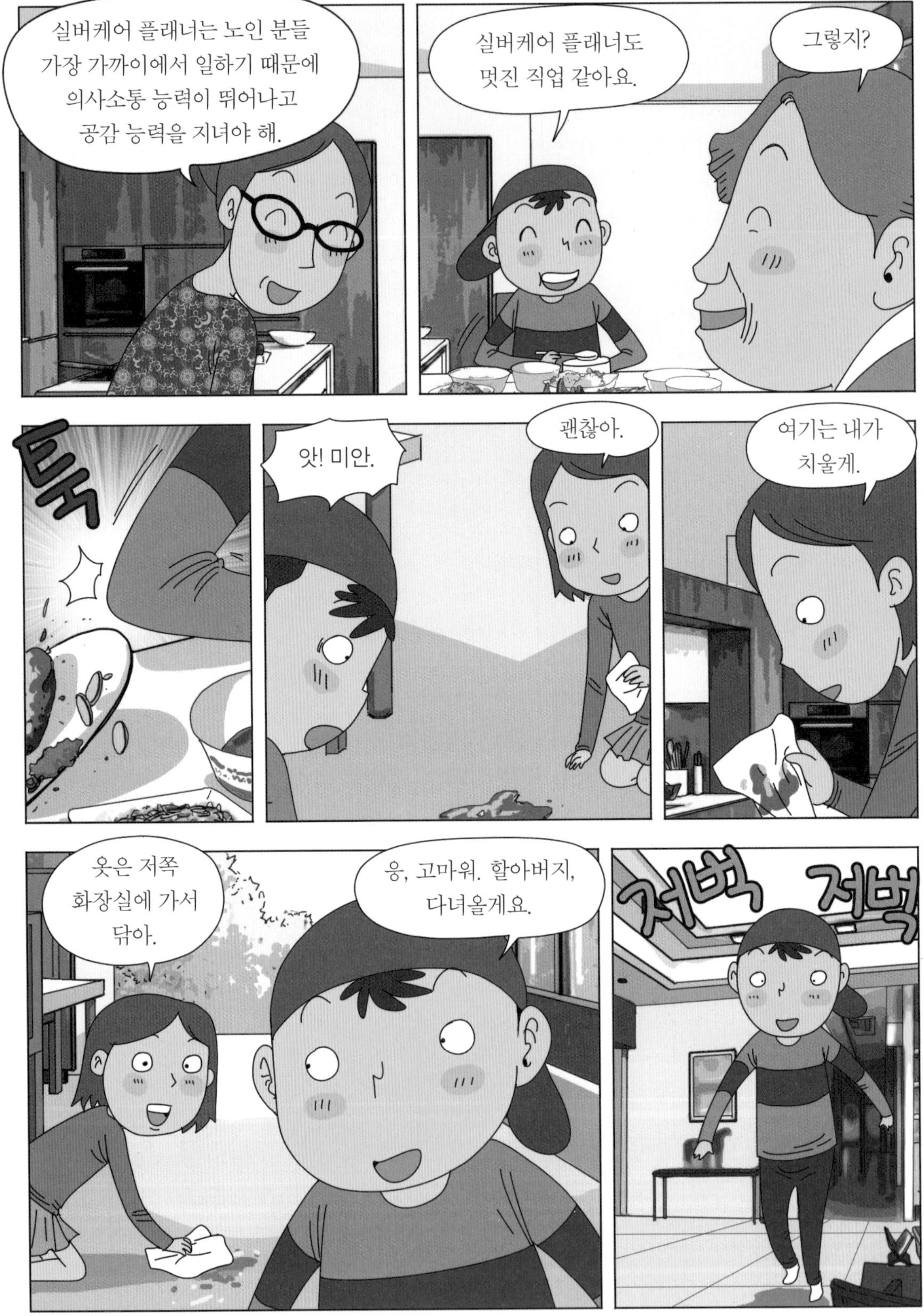
실버케어 플래너는 노인 분들 가장 가까이에서 일하기 때문에 의사소통 능력이 뛰어나고 공감 능력을 지녀야 해.
실버케어 플래너도 멋진 직업 같아요.
그렇지?
툭
앗! 미안.
괜찮아.
여기는 내가 치울게.
옷은 저쪽 화장실에 가서 닦아.
응, 고마워. 할아버지, 다녀올게요.
저벅 저벅

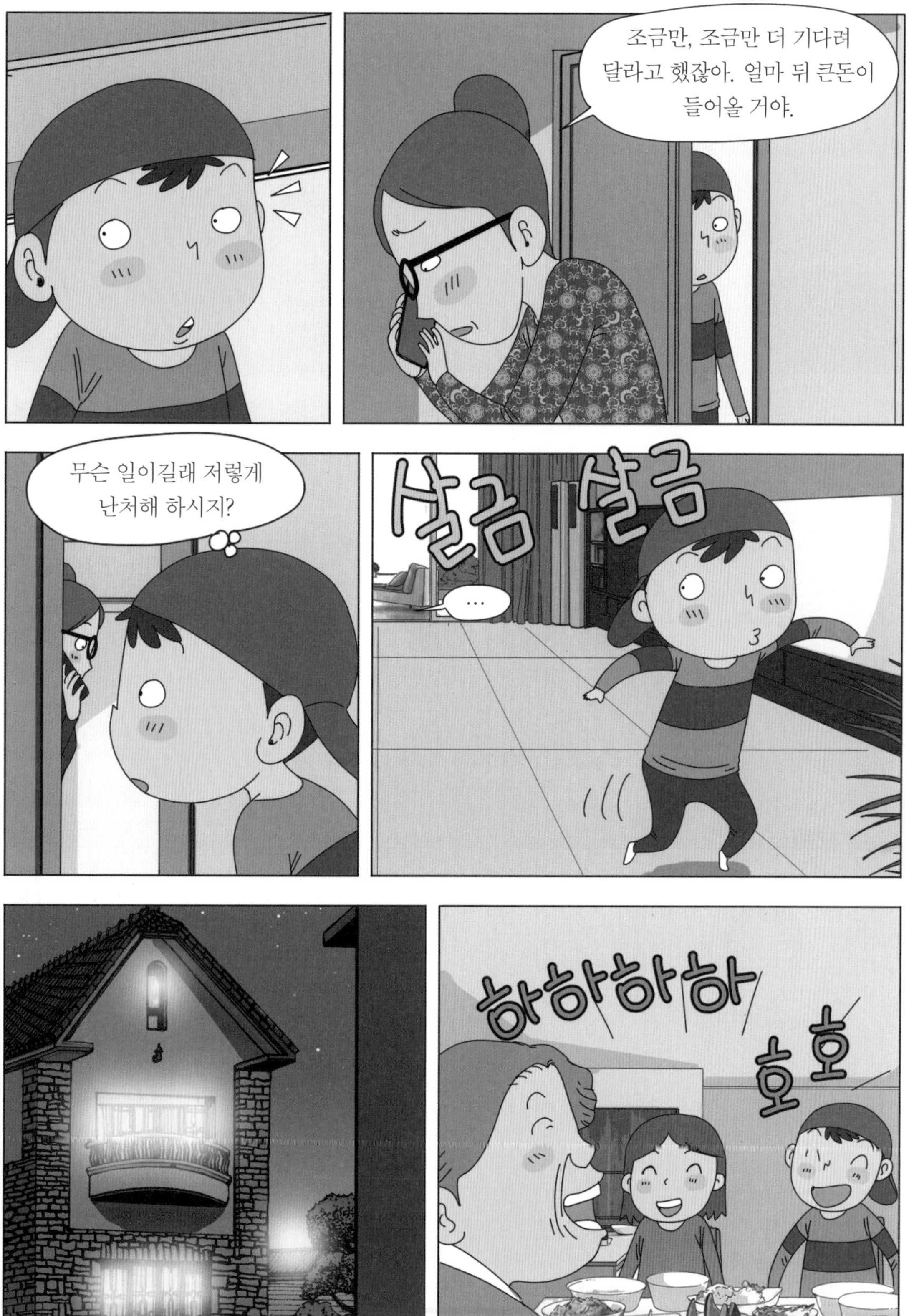
조금만, 조금만 더 기다려 달라고 했잖아. 얼마 뒤 큰돈이 들어올 거야.
무슨 일이길래 저렇게 난처해 하시지?
살금 살금
…
하하하하
호호

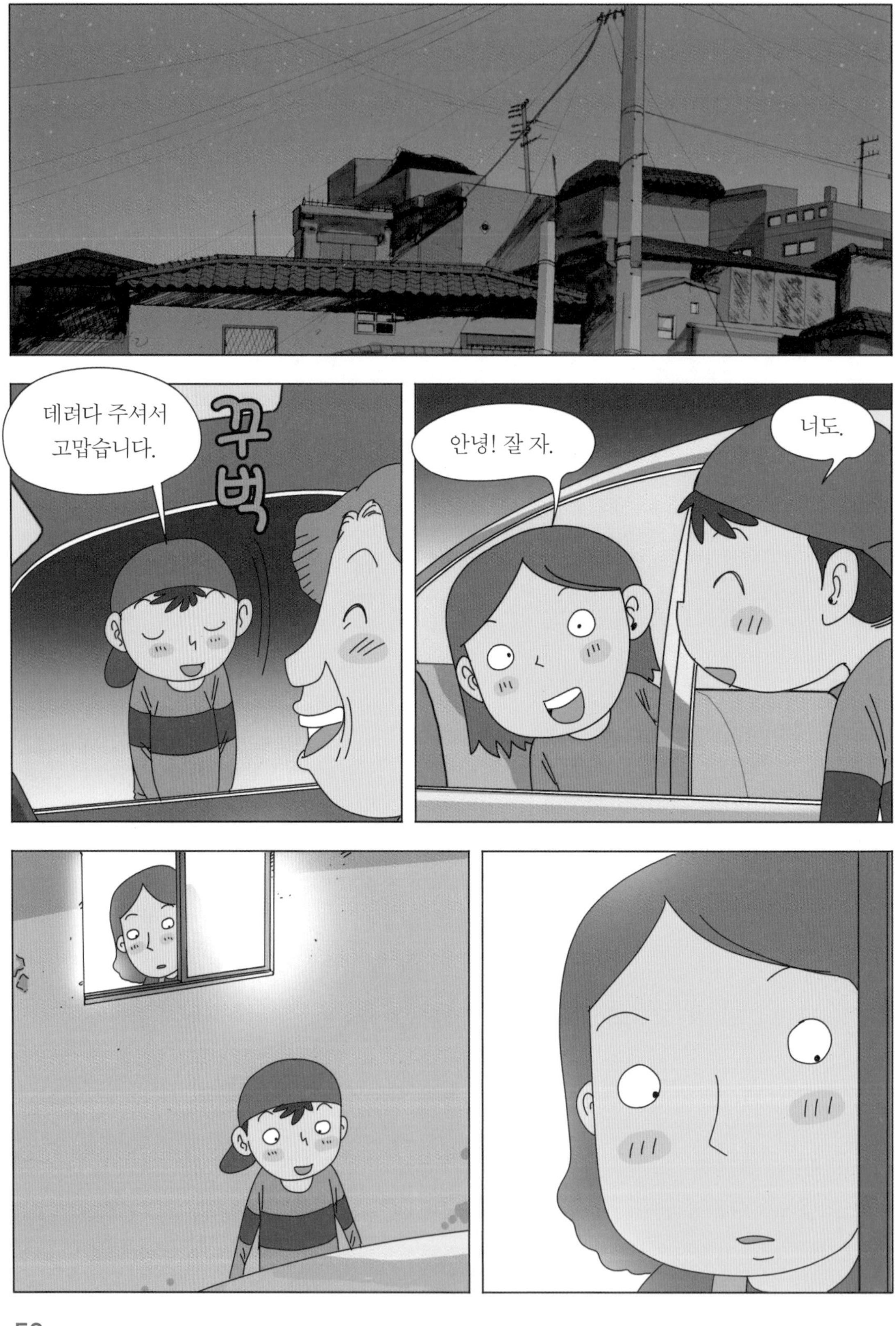
데려다 주셔서
고맙습니다.
꾸벅
안녕! 잘 자.
너도.

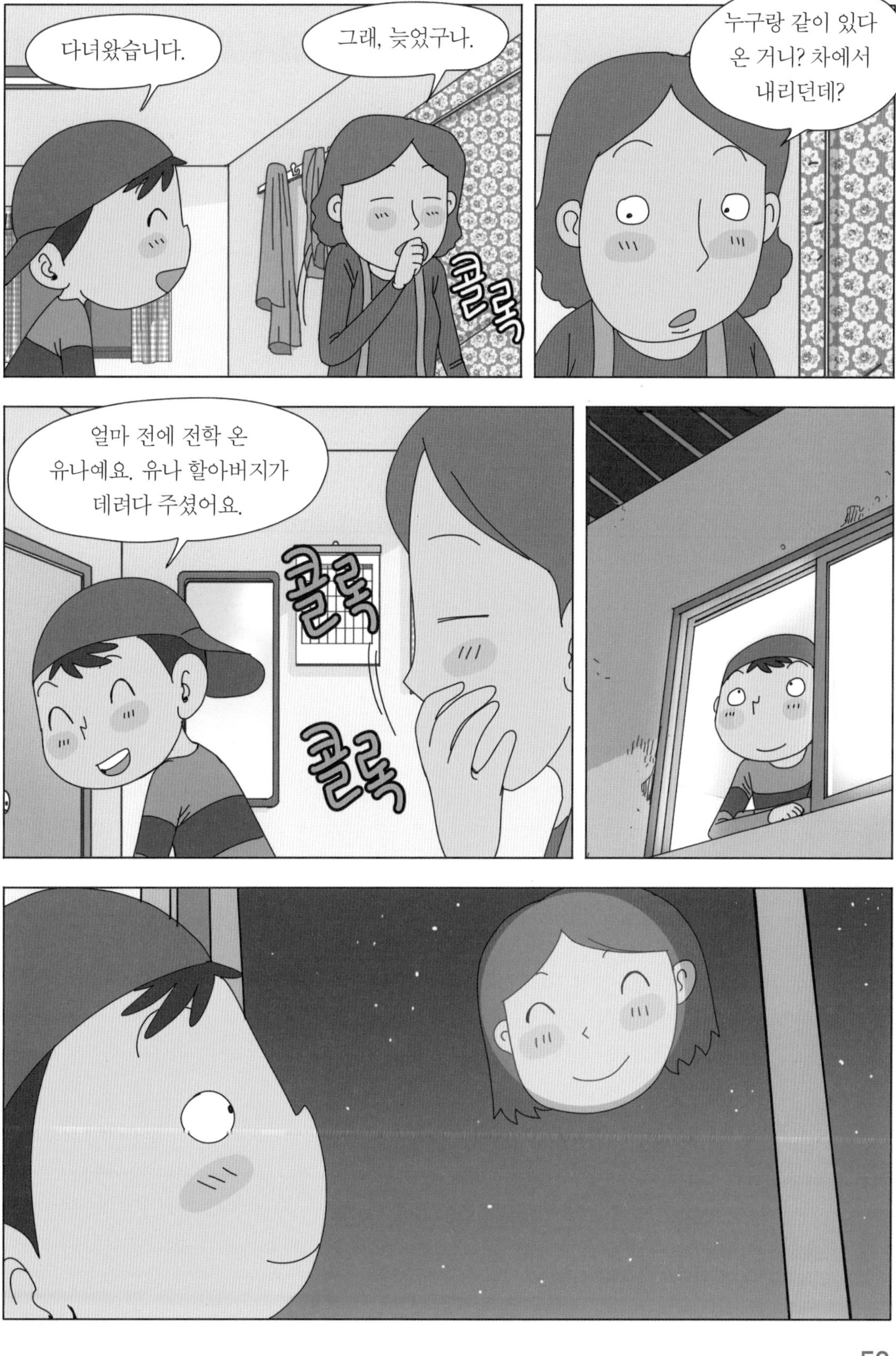
다녀왔습니다.
그래, 늦었구나.
콜록
누구랑 같이 있다 온 거니? 차에서 내리던데?
얼마 전에 전학 온 유나예요. 유나 할아버지가 데려다 주셨어요.
콜록
콜록

스마트헬스케어의 특징

스마트헬스케어는 코로나19 바이러스 이후 비대면 의료 서비스의 필요성이 대두되면서 더욱 주목받고 있어요. 스마트헬스케어는 4P 즉, 예측(Predictive), 예방(Preventive), 참여(Participative), 개인 맞춤화(Personalized) 의료와 건강 관리가 가능한 정도를 목표로 하고 있어요. 이러한 스마트헬스케어가 가진 특징은 무엇인지 알아볼까요?

① 지능(Intelligent)

지능적으로 분석된 정보를 전달할 때 지식에서 지혜로 변하는 과정에 있는 형태예요. 지능형, 맞춤형 스마트헬스케어 서비스가 이루어짐으로써 지식과 지혜가 혼재된 정보전달 형태인 것이지요.

② 완전성(Holistic)

모든 스마트헬스케어 서비스에 완성, 안전, 표준화, 보완 등 완전성을 위한 스마트 정보기술(IT)을 적용해요.

③ 복합성(Complex)

스마트 시대의 헬스케어 서비스는 의료, 복지, 안전 등이 복합적으로 제공돼요.

④ 양방향성(Bi-directional)

수요자와 공급자의 구분이 없어지는 상태 즉, 다수의 수요자와 공급자 간 상호 지식을 주고받는 형태로 정보의 양방향성을 가지고 있어요. 하지만 아직 공급자 위주의 지식 제공이 더 많은 상태예요.

⑤ 끊임없는(Seamless)

상호 전달된 정보나 지식이 계속 재사용되고, 새로운 지식으로 재생산되기도 하는 등 지식이 끊임없이 재창출되는 특성을 지녀요.

⑥ 개방성(Open)

모든 규제가 제거된 형태로, 서비스에 대한 제도가 개방된 형태에요. 완전한 스마트헬스케어는 통제 없는 완전한 지식소통일 경우 가능해요.

⑦ 친환경성(Green)

초절전, 초소형 플랫폼 등 더욱더 친환경적이고 에너지를 절약할 수 있는 진화된 상태로 나아가기 위해 노력해요.

FITNESS
HEALTH
DIET
APP
CARDIO
ENERGY
BODY

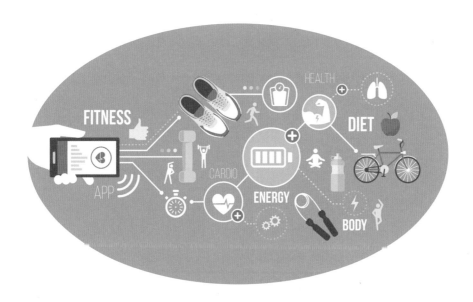

할아버지의 비밀

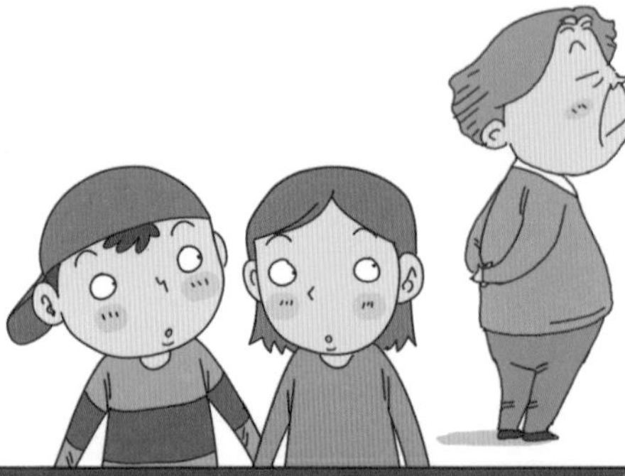

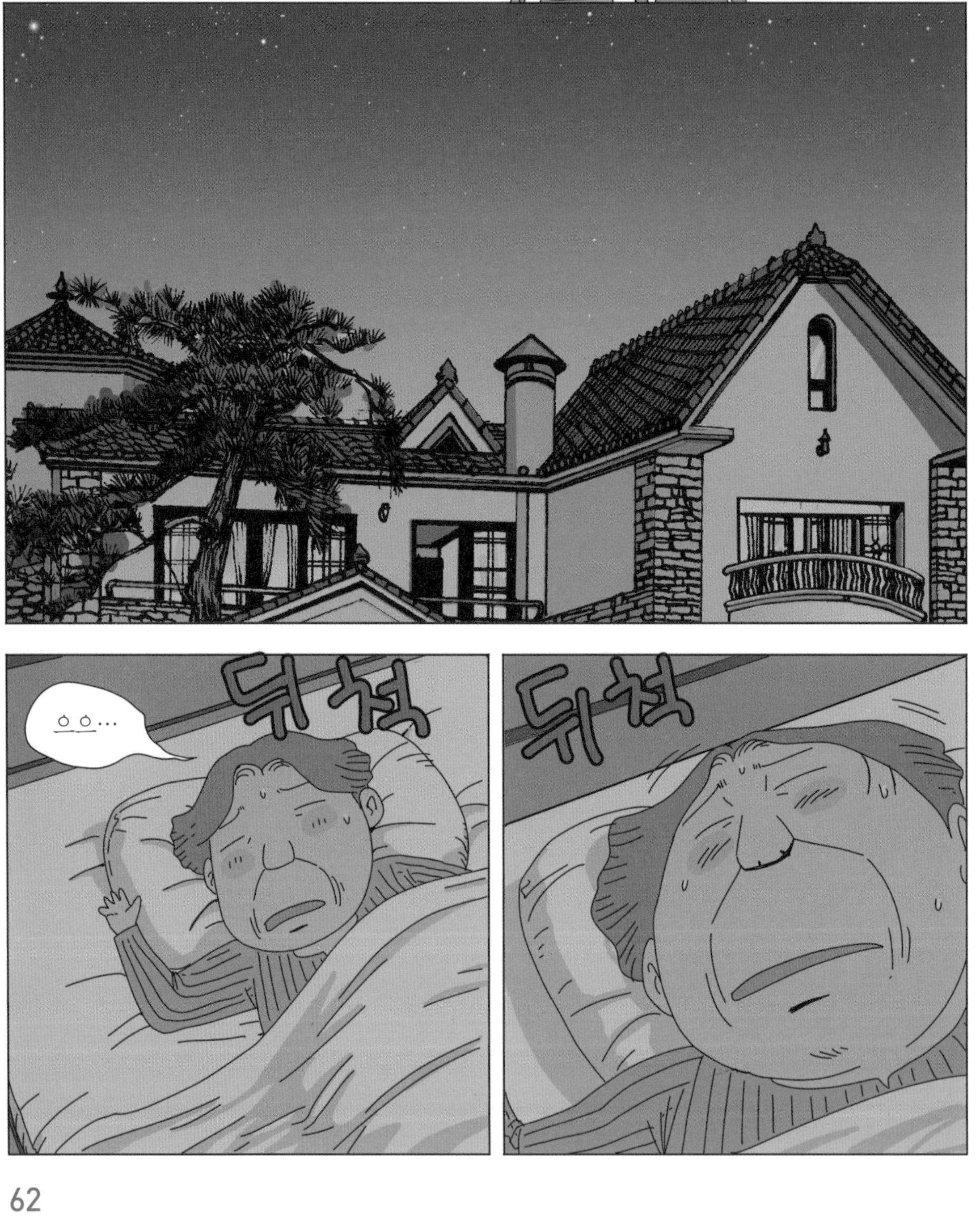
뒤척
으으...
뒤척

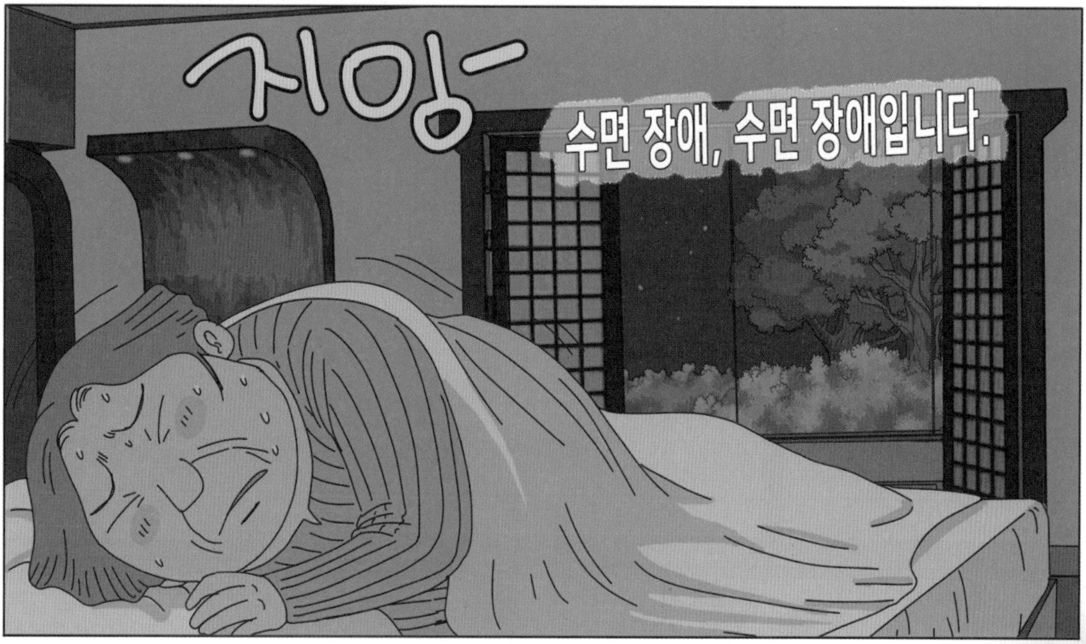
지잉-
수면 장애, 수면 장애입니다.

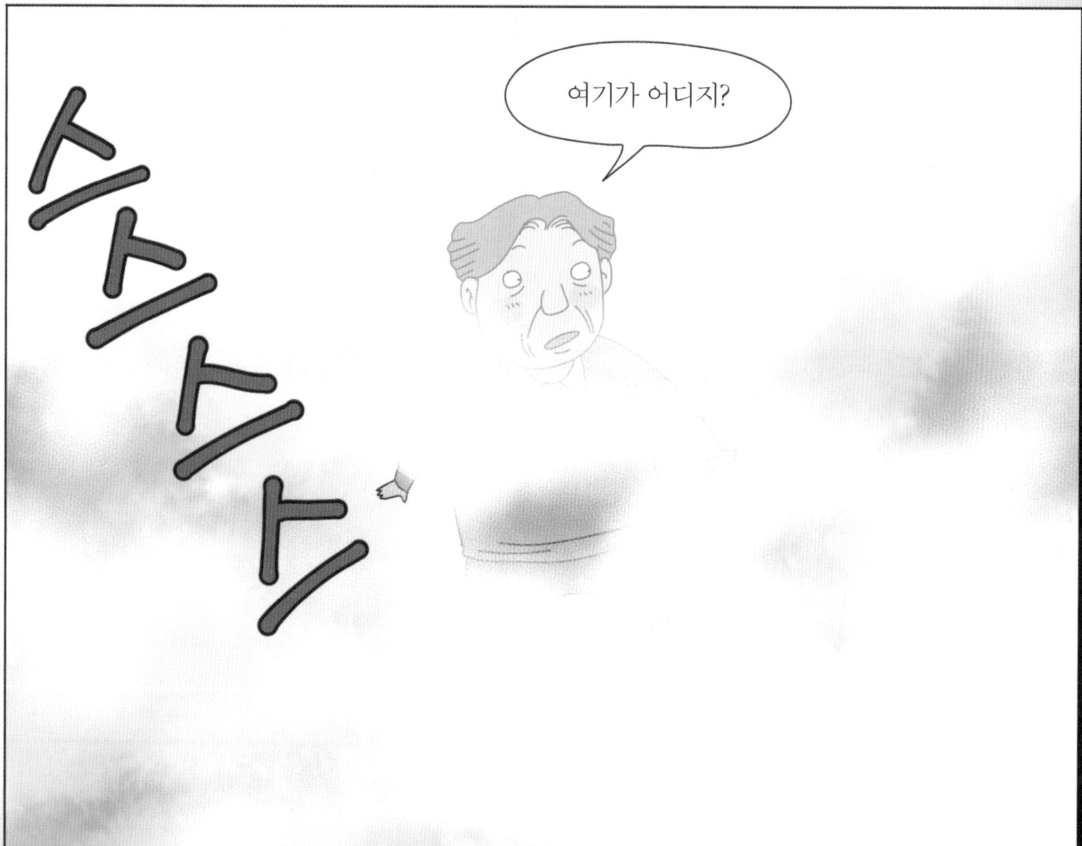
여기가 어디지?
스스스스

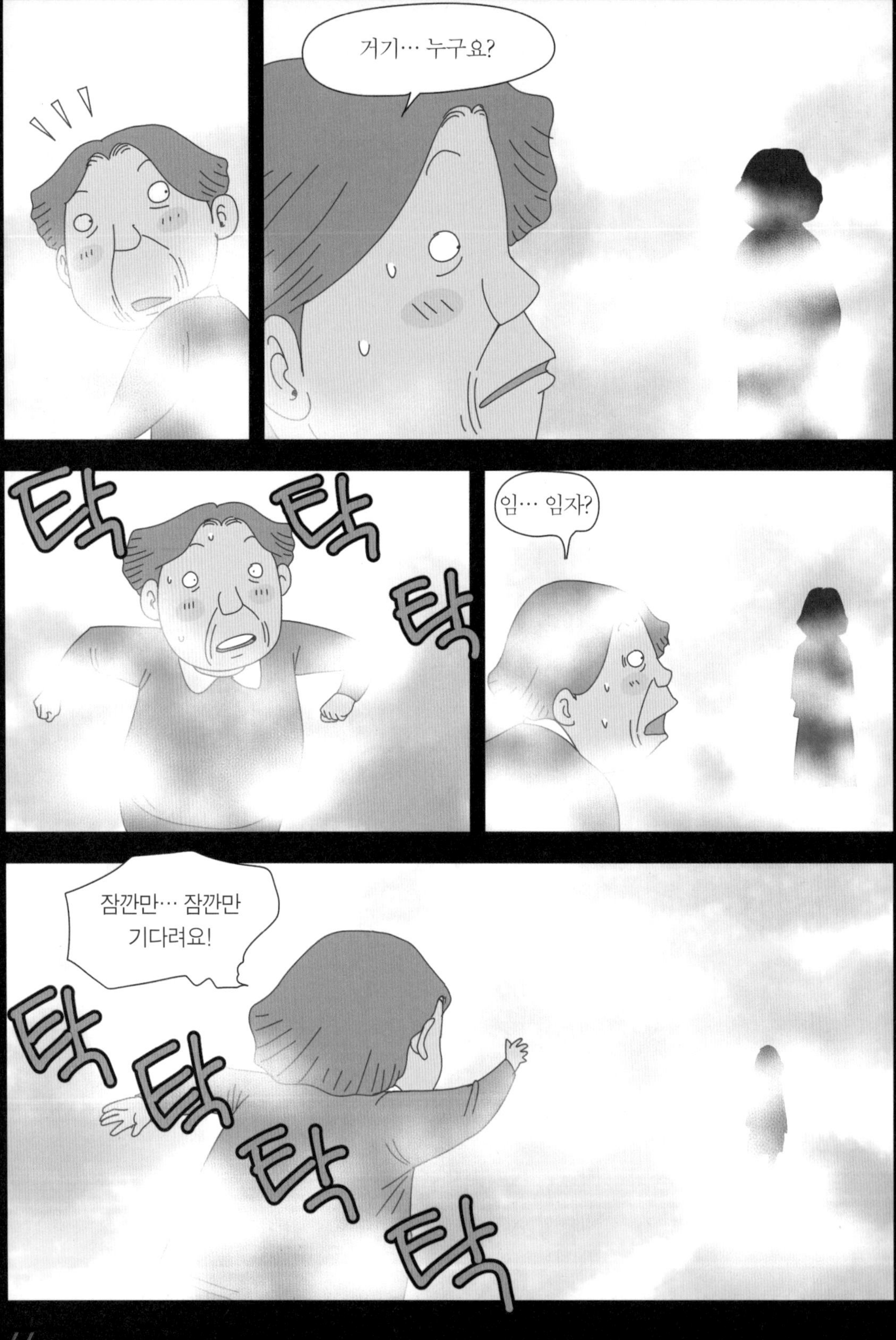

거기… 누구요?
탁
탁
탁
임… 임자?
잠깐만… 잠깐만 기다려요!
탁
탁
탁
탁

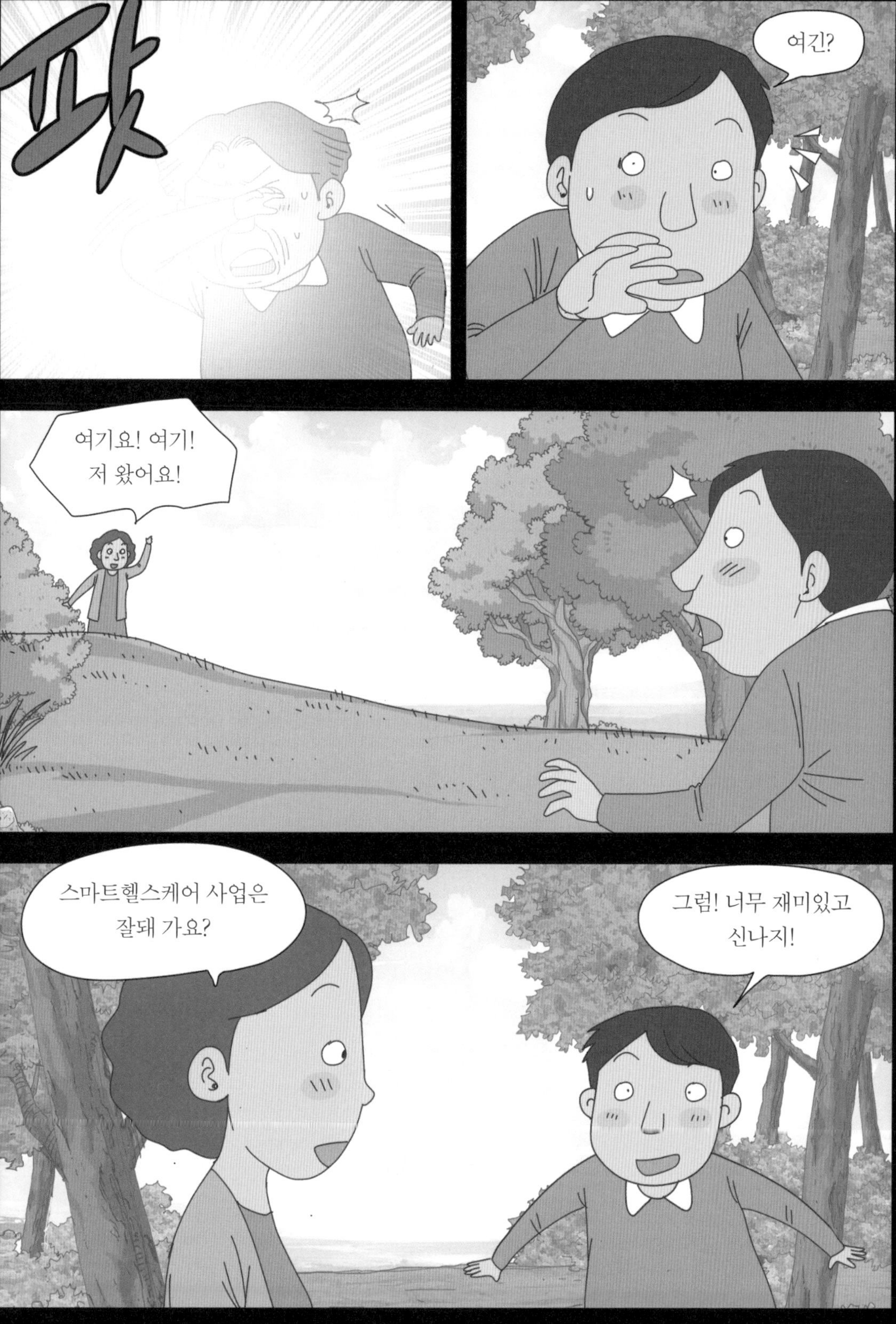
팟
여긴?
여기요! 여기!
저 왔어요!
스마트헬스케어 사업은
잘돼 가요?
그럼! 너무 재미있고
신나지!

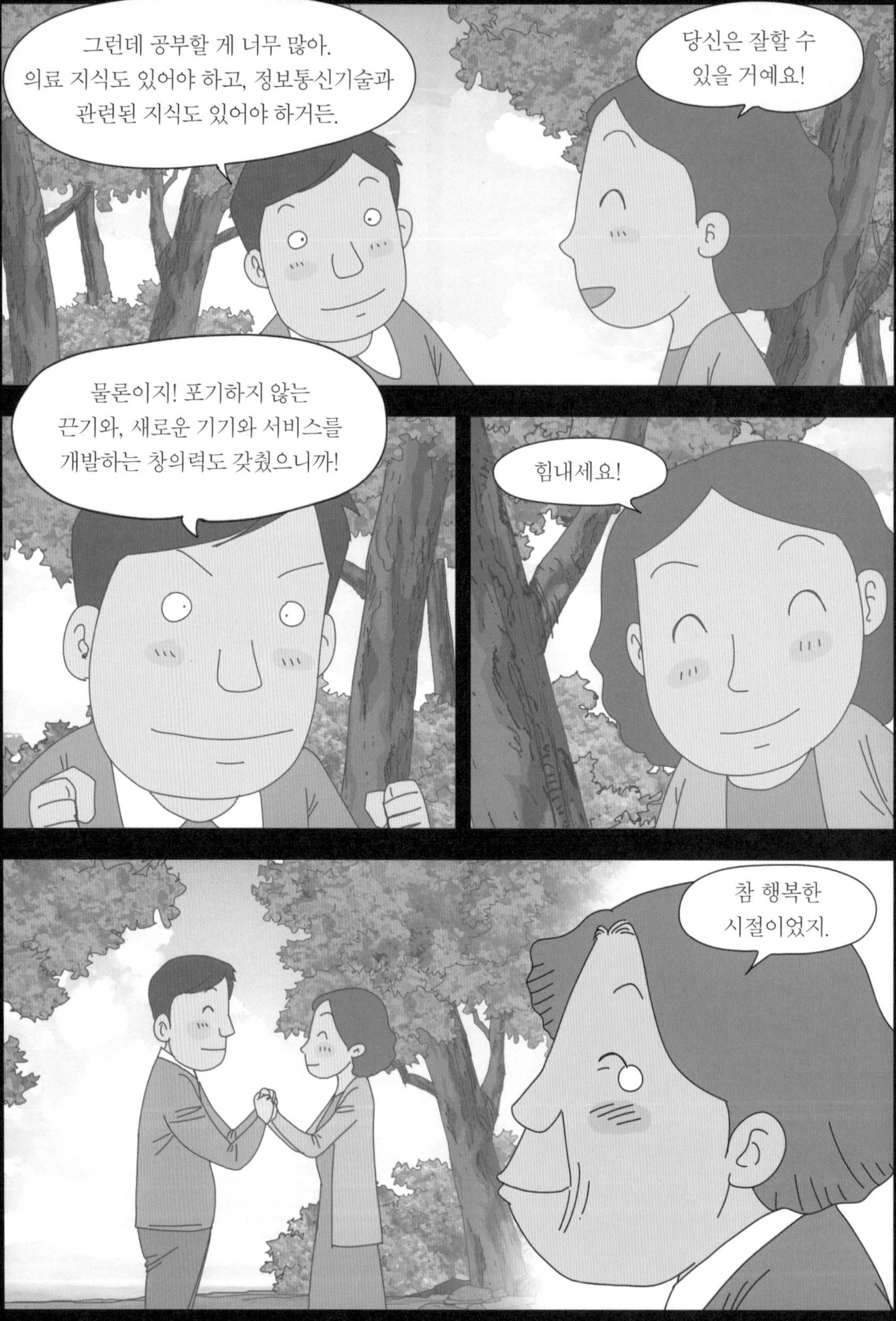
그런데 공부할 게 너무 많아. 의료 지식도 있어야 하고, 정보통신기술과 관련된 지식도 있어야 하거든.
당신은 잘할 수 있을 거예요!
물론이지! 포기하지 않는 끈기와, 새로운 기기와 서비스를 개발하는 창의력도 갖췄으니까!
힘내세요!
참 행복한 시절이었지.

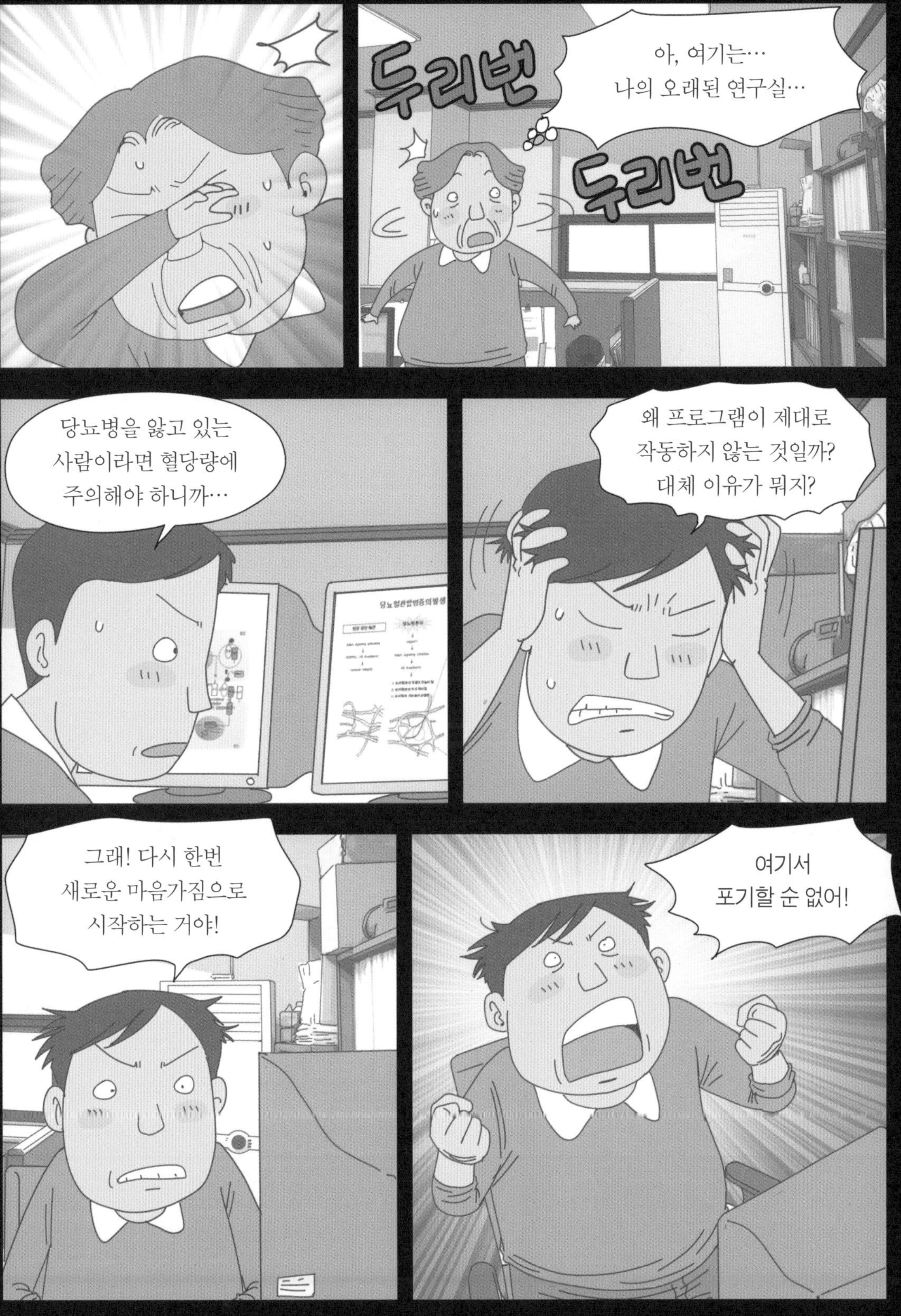
두리번
아, 여기는… 나의 오래된 연구실…
두리번
당뇨병을 앓고 있는 사람이라면 혈당량에 주의해야 하니까…
왜 프로그램이 제대로 작동하지 않는 것일까? 대체 이유가 뭐지?
그래! 다시 한번 새로운 마음가짐으로 시작하는 거야!
여기서 포기할 순 없어!

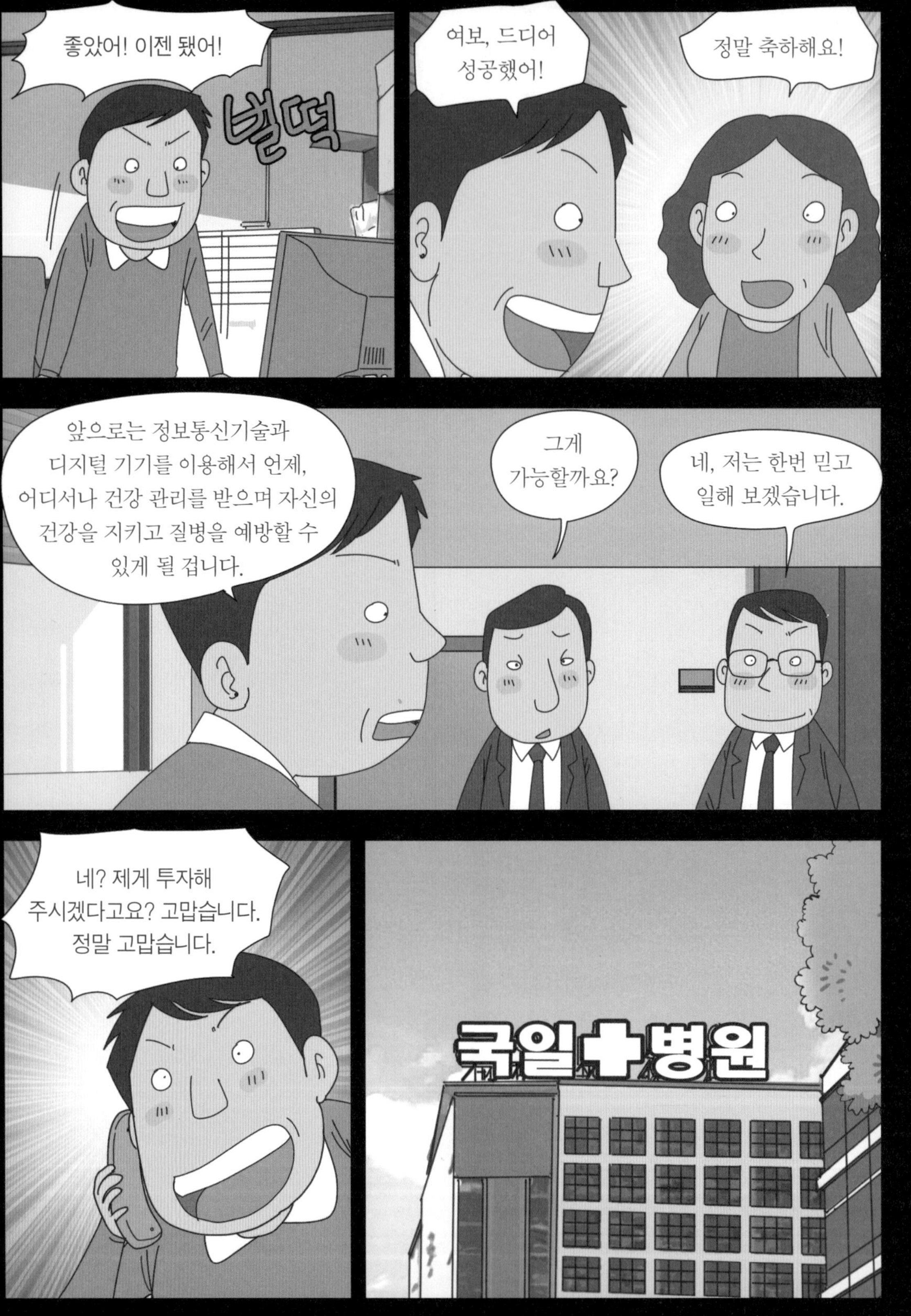
좋았어! 이젠 됐어!
벌떡
여보, 드디어 성공했어!
정말 축하해요!
앞으로는 정보통신기술과 디지털 기기를 이용해서 언제, 어디서나 건강 관리를 받으며 자신의 건강을 지키고 질병을 예방할 수 있게 될 겁니다.
그게 가능할까요?
네, 저는 한번 믿고 일해 보겠습니다.
네? 제게 투자해 주시겠다고요? 고맙습니다. 정말 고맙습니다.
국일 병원

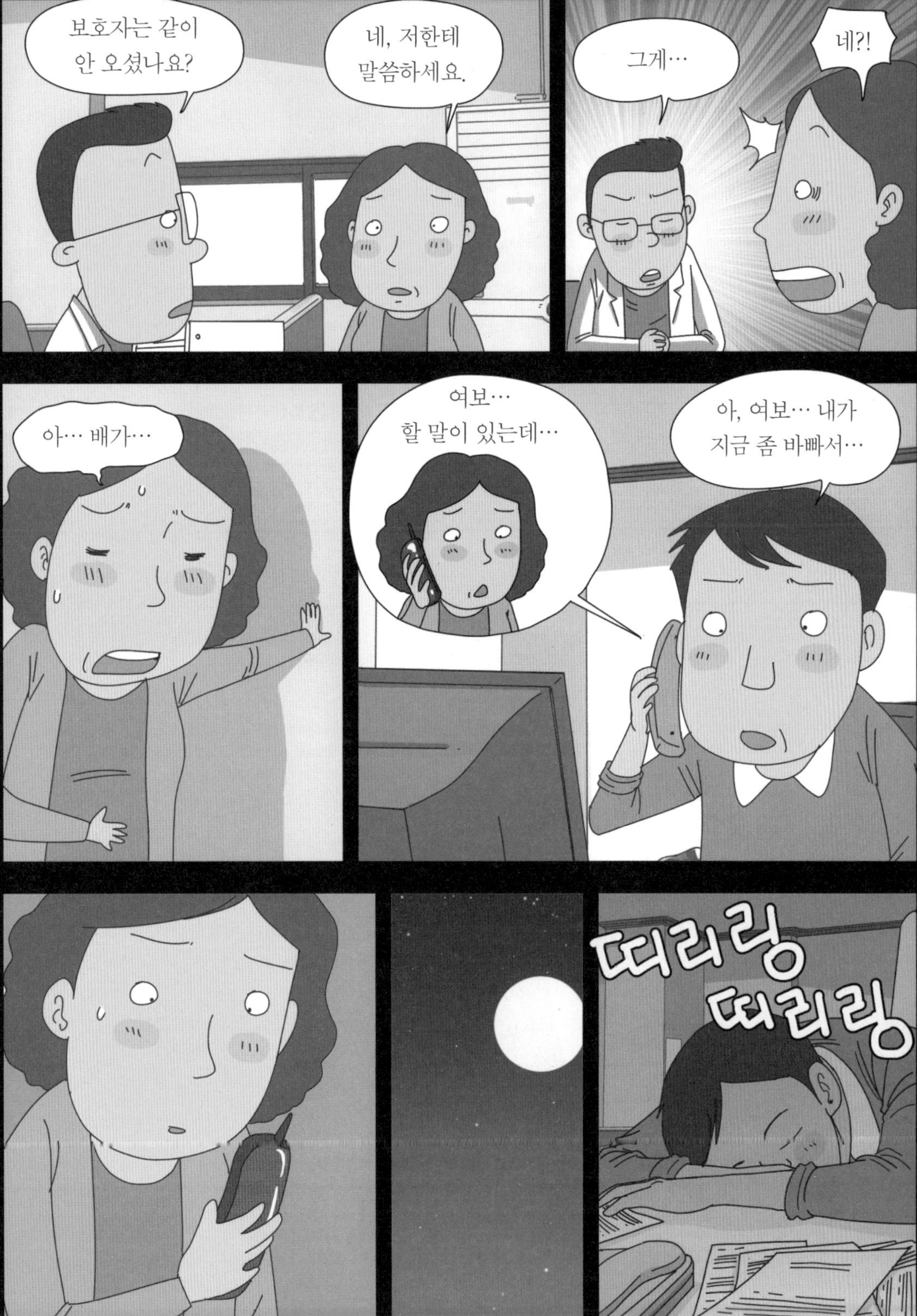
보호자는 같이
안 오셨나요?
네, 저한테
말씀하세요.
그게…
네?!
아… 배가…
여보…
할 말이 있는데…
아, 여보… 내가
지금 좀 바빠서…
띠리링
띠리링

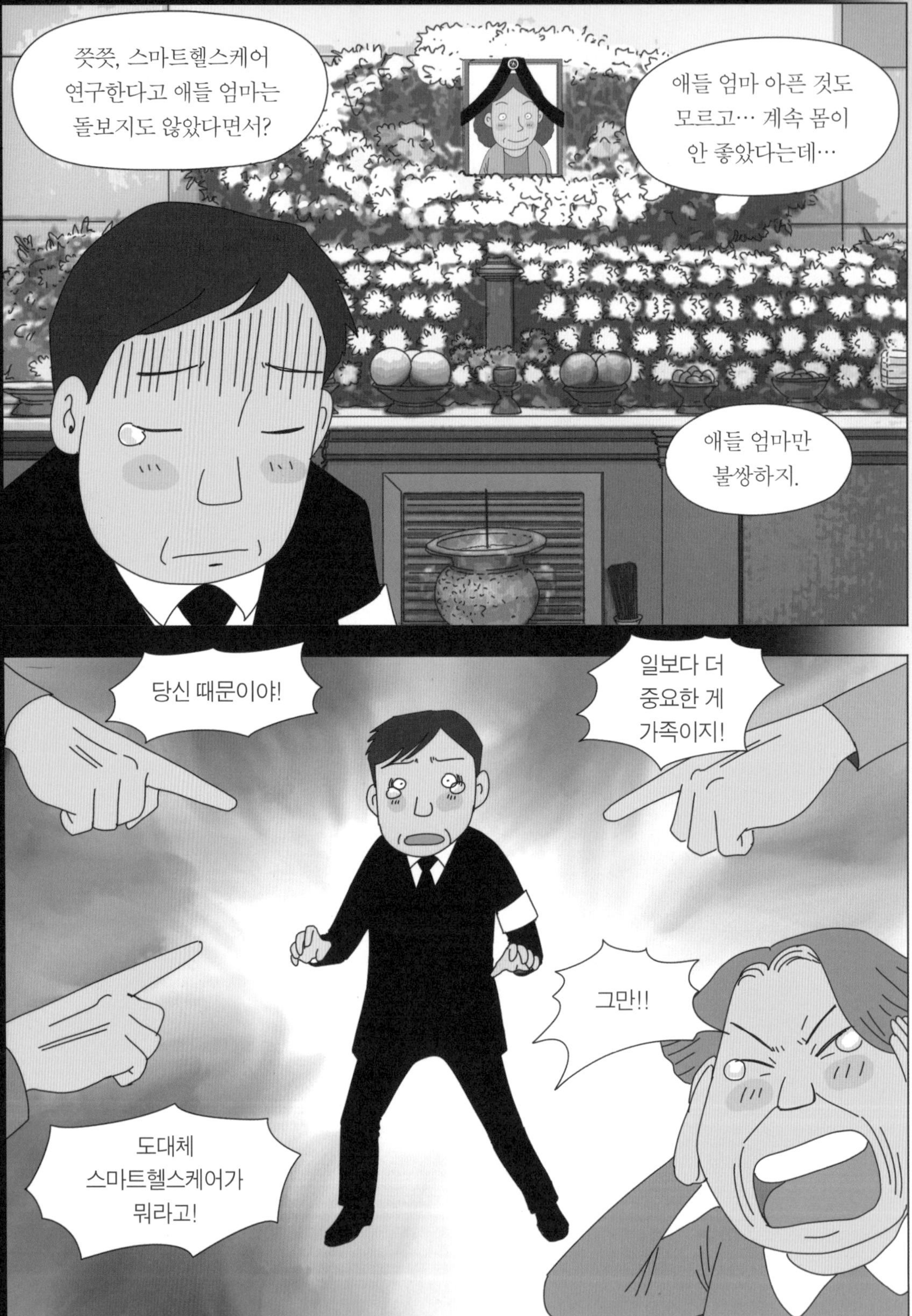
쯧쯧, 스마트헬스케어
연구한다고 애들 엄마는
돌보지도 않았다면서?
애들 엄마 아픈 것도
모르고… 계속 몸이
안 좋았다는데…
애들 엄마만
불쌍하지.
당신 때문이야!
일보다 더
중요한 게
가족이지!
그만!!
도대체
스마트헬스케어가
뭐라고!

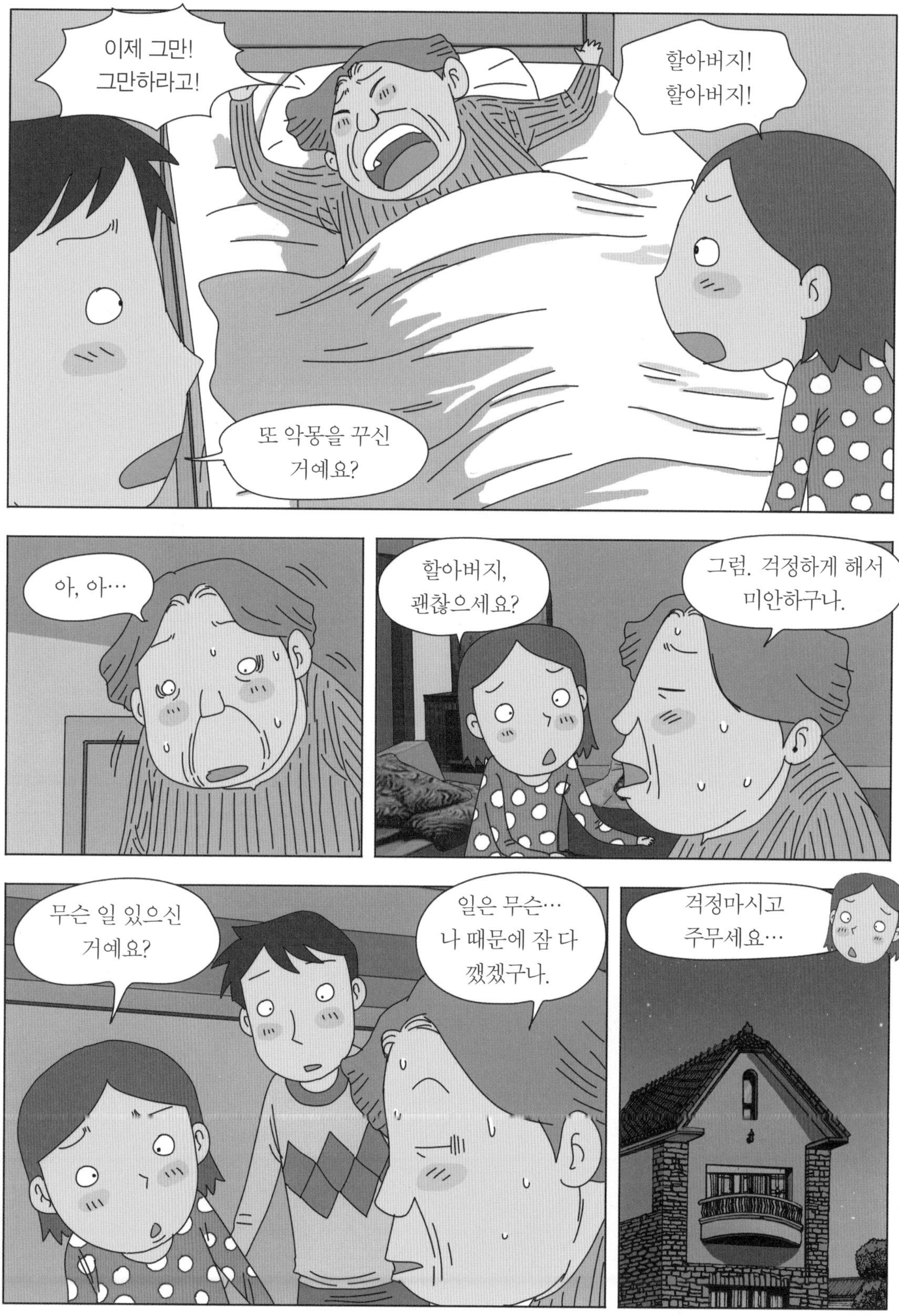

이제 그만!
그만하라고!
할아버지!
할아버지!
또 악몽을 꾸신
거예요?
아, 아…
할아버지,
괜찮으세요?
그럼. 걱정하게 해서
미안하구나.
무슨 일 있으신
거예요?
일은 무슨…
나 때문에 잠 다
깼겠구나.
걱정마시고
주무세요…

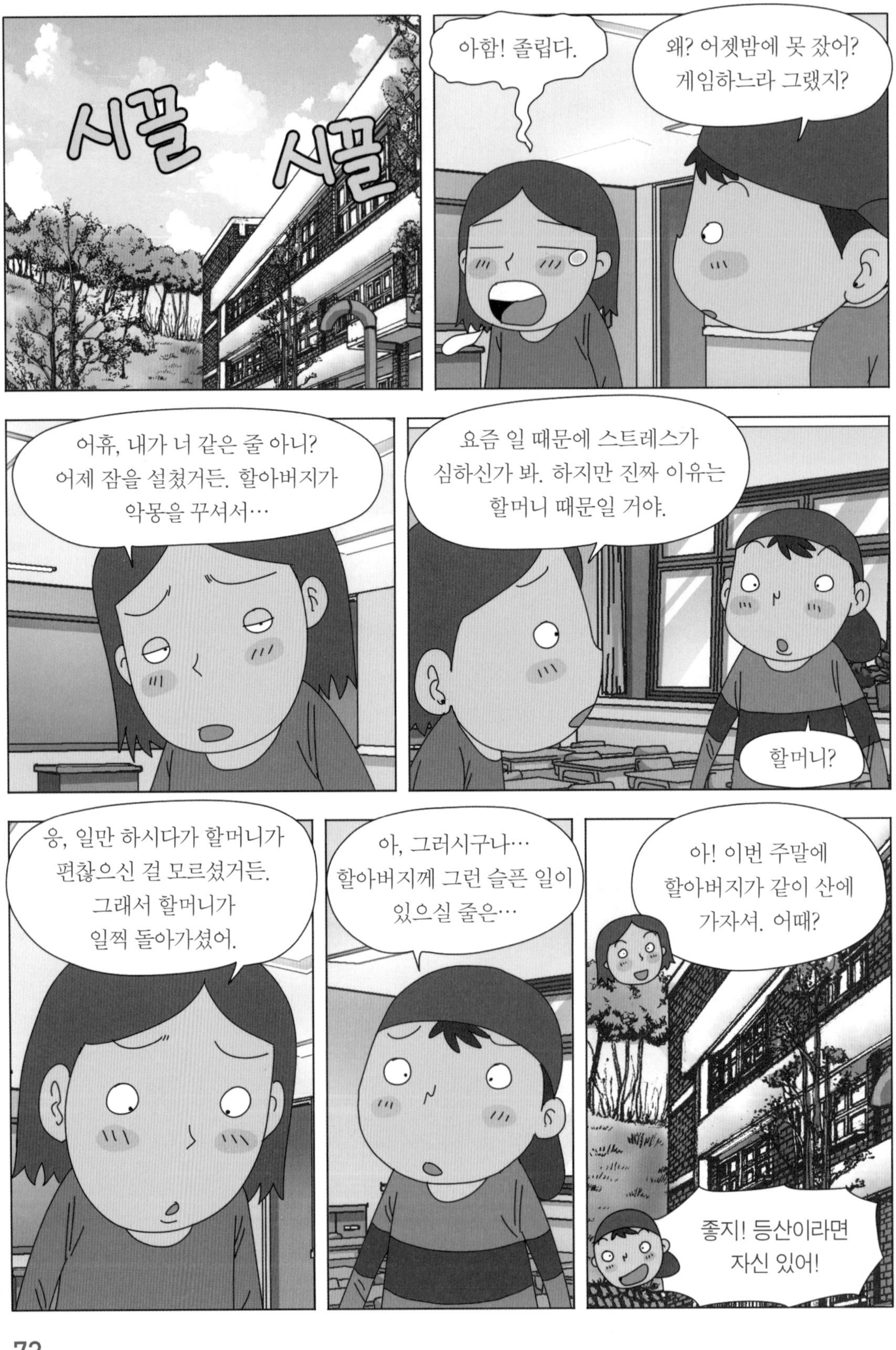
시끌 시끌
아함! 졸립다.
왜? 어젯밤에 못 잤어? 게임하느라 그랬지?
어휴, 내가 너 같은 줄 아니? 어제 잠을 설쳤거든. 할아버지가 악몽을 꾸셔서…
요즘 일 때문에 스트레스가 심하신가 봐. 하지만 진짜 이유는 할머니 때문일 거야.
할머니?
응, 일만 하시다가 할머니가 편찮으신 걸 모르셨거든. 그래서 할머니가 일찍 돌아가셨어.
아, 그러시구나… 할아버지께 그런 슬픈 일이 있으실 줄은…
아! 이번 주말에 할아버지가 같이 산에 가자셔. 어때?
좋지! 등산이라면 자신 있어!

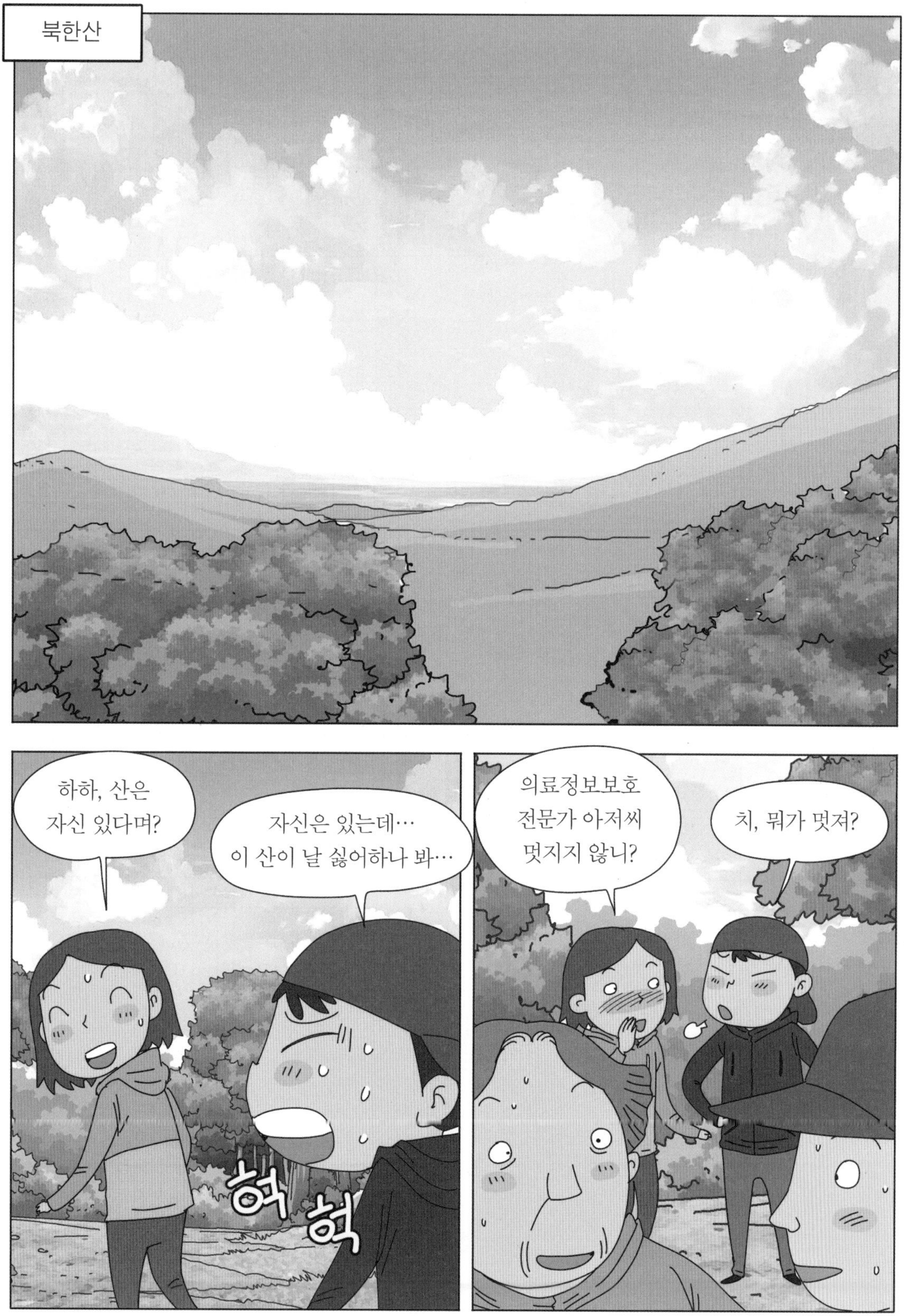
북한산
하하, 산은 자신 있다며?
자신은 있는데… 이 산이 날 싫어하나 봐…
헉 헉
의료정보보호 전문가 아저씨 멋지지 않니?
치, 뭐가 멋져?

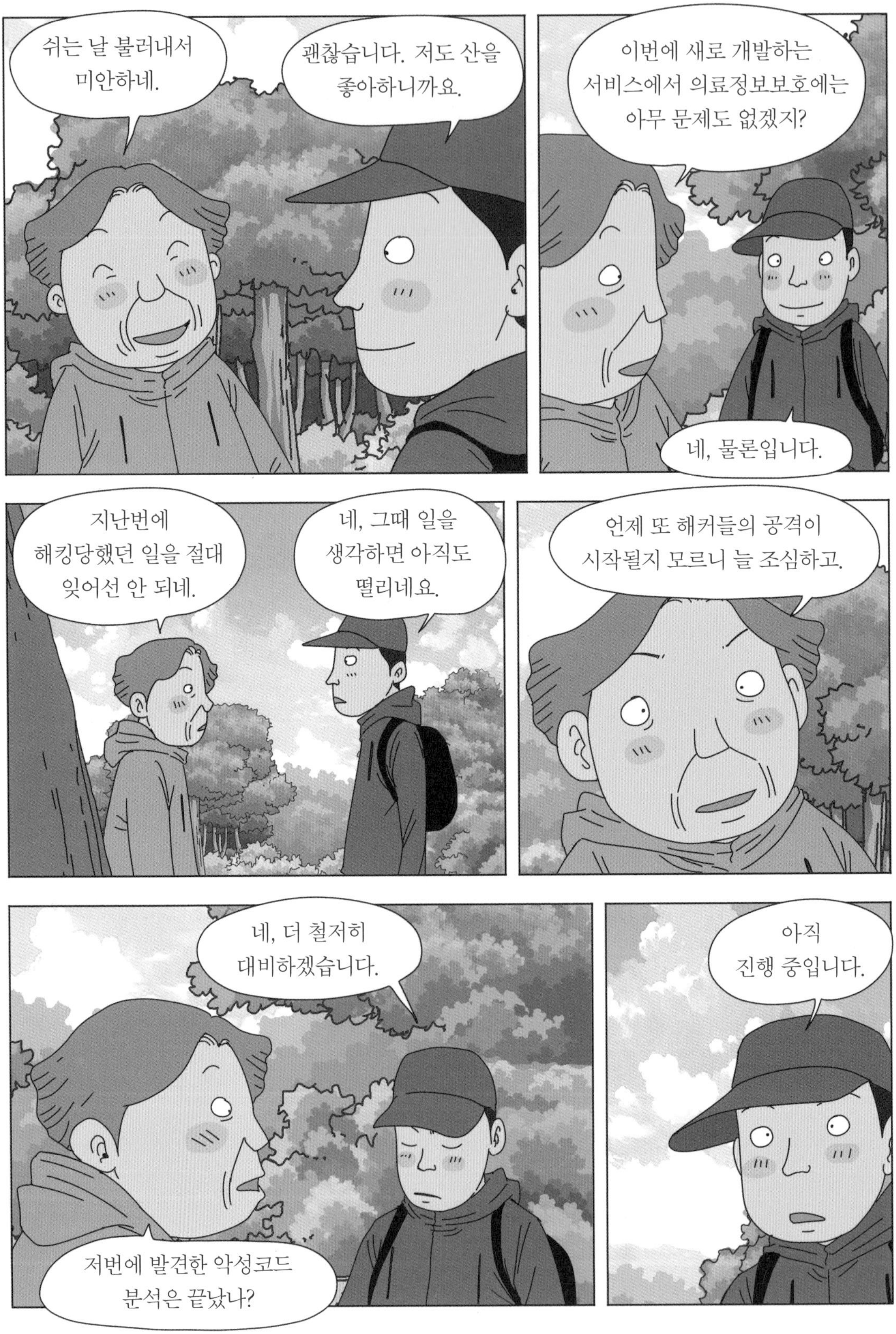
쉬는 날 불러내서 미안하네.
괜찮습니다. 저도 산을 좋아하니까요.
이번에 새로 개발하는 서비스에서 의료정보보호에는 아무 문제도 없겠지?
네, 물론입니다.
지난번에 해킹당했던 일을 절대 잊어선 안 되네.
네, 그때 일을 생각하면 아직도 떨리네요.
언제 또 해커들의 공격이 시작될지 모르니 늘 조심하고.
네, 더 철저히 대비하겠습니다.
저번에 발견한 악성코드 분석은 끝났나?
아직 진행 중입니다.

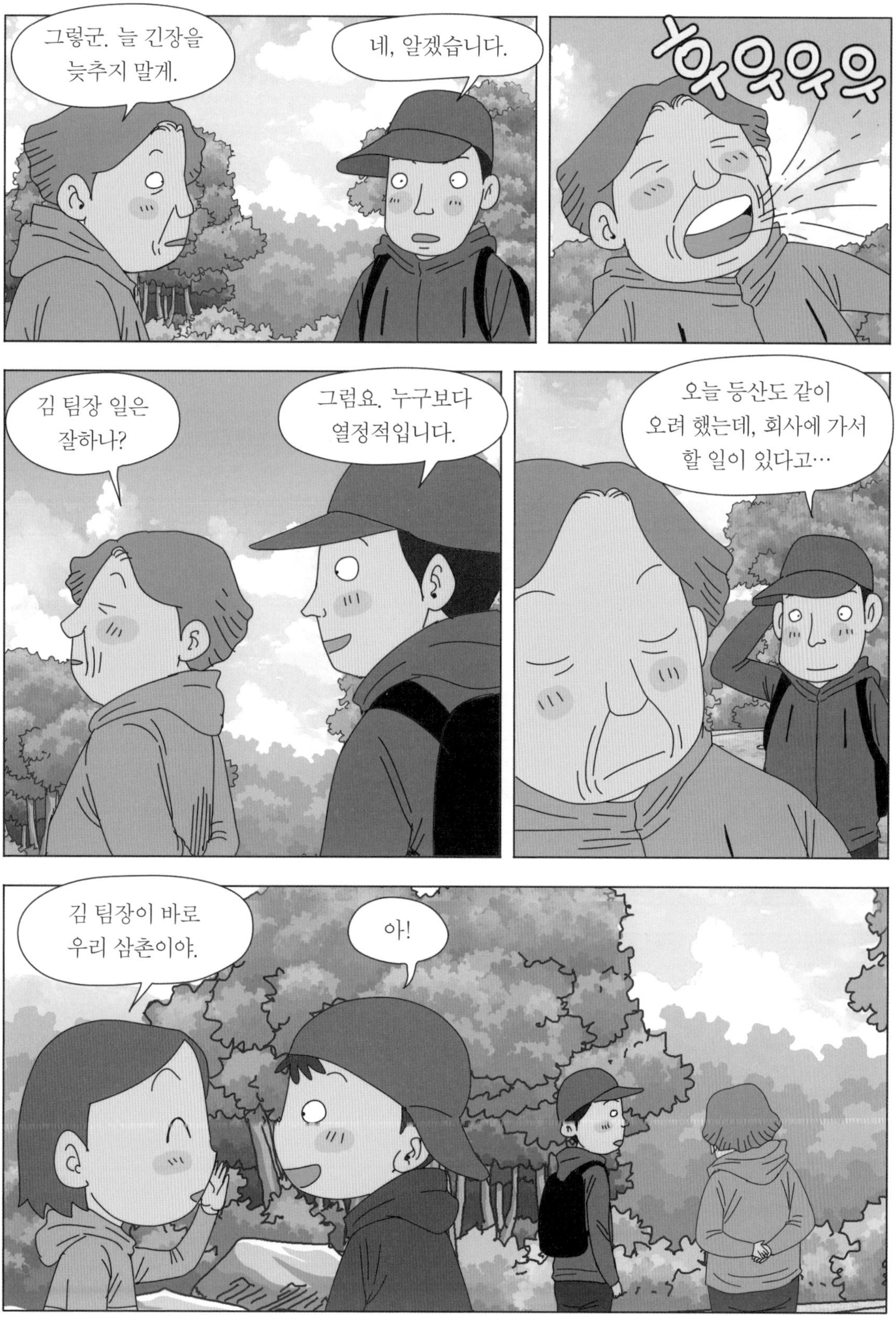
그렇군. 늘 긴장을 늦추지 말게.
네, 알겠습니다.
하우우우우
김 팀장 일은 잘하나?
그럼요. 누구보다 열정적입니다.
오늘 등산도 같이 오려 했는데, 회사에 가서 할 일이 있다고…
김 팀장이 바로 우리 삼촌이야.
아!

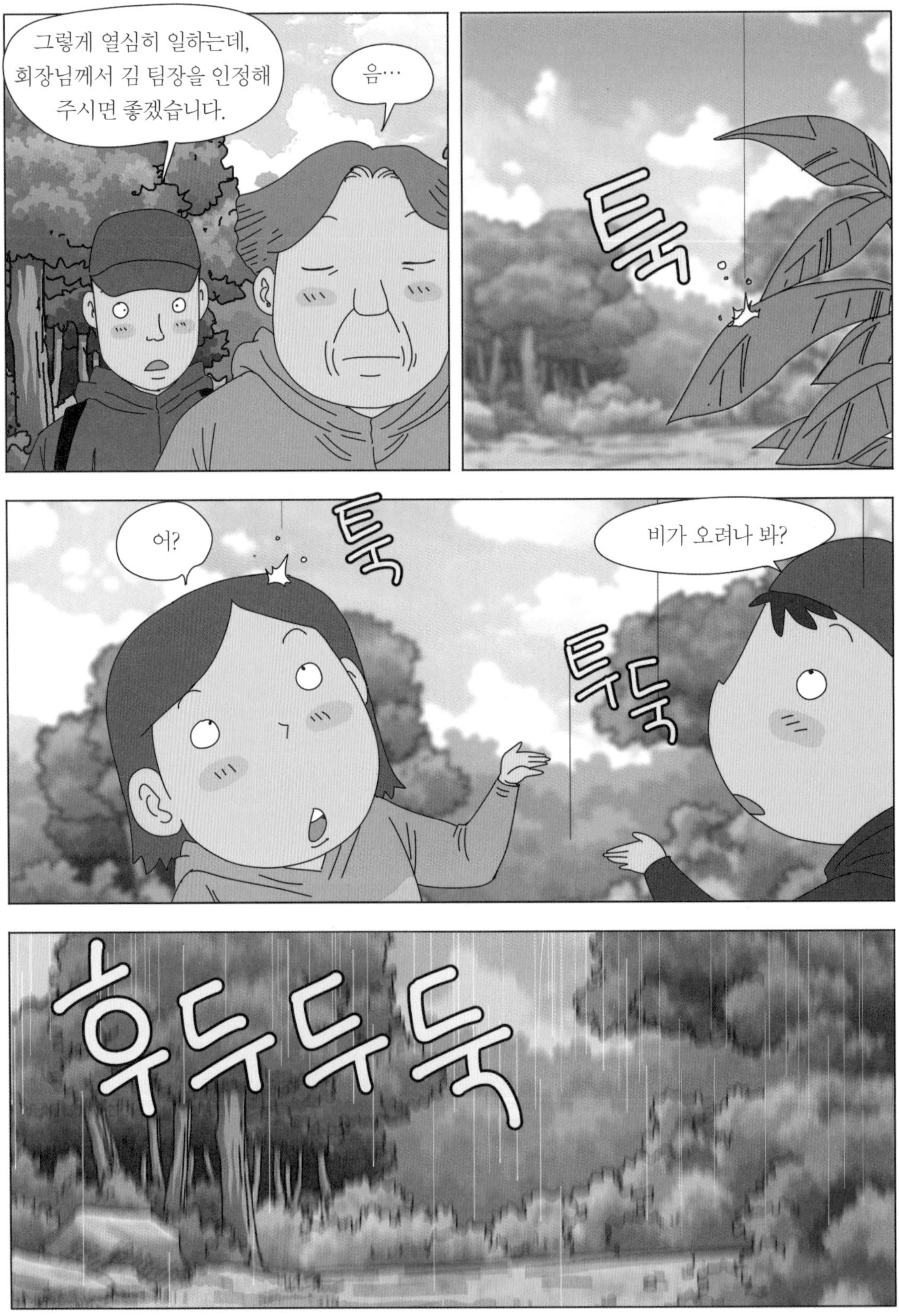
그렇게 열심히 일하는데, 회장님께서 김 팀장을 인정해 주시면 좋겠습니다.
음…
톡
어?
톡
비가 오려나 봐?
투둑
후두두둑

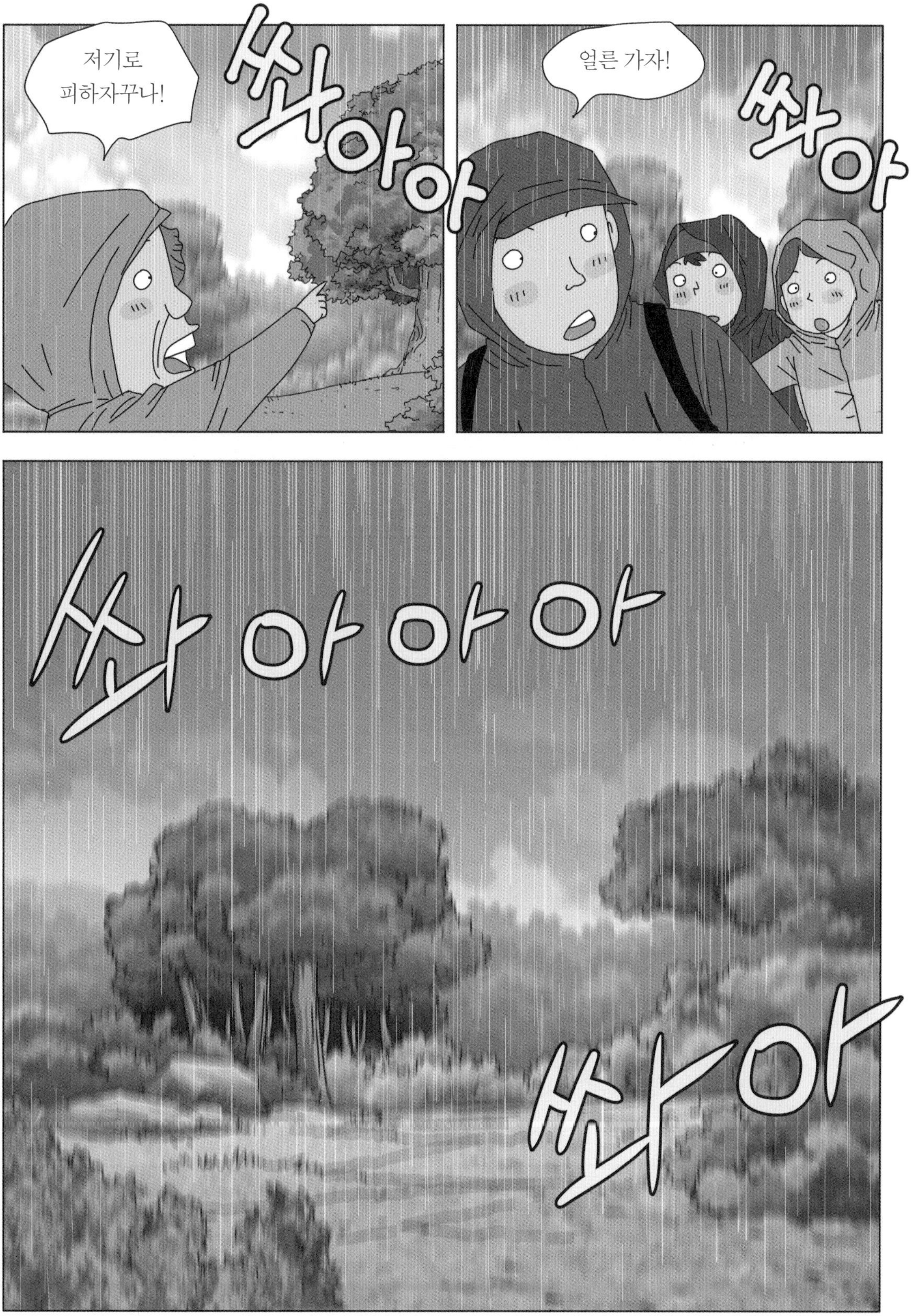
저기로 피하자꾸나!
쏴아아
얼른 가자!
쏴아
쏴아아아아
쏴아

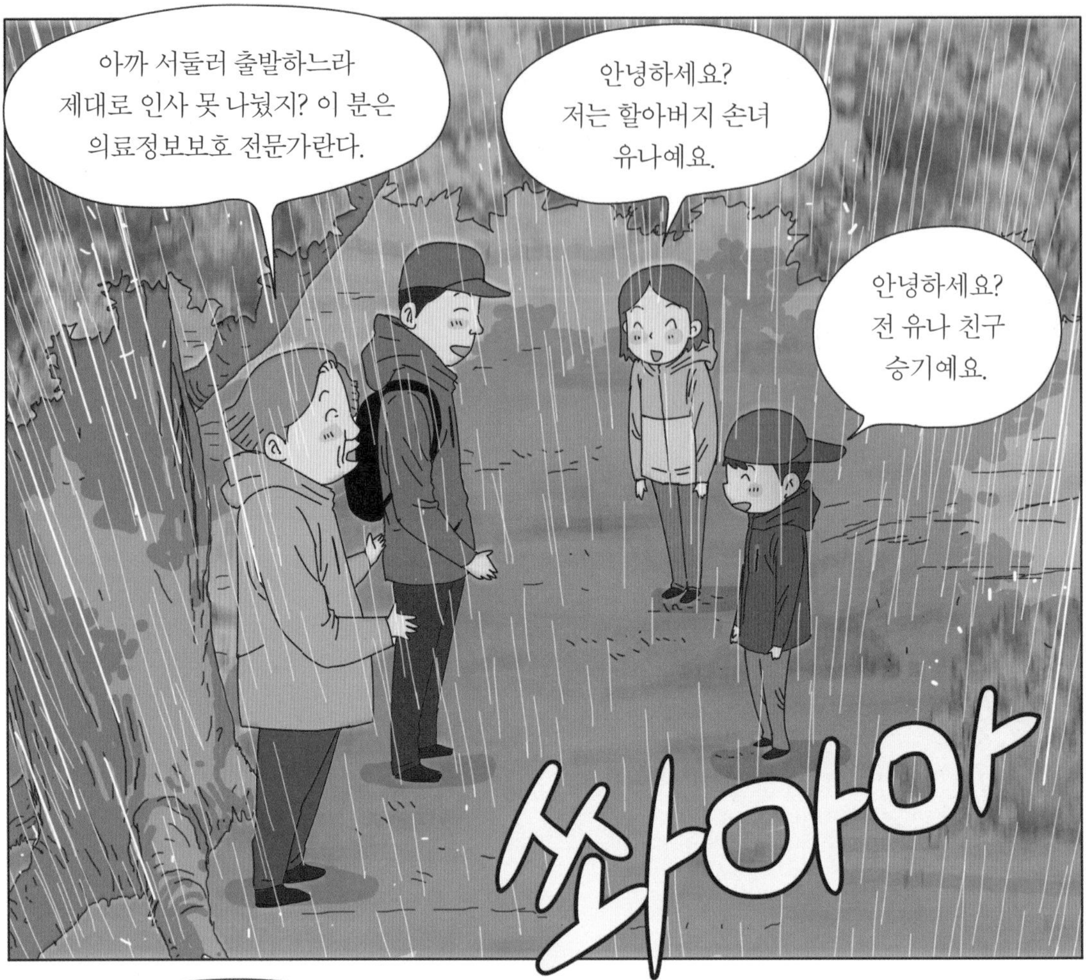

아까 서둘러 출발하느라
제대로 인사 못 나눴지? 이 분은
의료정보보호 전문가란다.
안녕하세요?
저는 할아버지 손녀
유나예요.
안녕하세요?
전 유나 친구
승기예요.
쏴아아

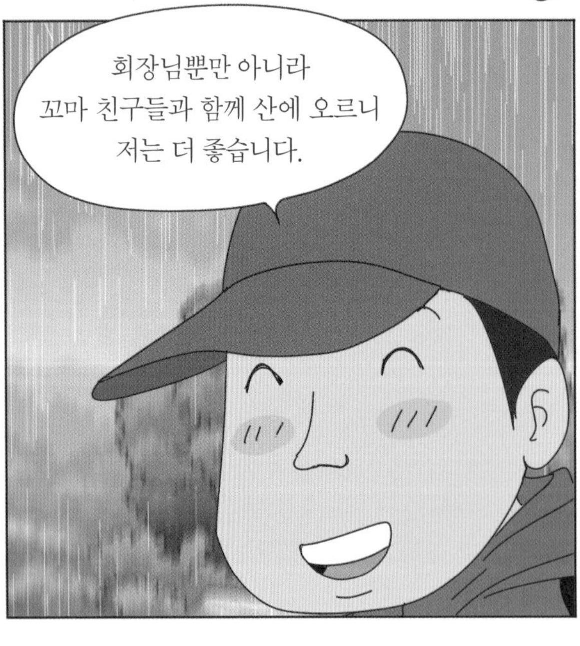

회장님뿐만 아니라
꼬마 친구들과 함께 산에 오르니
저는 더 좋습니다.

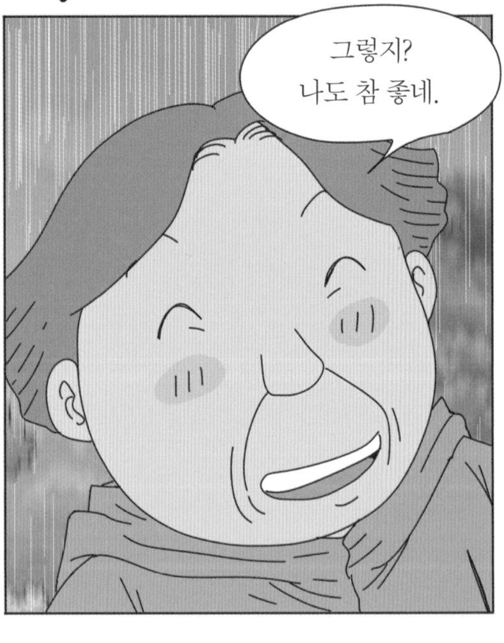

그렇지?
나도 참 좋네.

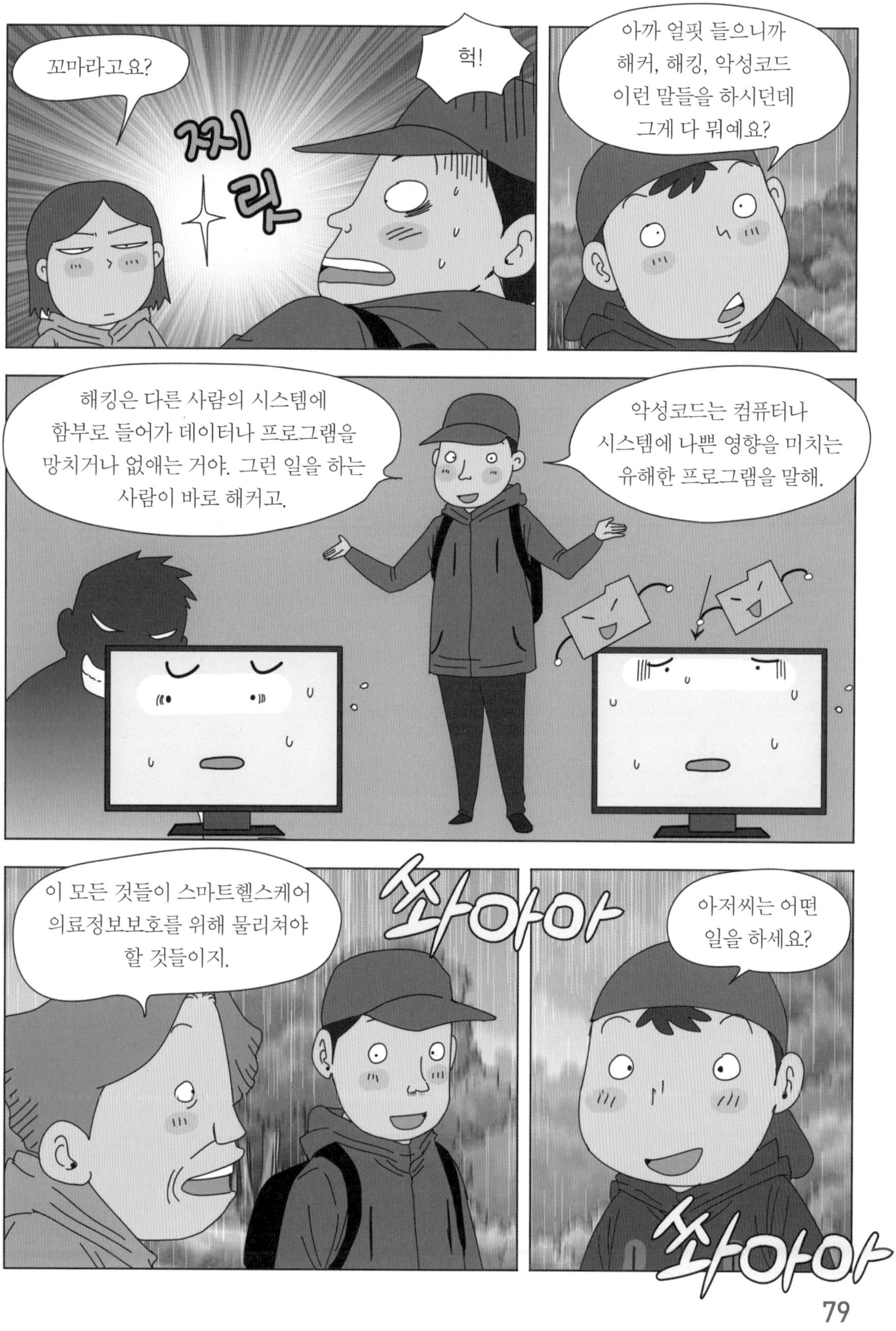
꼬마라고요?
헉!
찌릿
아까 얼핏 들으니까 해커, 해킹, 악성코드 이런 말들을 하시던데 그게 다 뭐예요?
해킹은 다른 사람의 시스템에 함부로 들어가 데이터나 프로그램을 망치거나 없애는 거야. 그런 일을 하는 사람이 바로 해커고.
악성코드는 컴퓨터나 시스템에 나쁜 영향을 미치는 유해한 프로그램을 말해.
이 모든 것들이 스마트헬스케어 의료정보보호를 위해 물리쳐야 할 것들이지.
쏴아아
아저씨는 어떤 일을 하세요?
쏴아아

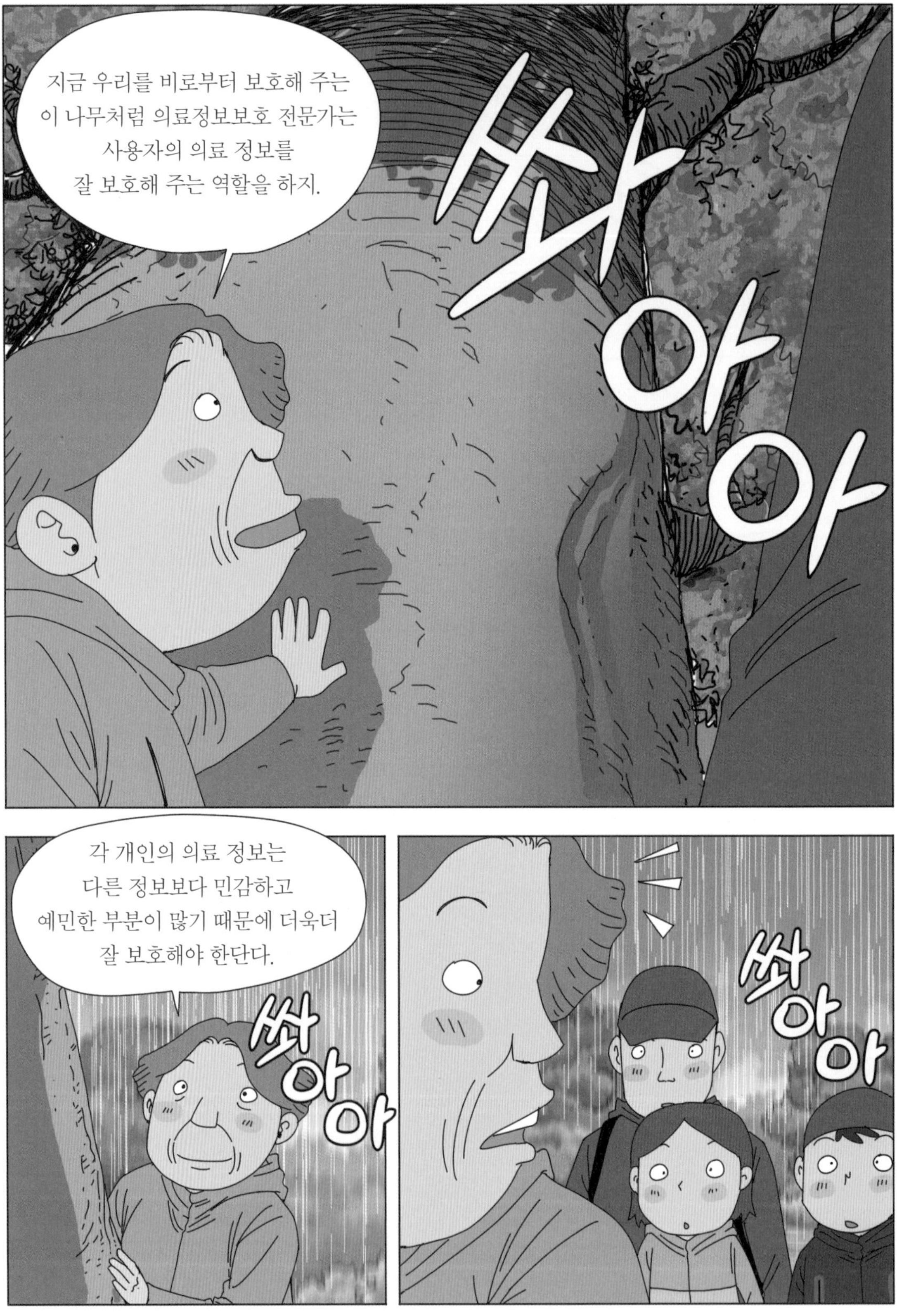

지금 우리를 비로부터 보호해 주는 이 나무처럼 의료정보보호 전문가는 사용자의 의료 정보를 잘 보호해 주는 역할을 하지.
쏴아아
각 개인의 의료 정보는 다른 정보보다 민감하고 예민한 부분이 많기 때문에 더욱더 잘 보호해야 한단다.
쏴아아
쏴아아

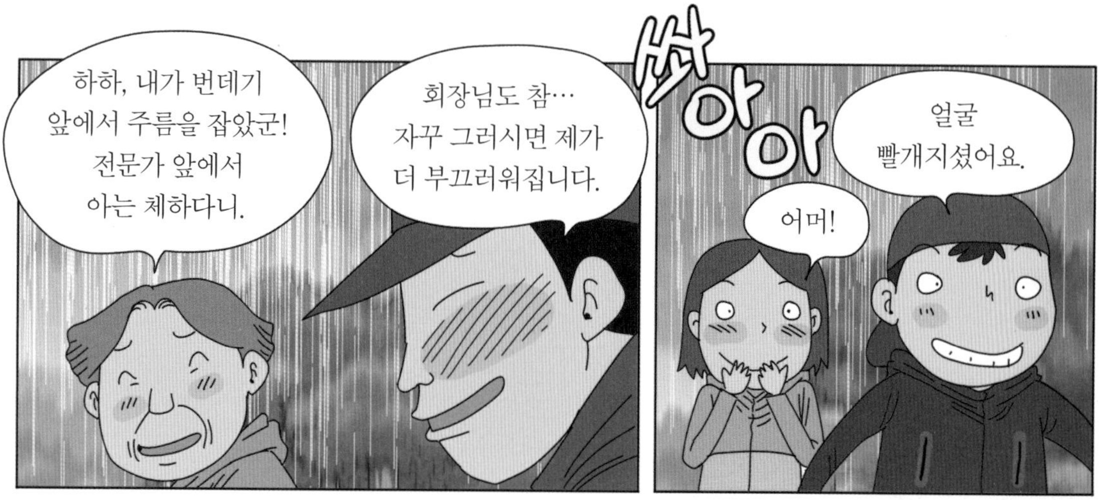
하하, 내가 번데기 앞에서 주름을 잡았군! 전문가 앞에서 아는 체하다니.
회장님도 참… 자꾸 그러시면 제가 더 부끄러워집니다.
쏴아아
얼굴 빨개지셨어요.
어머!

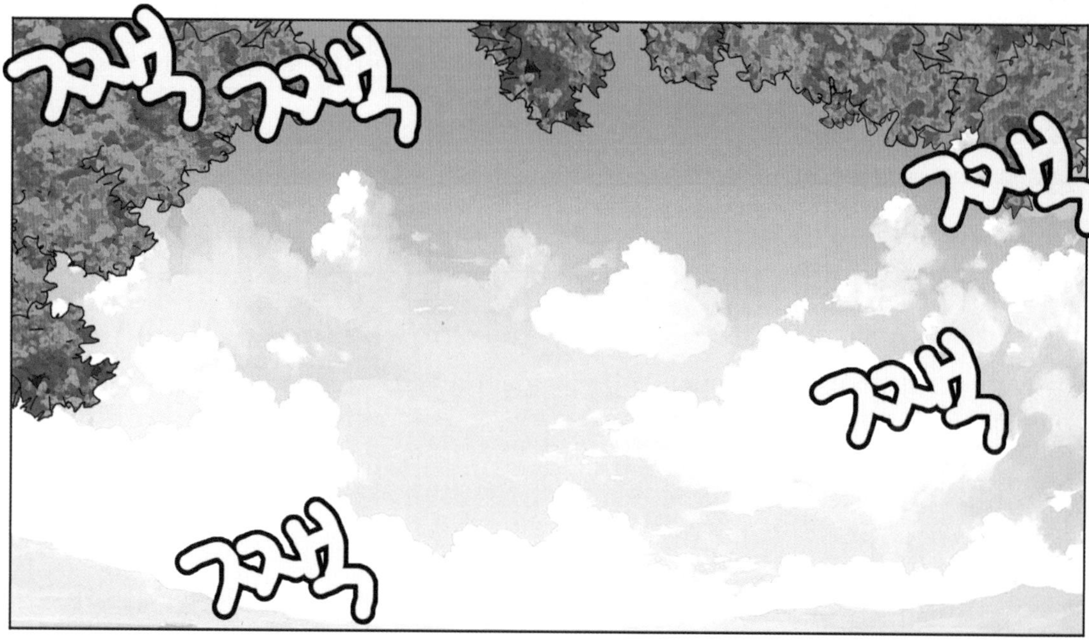

스마트헬스케어 의료정보보호 전문가

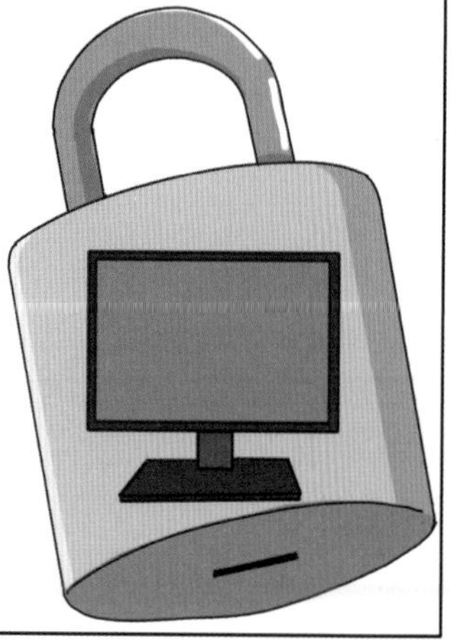

정보통신기술(ICT)을 이용하는 모든 산업 분야에서는 개인이나 기업의 정보가 밖으로 새 나가지 않도록 주의해야 해요. 의료 정보를 다루는 스마트헬스케어 산업 분야에서는 특히 더 조심해야 하지요.
의료정보보호 전문가는 정보를 보호해 주는 보안 프로그램이나 장치를 개발하여 스마트헬스케어를 이용하는 환자나 사용자의 개인 의료 정보와 의료 기술 등이 밖으로 유출되지 않게 보호해 주는 사람이랍니다.

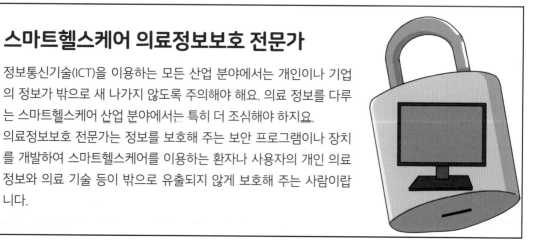

스마트헬스케어의 장단점

우리나라 정부는 2021년 바이오 산업 육성에 5,237억 원을 투입하기로 했어요. 특히 인공지능, 로봇 기반 차세대 의료기기를 개발하고 보급하기 위한 의료기기 사업도 집중적으로 개발할 예정이에요. 정부는 앞으로 글로벌 수준의 바이오 기술 경쟁력을 확보하겠다고 밝혔는데요. 이에 스마트헬스케어도 미래 먹거리 산업으로 계속해서 발전할 것으로 예측돼요. 스마트헬스케어 발전에 따른 장단점은 무엇인지 알아볼까요?

● 장점

① 움직이기 어려워 병원에 가지 못하는 환자나, 병원이 멀리 떨어진 곳에 사는 환자들이 원격진료를 받을 수 있어요.

② 언제 어디서든 항상 건강 관리를 받을 수 있어서 발병과 치료 시간의 격차로 인한 피해를 줄일 수 있어요. 질병 예방률이 높아지고, 치매 노인, 아동, 임산부 등 사회적 약자들의 건강 관리가 더 수월해져요.

③ 인공지능 프로그램이 지능진료와 원격진료를 하게 되면서 의료비를 낮출 수 있어요.

④ 노인 인구가 가파르게 증가하면서 국가가 노령 인구에게 제공해야 하는 의료적 재정부담을 낮출 수 있어요.

⑤ 4차 산업 혁명과 함께 의료 및 바이오 산업이 크게 성장하여 경제적 파급 효과를 줄 수 있어요.

● 단점

① 개인정보가 해킹당하여 유출되면 인권침해, 사생활침해 등 사회적 파장을 일으킬 수 있어요. 특히 의료 정보는 금융 정보와 같이 개인에게 아주 중요한 정보이기 때문에 보안이 철저하게 지켜져야 해요.

② 국가기관, 기업 등으로 수집된 개인 의료 정보를 개인이 보유하거나 폐기할 수 있는 권한이 필요해요. 또 기관은 개인에게 어떤 정보를 수집했는지 통보해야 해요.

③ 다른 분야보다 섬세하고 세밀한 작업이 이루어지기 때문에 상용화되어도 비용이 높을 수 있어요. 높은 비용으로 인해 사용자들이 경제적 부담을 느낄 수 있고, 부자들만 사용해서 빈부격차나 상대적 박탈감을 유발할 수 있어요.

④ 의료기기 및 서비스 사용에 대한 명확한 규제와 법안이 필요해요. 사소한 실수로 생긴 오진이 생명에 지장을 줄 수 있기 때문이에요.

⑤ 의료기기의 범위를 정해 기준을 적용하는 게 불명확해요. 예를 들어 스마트워치, 스마트링 등은 스마트헬스케어 기기에 포함되지만 통화, 문자메시지 등 의료와 관련 없는 다양한 서비스도 함께 제공해요.

할아버지가
사라졌다!

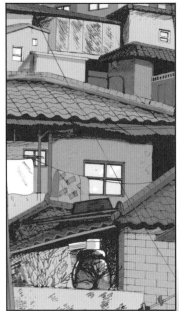

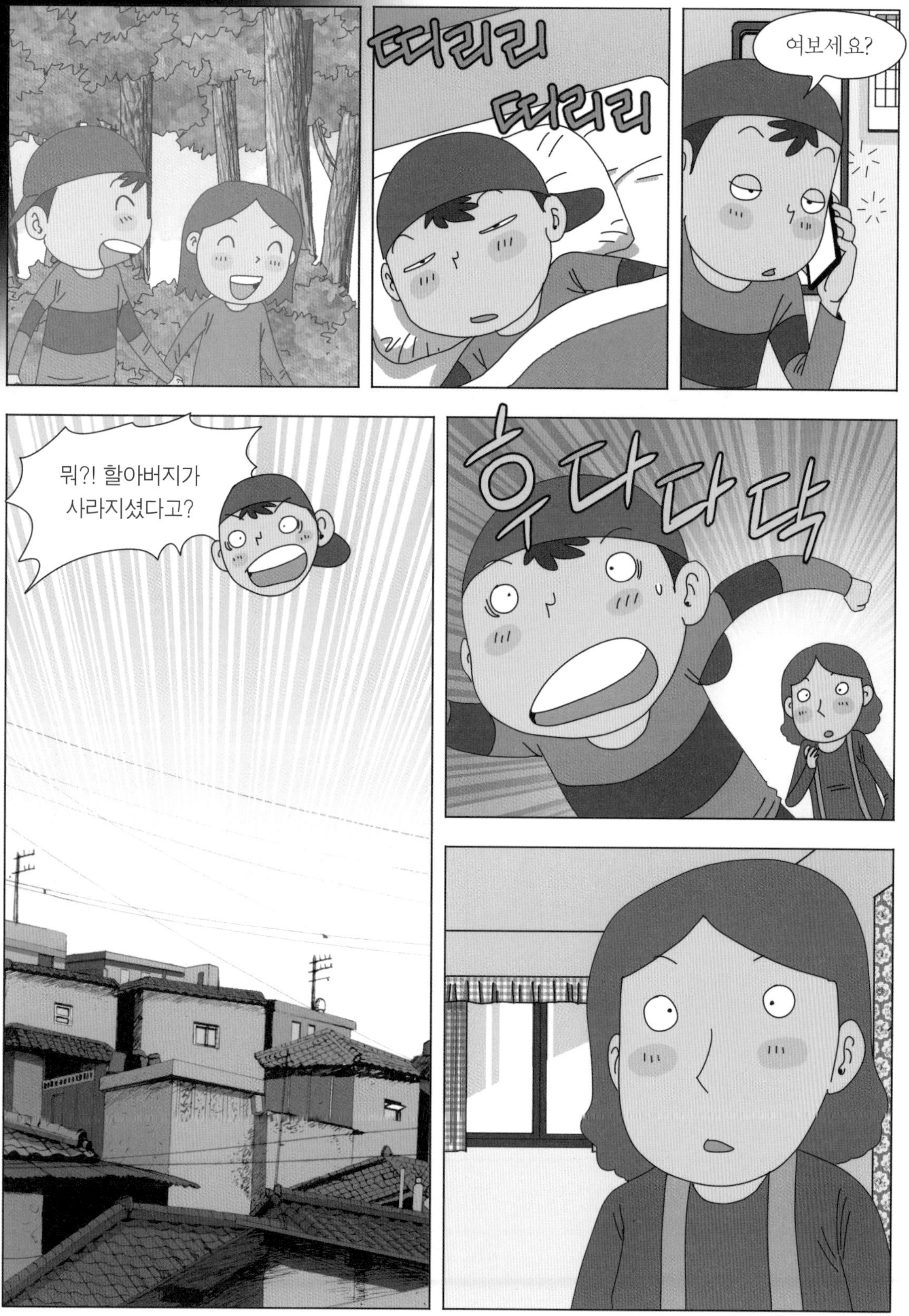
떠리리
떠리리
여보세요?
뭐?! 할아버지가 사라지셨다고?
후다다닥

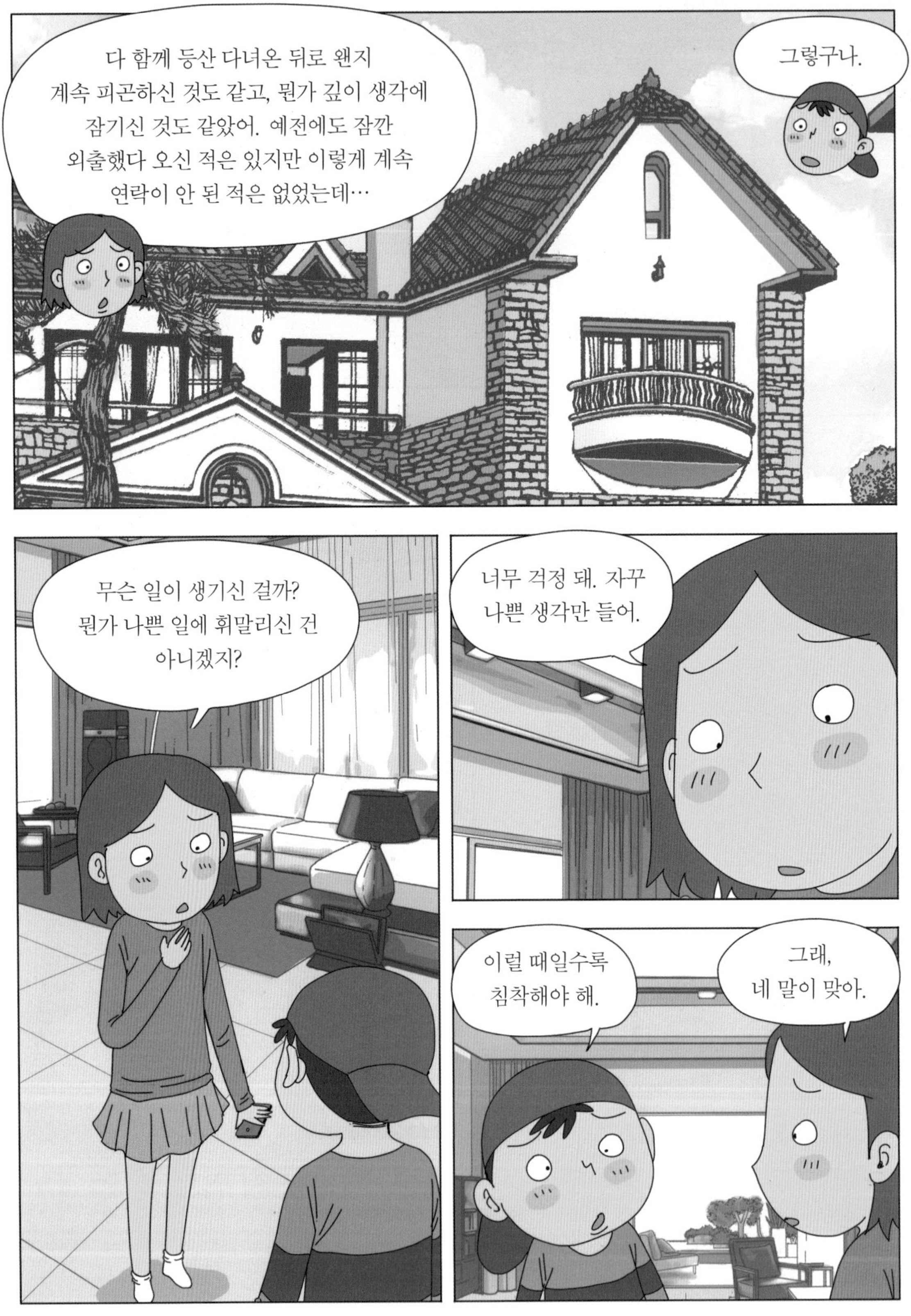
다 함께 등산 다녀온 뒤로 왠지 계속 피곤하신 것도 같고, 뭔가 깊이 생각에 잠기신 것도 같았어. 예전에도 잠깐 외출했다 오신 적은 있지만 이렇게 계속 연락이 안 된 적은 없었는데…
그렇구나.
무슨 일이 생기신 걸까? 뭔가 나쁜 일에 휘말리신 건 아니겠지?
너무 걱정 돼. 자꾸 나쁜 생각만 들어.
이럴 때일수록 침착해야 해.
그래, 네 말이 맞아.

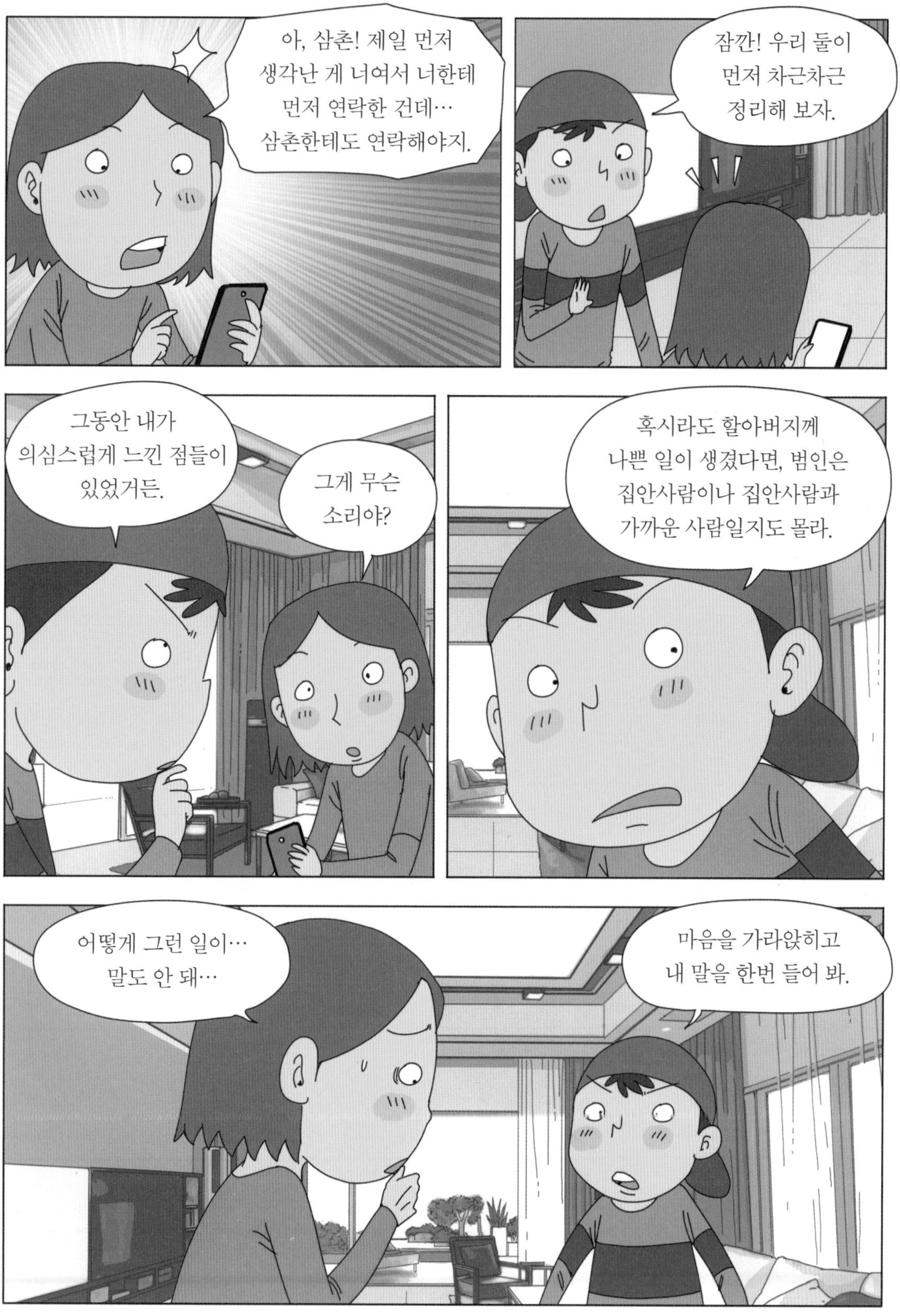
아, 삼촌! 제일 먼저 생각난 게 너여서 너한테 먼저 연락한 건데… 삼촌한테도 연락해야지.
잠깐! 우리 둘이 먼저 차근차근 정리해 보자.
그동안 내가 의심스럽게 느낀 점들이 있었거든.
그게 무슨 소리야?
혹시라도 할아버지께 나쁜 일이 생겼다면, 범인은 집안사람이나 집안사람과 가까운 사람일지도 몰라.
어떻게 그런 일이… 말도 안 돼…
마음을 가라앉히고 내 말을 한번 들어 봐.

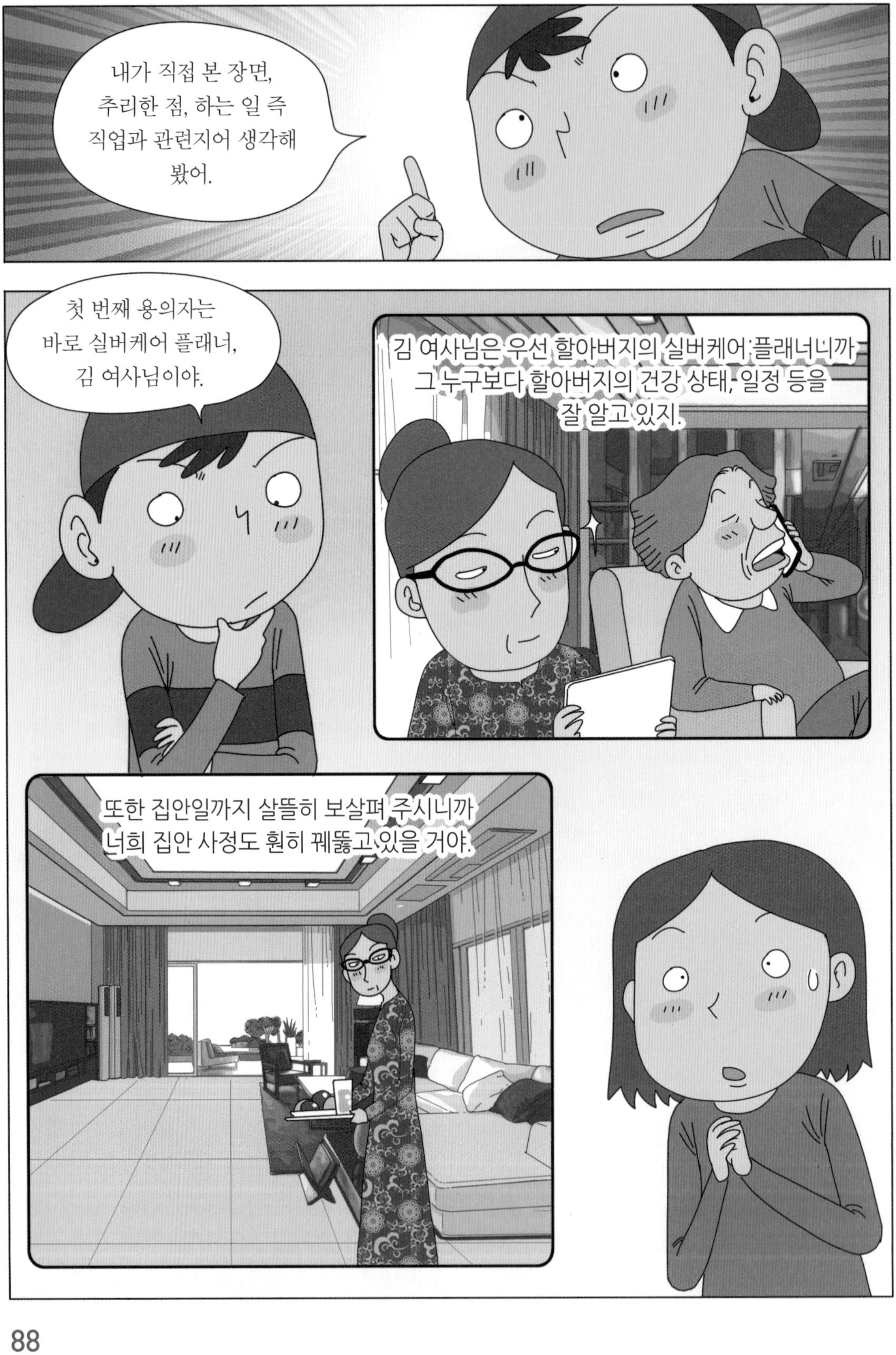

내가 직접 본 장면, 추리한 점, 하는 일 즉 직업과 관련지어 생각해 봤어.
첫 번째 용의자는 바로 실버케어 플래너, 김 여사님이야.
김 여사님은 우선 할아버지의 실버케어 플래너니까 그 누구보다 할아버지의 건강 상태, 일정 등을 잘 알고 있지.
또한 집안일까지 살뜰히 보살펴 주시니까 너희 집안 사정도 훤히 꿰뚫고 있을 거야.

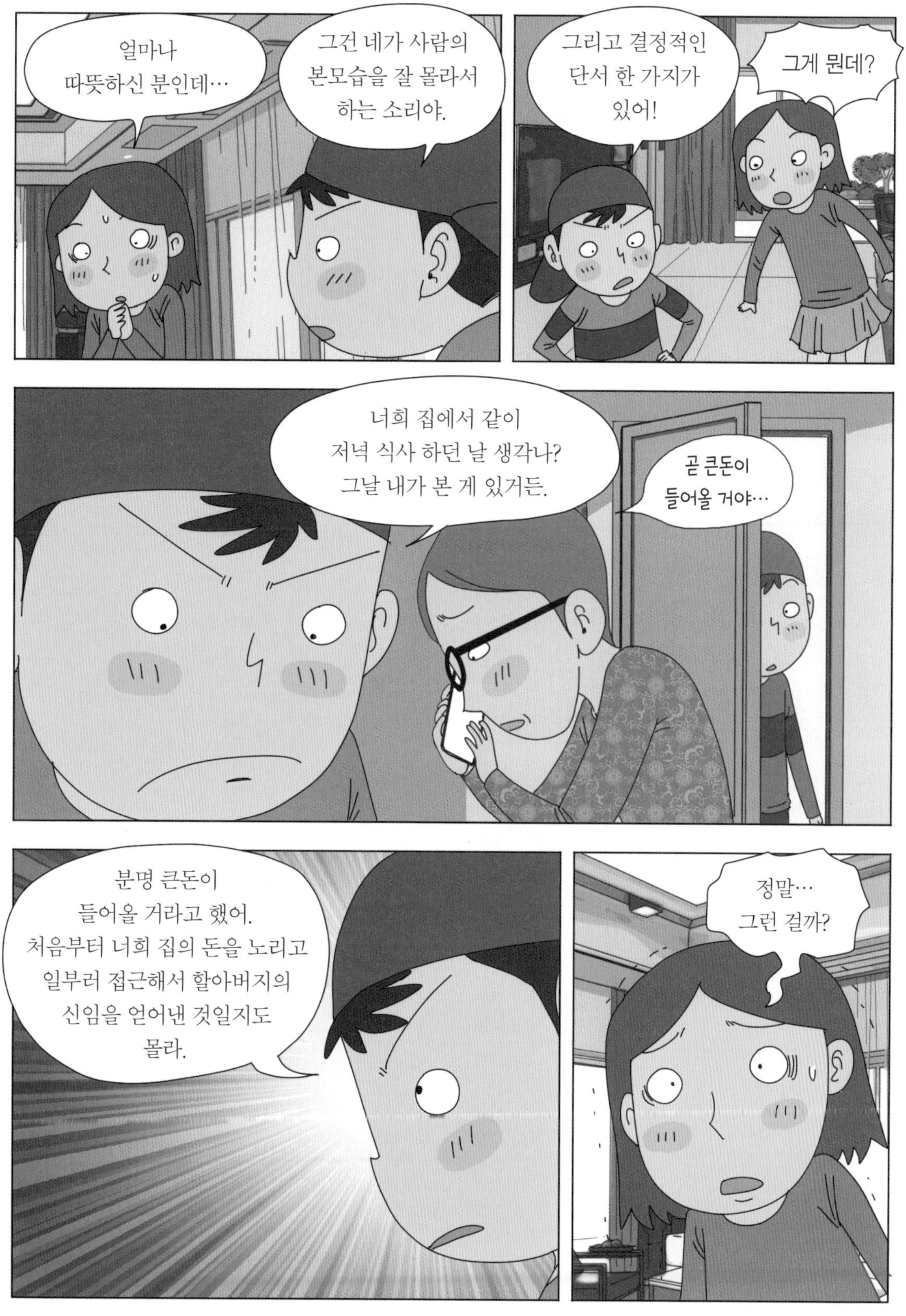
얼마나
따뜻하신 분인데…
그건 네가 사람의
본모습을 잘 몰라서
하는 소리야.
그리고 결정적인
단서 한 가지가
있어!
그게 뭔데?
너희 집에서 같이
저녁 식사 하던 날 생각나?
그날 내가 본 게 있거든.
곧 큰돈이
들어올 거야…
분명 큰돈이
들어올 거라고 했어.
처음부터 너희 집의 돈을 노리고
일부러 접근해서 할아버지의
신임을 얻어낸 것일지도
몰라.
정말…
그런 걸까?

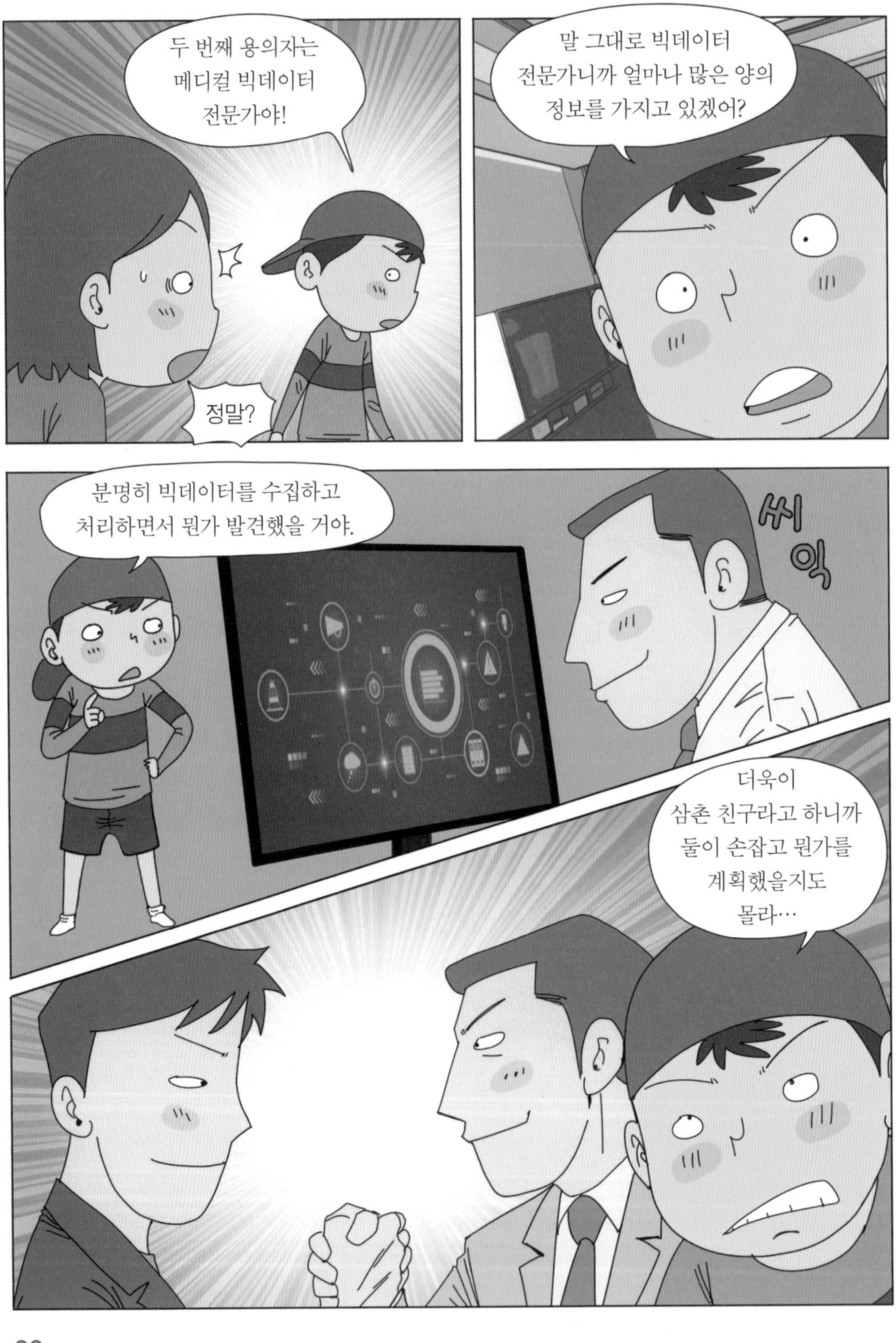
두 번째 용의자는
메디컬 빅데이터
전문가야!
정말?
말 그대로 빅데이터
전문가니까 얼마나 많은 양의
정보를 가지고 있겠어?
분명히 빅데이터를 수집하고
처리하면서 뭔가 발견했을 거야.
씨익
더욱이
삼촌 친구라고 하니까
둘이 손잡고 뭔가를
계획했을지도
몰라…

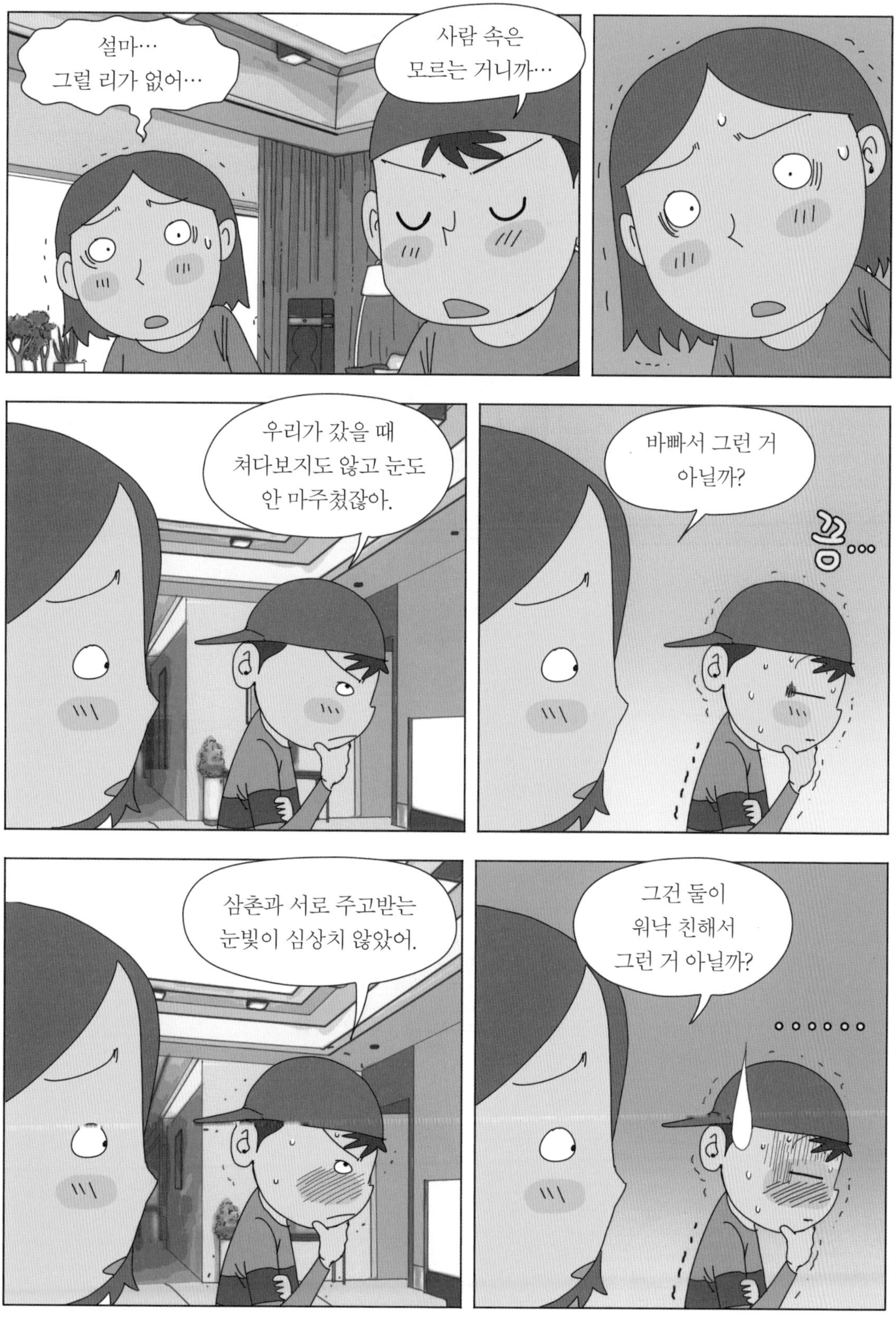

설마…
그럴 리가 없어…
사람 속은
모르는 거니까…
우리가 갔을 때
쳐다보지도 않고 눈도
안 마주쳤잖아.
바빠서 그런 거
아닐까?
끙…
삼촌과 서로 주고받는
눈빛이 심상치 않았어.
그건 둘이
워낙 친해서
그런 거 아닐까?
……

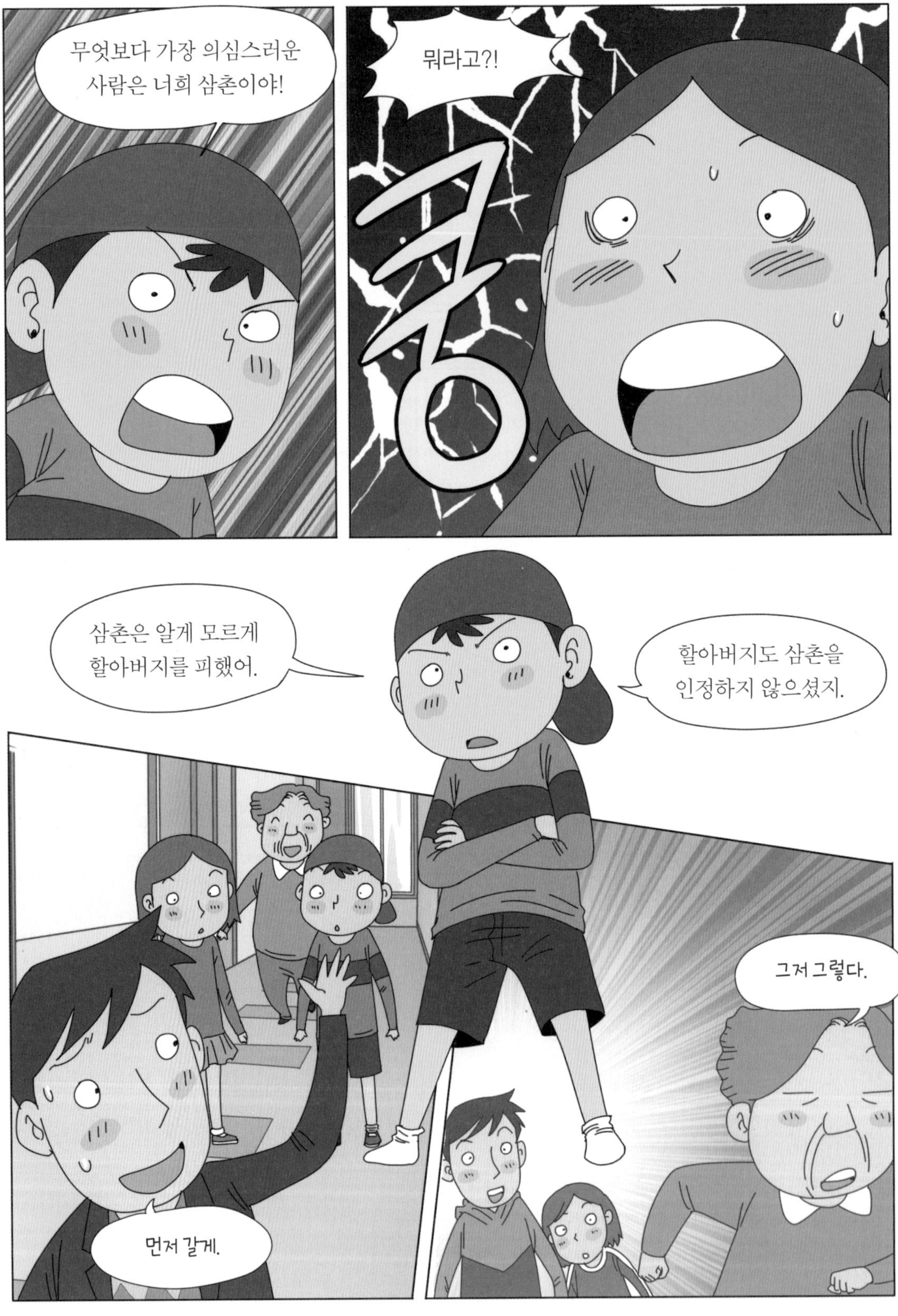
무엇보다 가장 의심스러운 사람은 너희 삼촌이야!
뭐라고?!
쿵
삼촌은 알게 모르게 할아버지를 피했어.
할아버지도 삼촌을 인정하지 않으셨지.
먼저 갈게.
그저 그렇다.

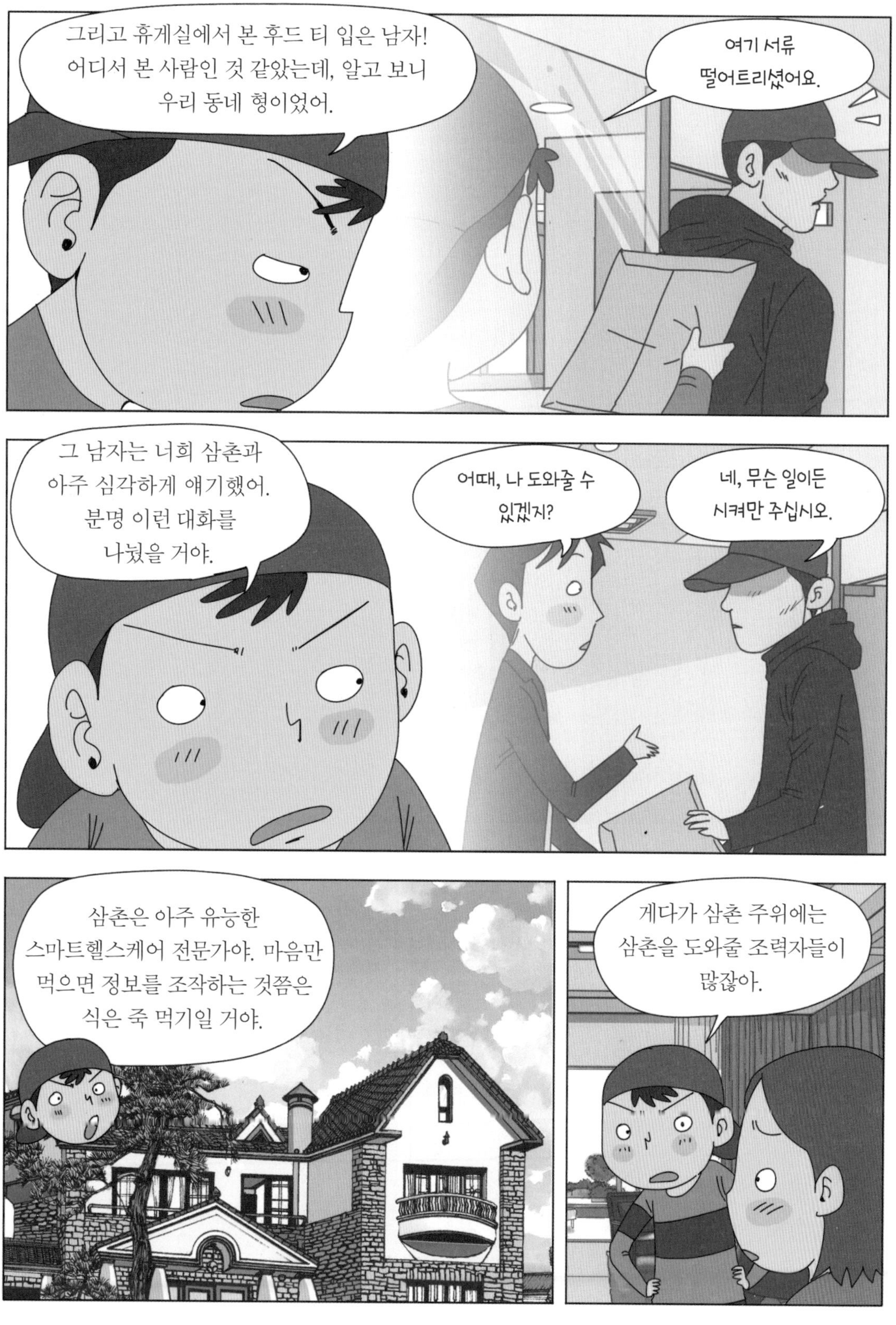
그리고 휴게실에서 본 후드 티 입은 남자! 어디서 본 사람인 것 같았는데, 알고 보니 우리 동네 형이었어.
여기 서류 떨어트리셨어요.
그 남자는 너희 삼촌과 아주 심각하게 얘기했어. 분명 이런 대화를 나눴을 거야.
어때, 나 도와줄 수 있겠지?
네, 무슨 일이든 시켜만 주십시오.
삼촌은 아주 유능한 스마트헬스케어 전문가야. 마음만 먹으면 정보를 조작하는 것쯤은 식은 죽 먹기일 거야.
게다가 삼촌 주위에는 삼촌을 도와줄 조력자들이 많잖아.

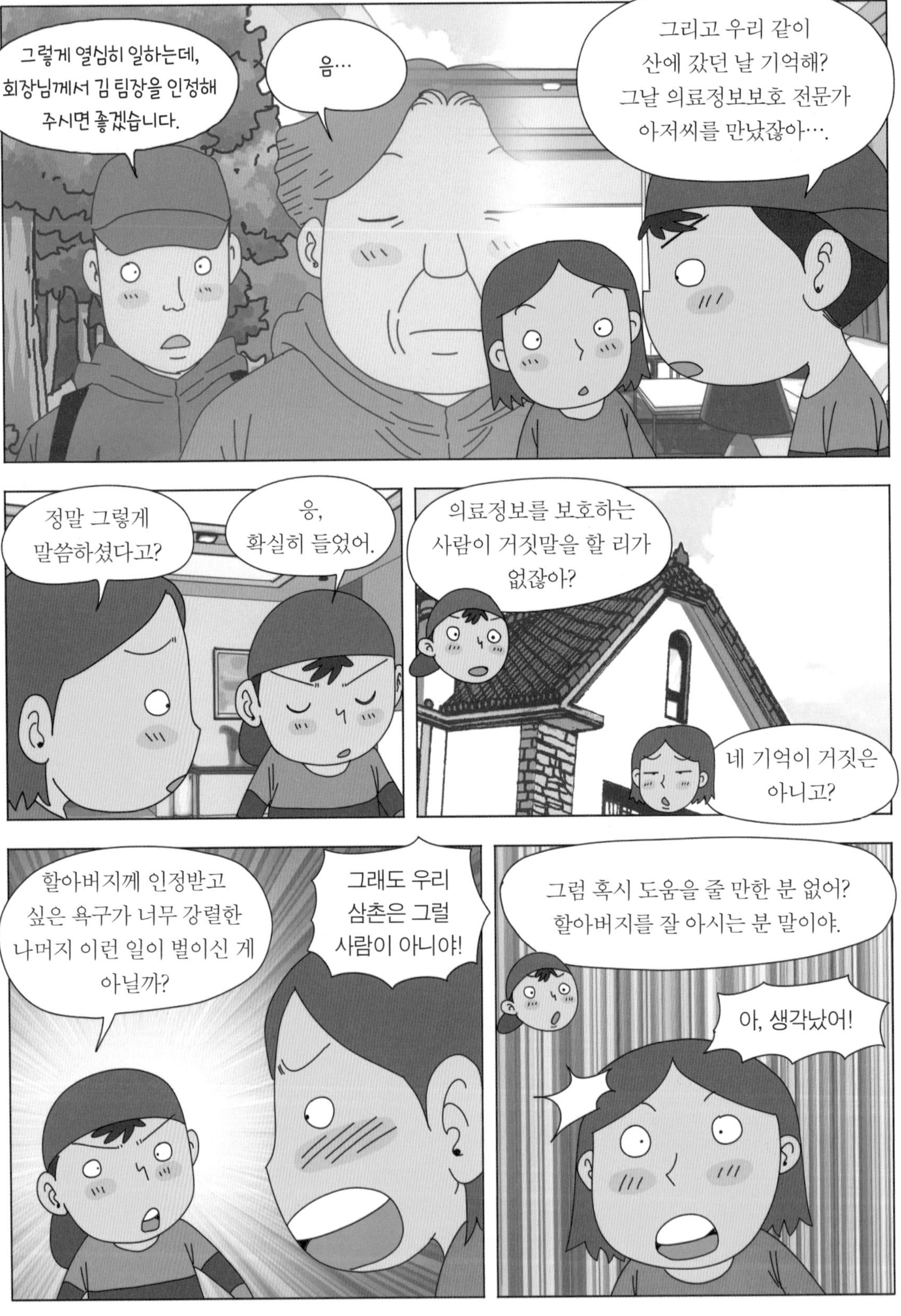
그렇게 열심히 일하는데, 회장님께서 김 팀장을 인정해 주시면 좋겠습니다.
음…
그리고 우리 같이 산에 갔던 날 기억해? 그날 의료정보보호 전문가 아저씨를 만났잖아….
정말 그렇게 말씀하셨다고?
응, 확실히 들었어.
의료정보를 보호하는 사람이 거짓말을 할 리가 없잖아?
네 기억이 거짓은 아니고?
할아버지께 인정받고 싶은 욕구가 너무 강렬한 나머지 이런 일이 벌이신 게 아닐까?
그래도 우리 삼촌은 그럴 사람이 아니야!
그럼 혹시 도움을 줄 만한 분 없어? 할아버지를 잘 아시는 분 말이야.
아, 생각났어!

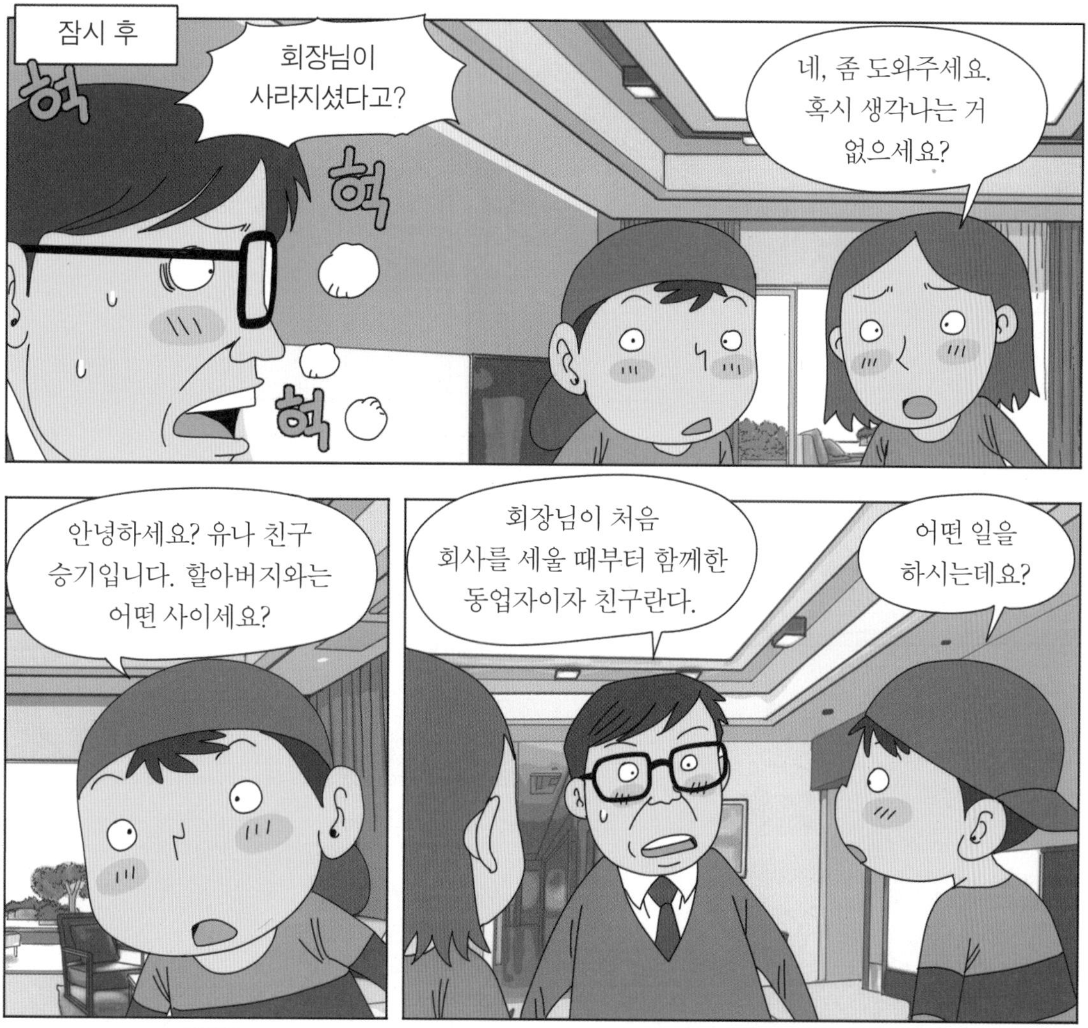
잠시 후
헉
회장님이
사라지셨다고?
헉
헉
네, 좀 도와주세요.
혹시 생각나는 거
없으세요?
안녕하세요? 유나 친구
승기입니다. 할아버지와는
어떤 사이세요?
회장님이 처음
회사를 세울 때부터 함께한
동업자이자 친구란다.
어떤 일을
하시는데요?

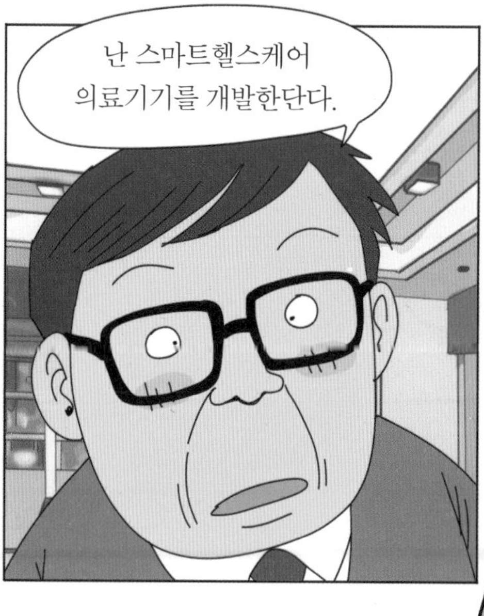
난 스마트헬스케어
의료기기를 개발한단다.

스마트헬스케어 의료기기 개발자

스마트헬스케어 서비스에 이용되는 여러 가지 기기를 개발해요. 어떤 모양으로 어떤 건강 관리 기능을 하게 할지, 사용자가 어떤 방법으로 가지고 다니게 만들지 등에 대해 계획을 세우고 기기를 개발해요. 이때 여러 가지 센서나 부품, 디자인 등도 고려하여 사람들이 편리하고 유용하게 기기를 사용할 수 있도록 한답니다.

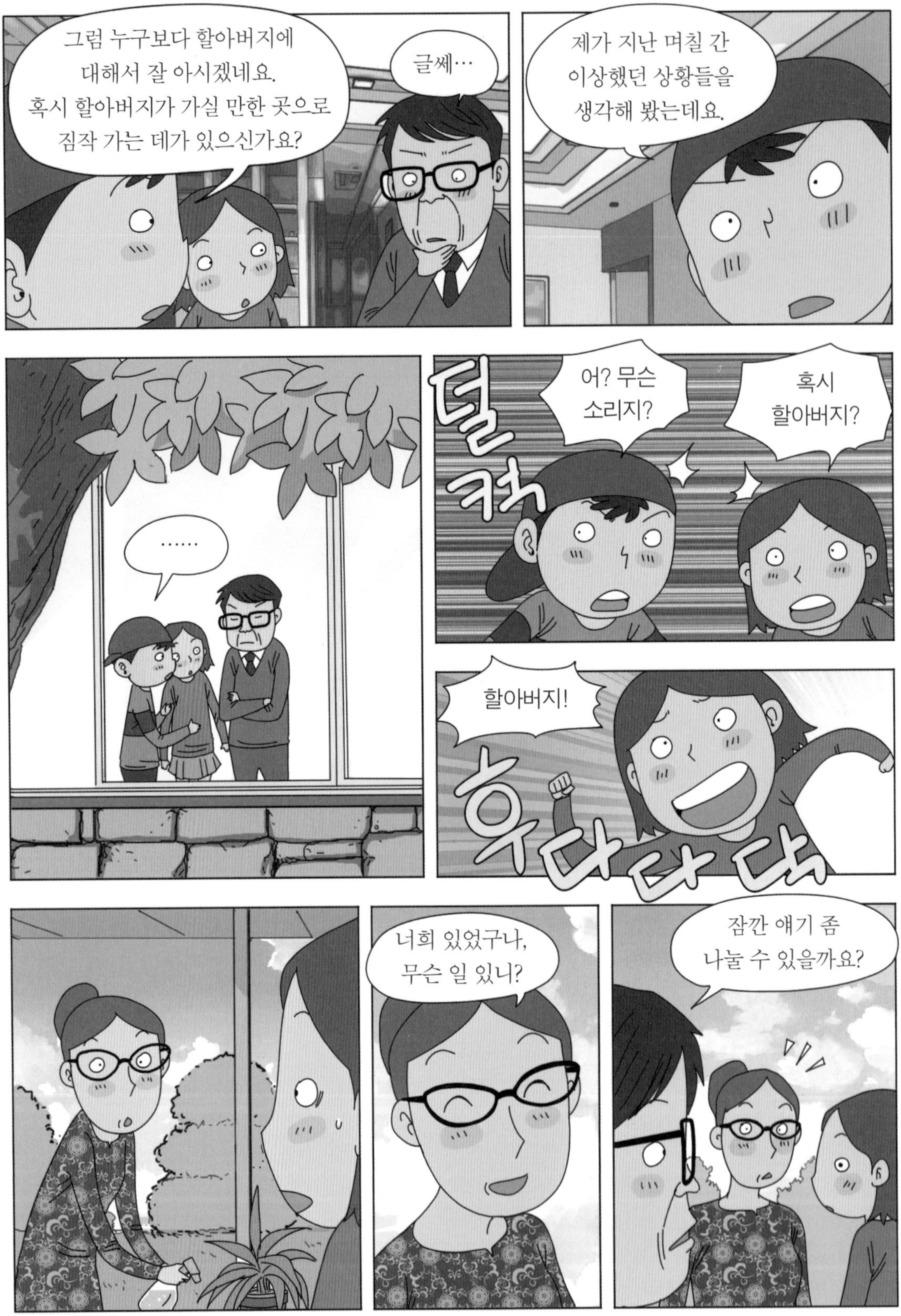
그럼 누구보다 할아버지에
대해서 잘 아시겠네요.
혹시 할아버지가 가실 만한 곳으로
짐작 가는 데가 있으신가요?
글쎄…
제가 지난 며칠 간
이상했던 상황들을
생각해 봤는데요.
……
덜컥
어? 무슨
소리지?
혹시
할아버지?
할아버지!
후다다닥
너희 있었구나,
무슨 일 있니?
잠깐 얘기 좀
나눌 수 있을까요?

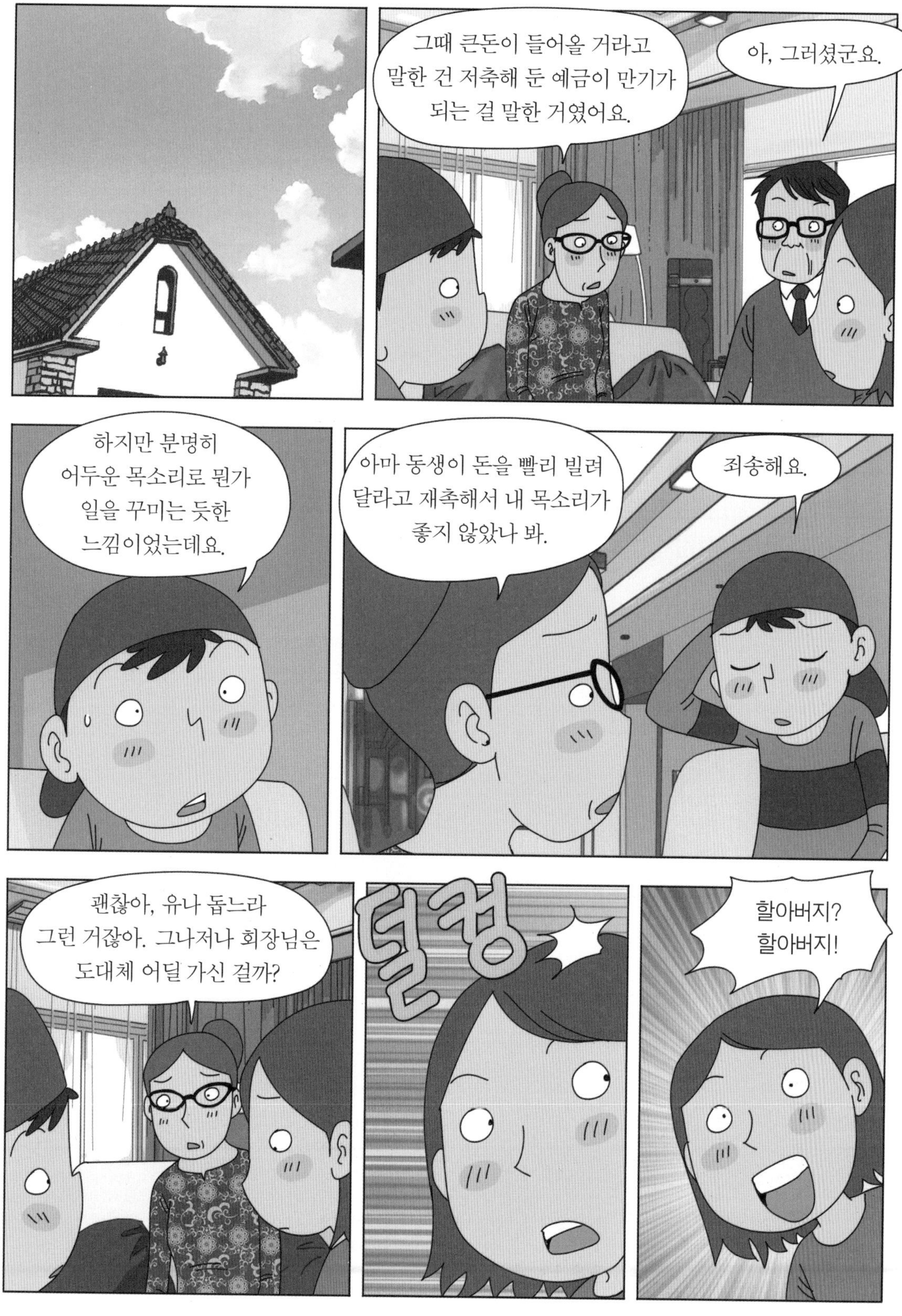
그때 큰돈이 들어올 거라고 말한 건 저축해 둔 예금이 만기가 되는 걸 말한 거였어요.
아, 그러셨군요.
하지만 분명히 어두운 목소리로 뭔가 일을 꾸미는 듯한 느낌이었는데요.
아마 동생이 돈을 빨리 빌려 달라고 재촉해서 내 목소리가 좋지 않았나 봐.
죄송해요.
괜찮아, 유나 돕느라 그런 거잖아. 그나저나 회장님은 도대체 어딜 가신 걸까?
덜컹
할아버지? 할아버지!

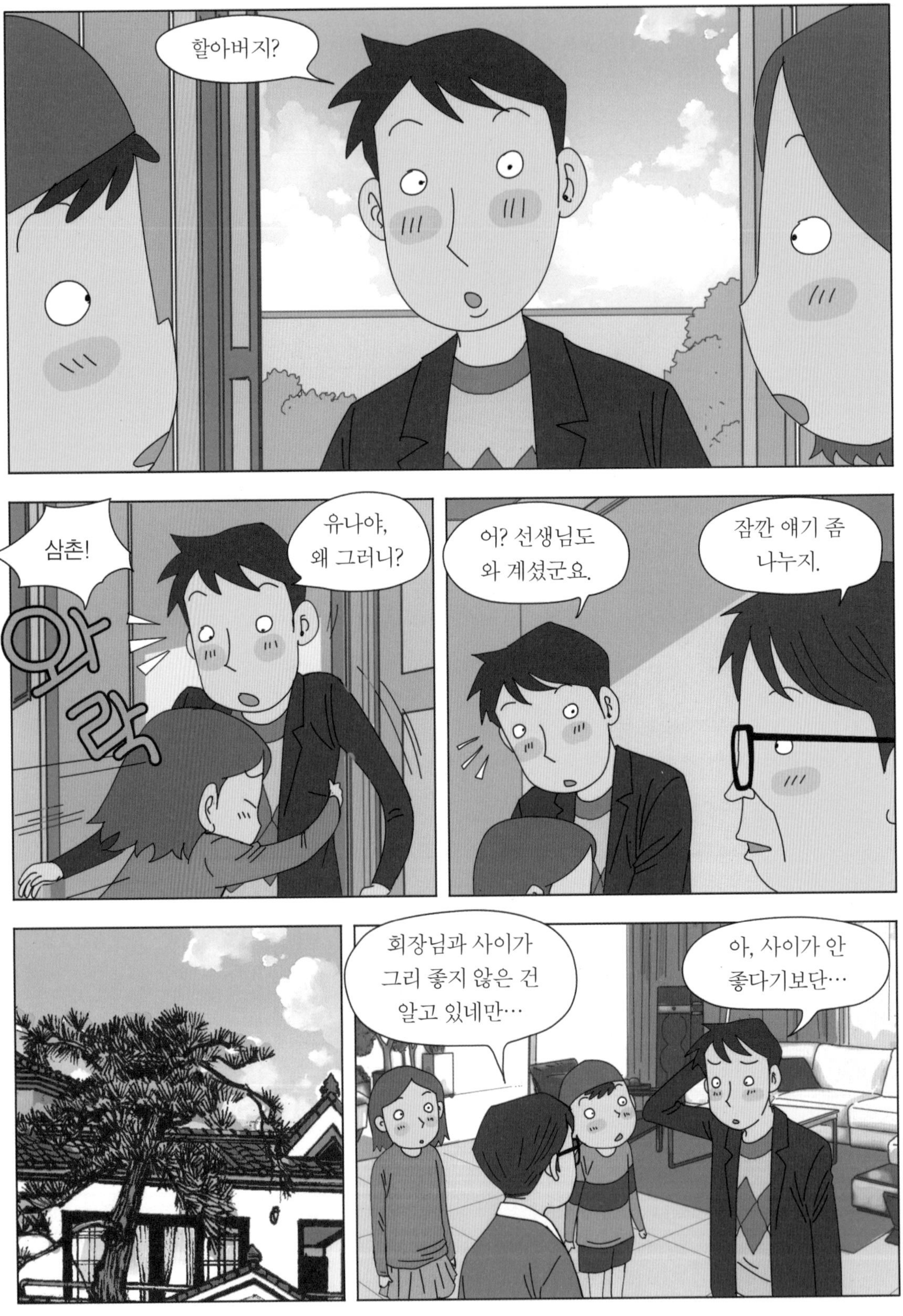
할아버지?
삼촌!
와락
유나야,
왜 그러니?
어? 선생님도
와 계셨군요.
잠깐 얘기 좀
나누지.
회장님과 사이가
그리 좋지 않은 건
알고 있네만…
아, 사이가 안
좋다기보단…

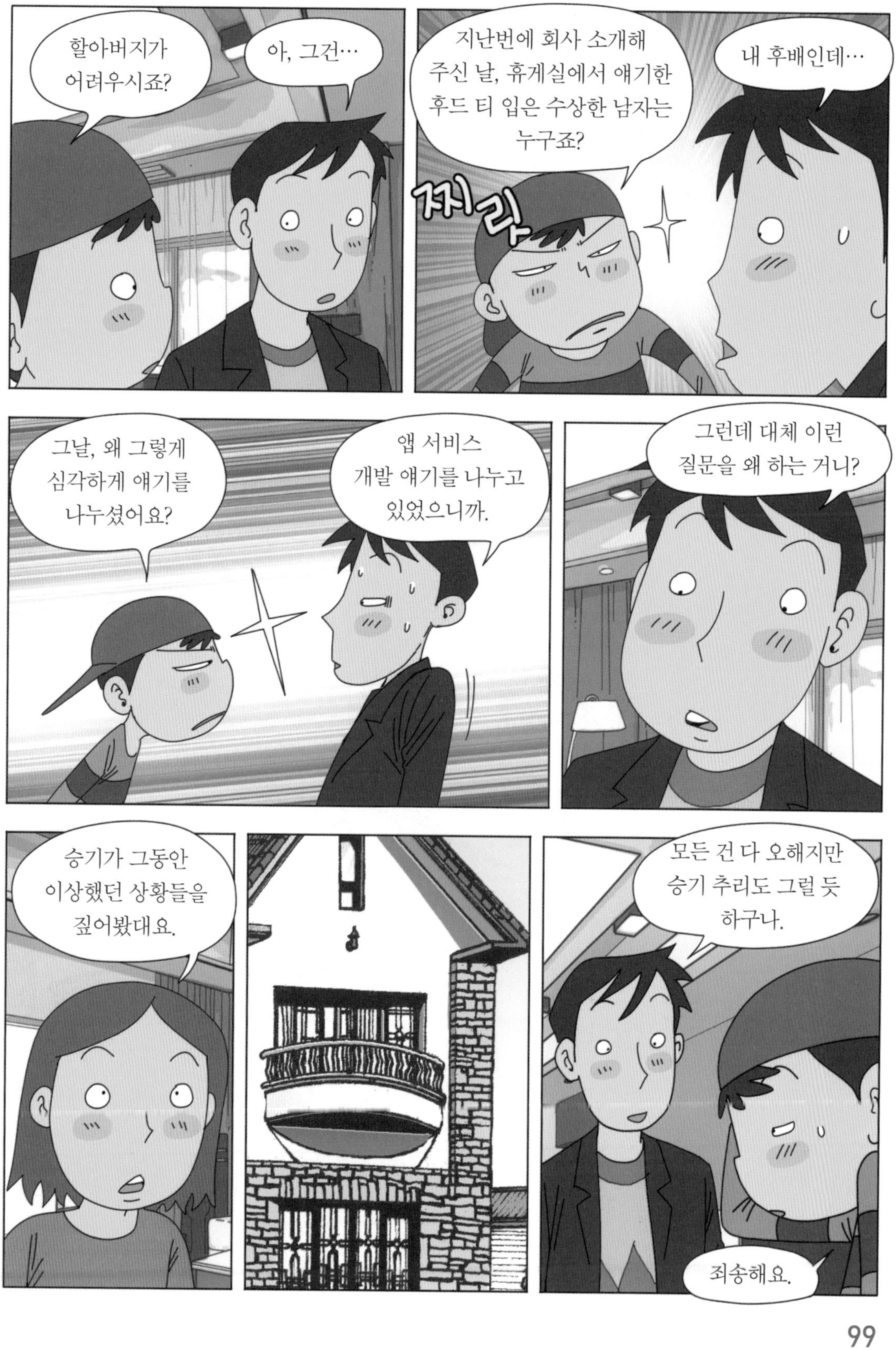
할아버지가 어려우시죠?
아, 그건…
지난번에 회사 소개해 주신 날, 휴게실에서 얘기한 후드 티 입은 수상한 남자는 누구죠?
찌릿
내 후배인데…
그날, 왜 그렇게 심각하게 얘기를 나누셨어요?
앱 서비스 개발 얘기를 나누고 있었으니까.
그런데 대체 이런 질문을 왜 하는 거니?
승기가 그동안 이상했던 상황들을 짚어봤대요.
모든 건 다 오해지만 승기 추리도 그럴 듯 하구나.
죄송해요.

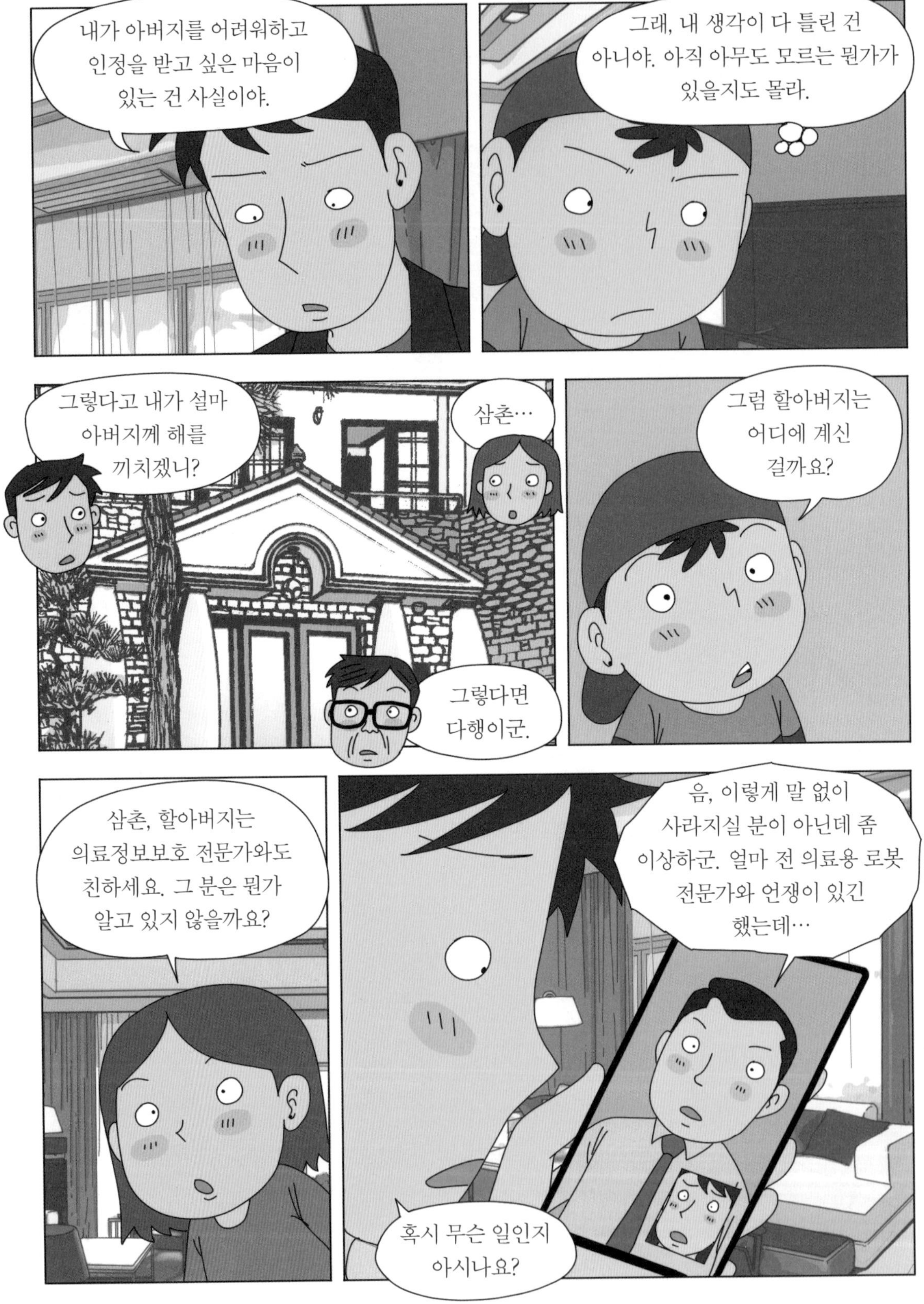

내가 아버지를 어려워하고 인정을 받고 싶은 마음이 있는 건 사실이야.
그래, 내 생각이 다 틀린 건 아니야. 아직 아무도 모르는 뭔가가 있을지도 몰라.
그렇다고 내가 설마 아버지께 해를 끼치겠니?
삼촌…
그렇다면 다행이군.
그럼 할아버지는 어디에 계신 걸까요?
삼촌, 할아버지는 의료정보보호 전문가와도 친하세요. 그 분은 뭔가 알고 있지 않을까요?
음, 이렇게 말 없이 사라지실 분이 아닌데 좀 이상하군. 얼마 전 의료용 로봇 전문가와 언쟁이 있긴 했는데…
혹시 무슨 일인지 아시나요?

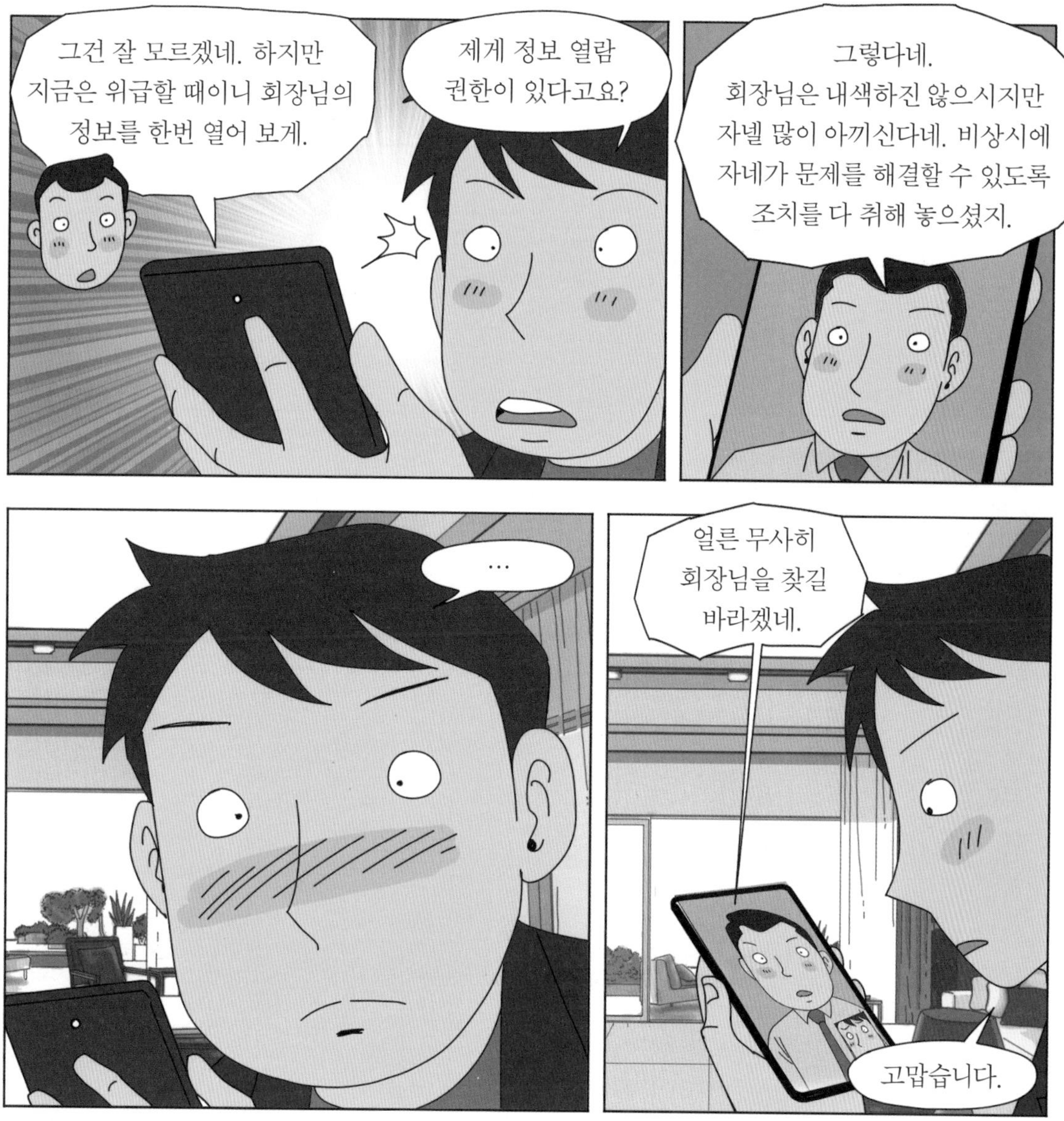
그건 잘 모르겠네. 하지만 지금은 위급할 때이니 회장님의 정보를 한번 열어 보게.
제게 정보 열람 권한이 있다고요?
그렇다네. 회장님은 내색하진 않으시지만 자넬 많이 아끼신다네. 비상시에 자네가 문제를 해결할 수 있도록 조치를 다 취해 놓으셨지.
…
얼른 무사히 회장님을 찾길 바라겠네.
고맙습니다.

의료용 로봇 전문가

의료용 로봇 전문가는 의료 목적으로 사용될 로봇을 어떤 구조로 만들지 설계하고, 로봇을 움직이게 만들 프로그램을 만들어요. 그리고 이 프로그램으로 만들어진 의료용 로봇은 의사를 대신하여 수술도 하고 간호사가 되어 수술 도구를 건네주기도 해요. 그리고 사고로 다친 사람이 회복할 수 있게 곁에서 돕기도 하지요.

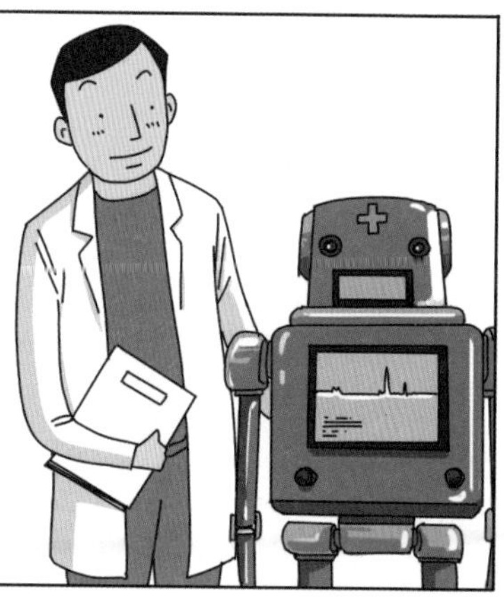

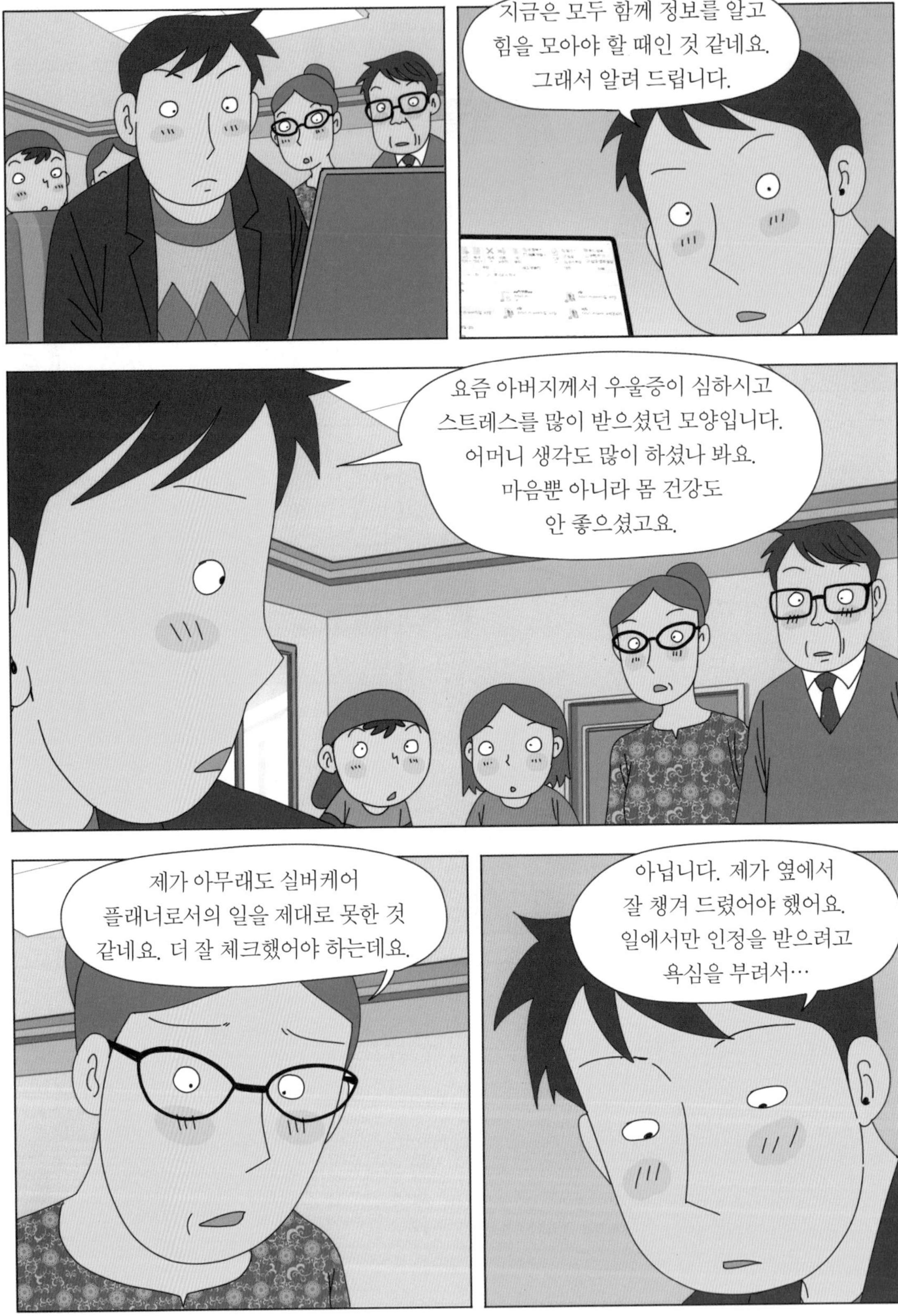
지금은 모두 함께 정보를 알고 힘을 모아야 할 때인 것 같네요. 그래서 알려 드립니다.
요즘 아버지께서 우울증이 심하시고 스트레스를 많이 받으셨던 모양입니다. 어머니 생각도 많이 하셨나 봐요. 마음뿐 아니라 몸 건강도 안 좋으셨고요.
제가 아무래도 실버케어 플래너로서의 일을 제대로 못한 것 같네요. 더 잘 체크했어야 하는데요.
아닙니다. 제가 옆에서 잘 챙겨 드렸어야 했어요. 일에서만 인정을 받으려고 욕심을 부려서…

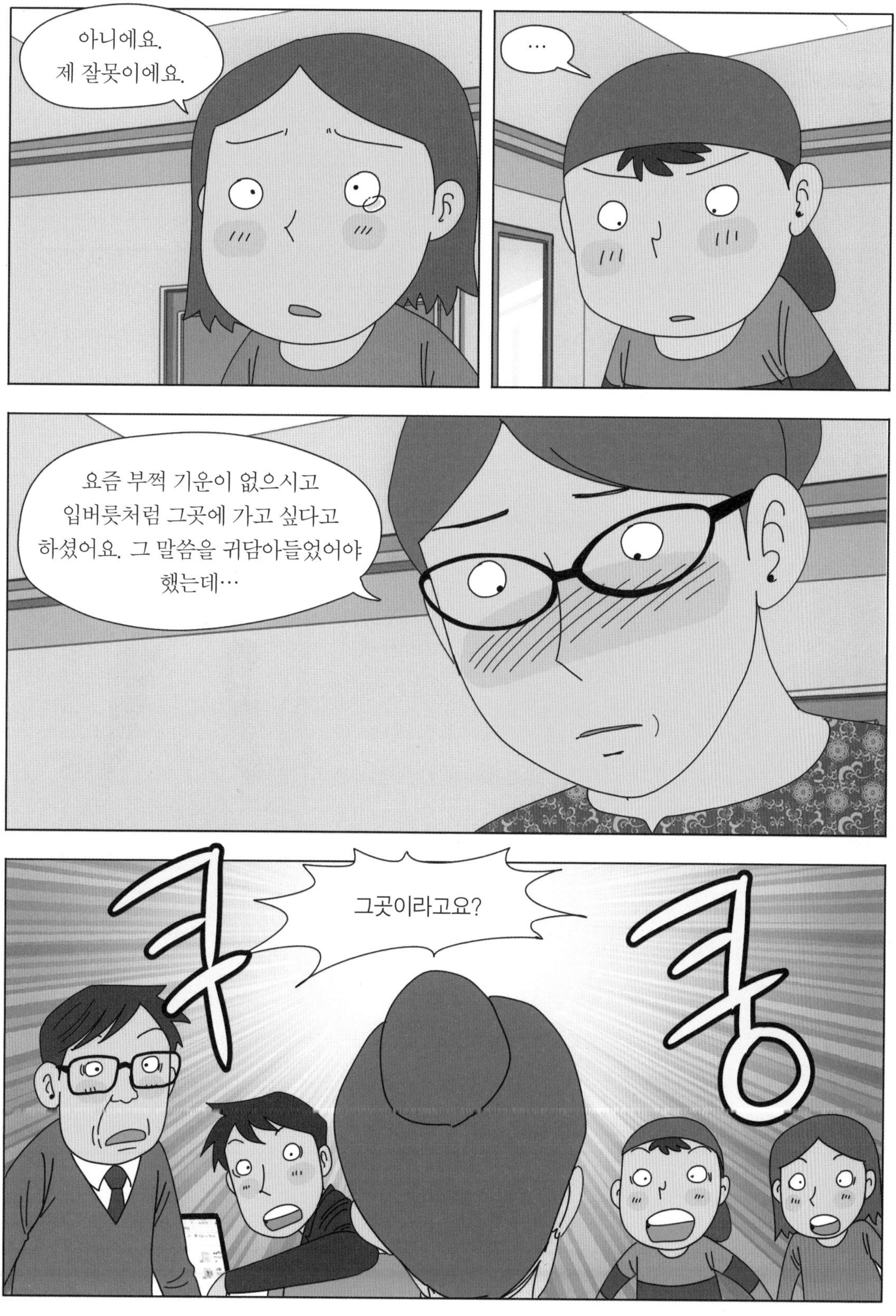
아니에요.
제 잘못이에요.
…
요즘 부쩍 기운이 없으시고 입버릇처럼 그곳에 가고 싶다고 하셨어요. 그 말씀을 귀담아들었어야 했는데…
쿠
그곳이라고요?
궁

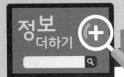

영화 속 스마트헬스케어

전 세계적으로 스마트헬스케어 시장은 무서운 속도로 성장하고 있어요. 스마트폰 등 스마트 기기가 대중화되고, 사람들의 건강에 대한 관심도가 높아지고, 사물인터넷 기술이 점점 발전하면서 스마트헬스케어가 점차 주목을 받고 있어요. 그런데 7~10여 년 전에 벌써 이러한 헬스케어가 등장한 영화가 있어요. 어떤 영화인지 알아볼까요?

전미 박스오피스 1위!
제87회 아카데미 최우수 애니메이션상 노미네이트
빅 히어로
천재 형제
가장 사랑스러운
슈퍼히어로를 만들다

《빅히어로》의 주인공인 베이맥스는 천재 공학도인 테디가 동생 히로를 위해 만든 힐링 로봇으로 눈사람같이 생겼어요.

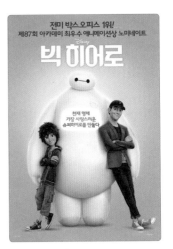

어느 날 팔에 상처난 히로가 소리를 지르자 구석에 놓인 빨간 가방이 열리며 풍선처럼 로봇이 부풀어 오르고, 곧 뚜벅뚜벅 걸어와 말해요. "안녕하세요. 전 당신의 개인 헬스케어 동반자 베이맥스입니다." 베이맥스는 헬스케어 로봇으로 아픈 사람을 치료해 주며 주인공 히로와 함께 악당을 물리치는 둘도 없는 영원한 친구입니다.

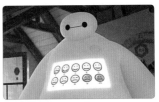

2020년 우리나라 남녀 평균 수명이 각각 78.2, 84.4세이며, 고령인구 비율 15.7%로 고령사회에 진입했기에 장애인, 노인 등 간호보조 로봇을 필요로 하는 사람들이 많아졌어요. 베이맥스 수준까지는 아니지만, 이와 기능이 비슷한 헬스케어 로봇이 이미 현실에서 쓰이고 있어요. 앞으로 더욱 발전하여 베이맥스처럼 우리의 영원한 친구가 되리라 기대하고 있어요.

《아일랜드》는 영생에 대한 끝없는 욕망을 인간 복제라는 주제로 풀어냈어요. 그들의 유일한 삶의 목표는 바로 '아일랜드'라는 지상 최고의 낙원으로 가는 티켓을 거머쥐는 것이에요.

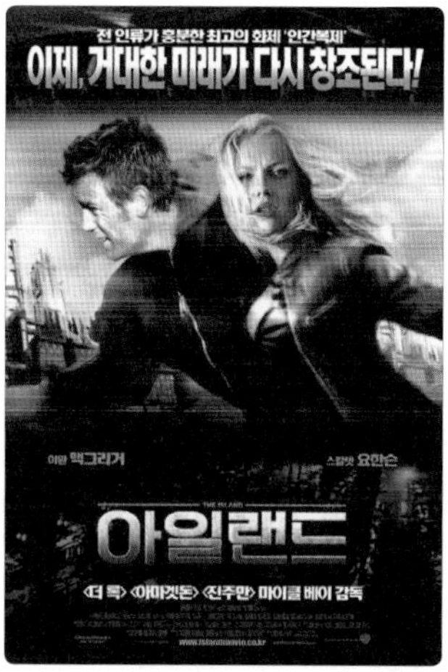
이제, 거대한 미래가 다시 창조된다!
맥그리거
요한슨
아일랜드
<더 록> <아마겟돈> <진주만> 마이클 베이 감독

영화 초반에 나오는 유토피아에서의 삶을 살펴보면 사람들은 항상 자신의 건강 상태를 자동으로 점검받고, 건강 상태에 따라 자신이 먹는 모든 식사가 통제돼요. 최첨단 기술로 무장한 다양한 헬스케어 서비스를 받고 있는 것이지요.

다양한 스마트헬스케어 기술로 우리는 더욱 손쉽게 건강 상태를 측정하고 관리할 수 있게 될 것이에요. 하지만 좋은 점만 있는 것은 아니에요. 영화에서도 디지털화된 건강 데이터를 권력층에서 관리하고 사람들을 통제하는 데 사용하였어요. 이처럼 디지털화된 데이터는 측정과 이동이 손쉬운 만큼 오용될 확률도 높아요. 게다가 개인적으로 굉장히 민감하고 프라이버시 문제가 큰 정보이기 때문에 만일 해킹을 당하게 된다면 개인적, 사회적으로 일어날 피해도 상당히 커요.

하지만 잘 사용하면 행복한 삶을 증진하고 건강을 지킬 수 있는 세상을 만들어 줄 것으로 기대하고 있어요.

단서를 찾아라!

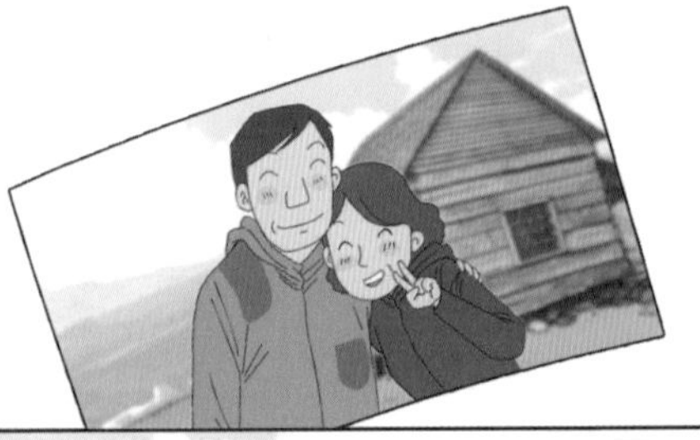

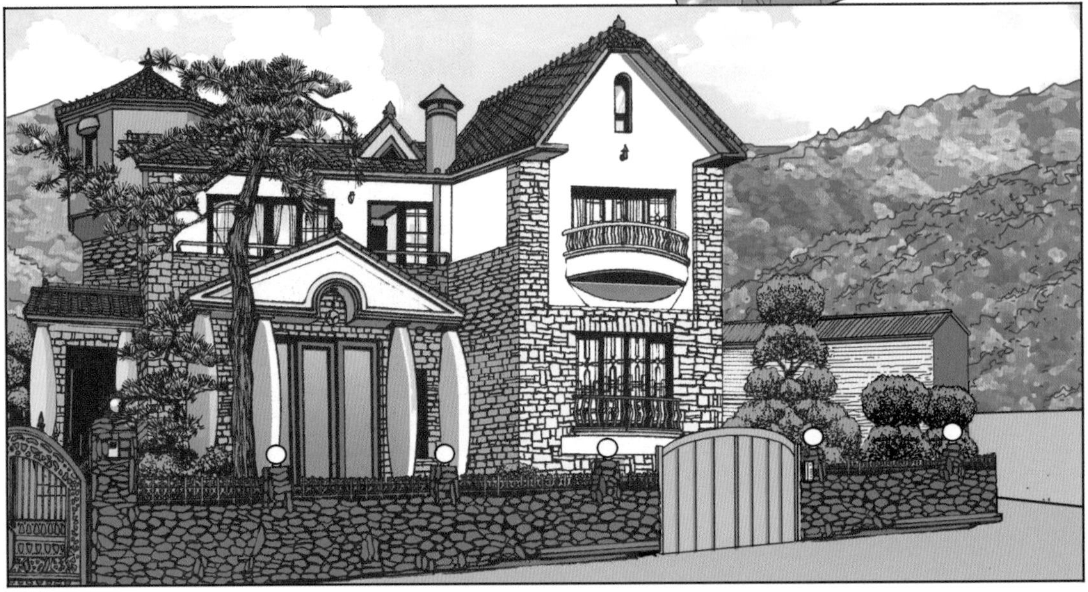

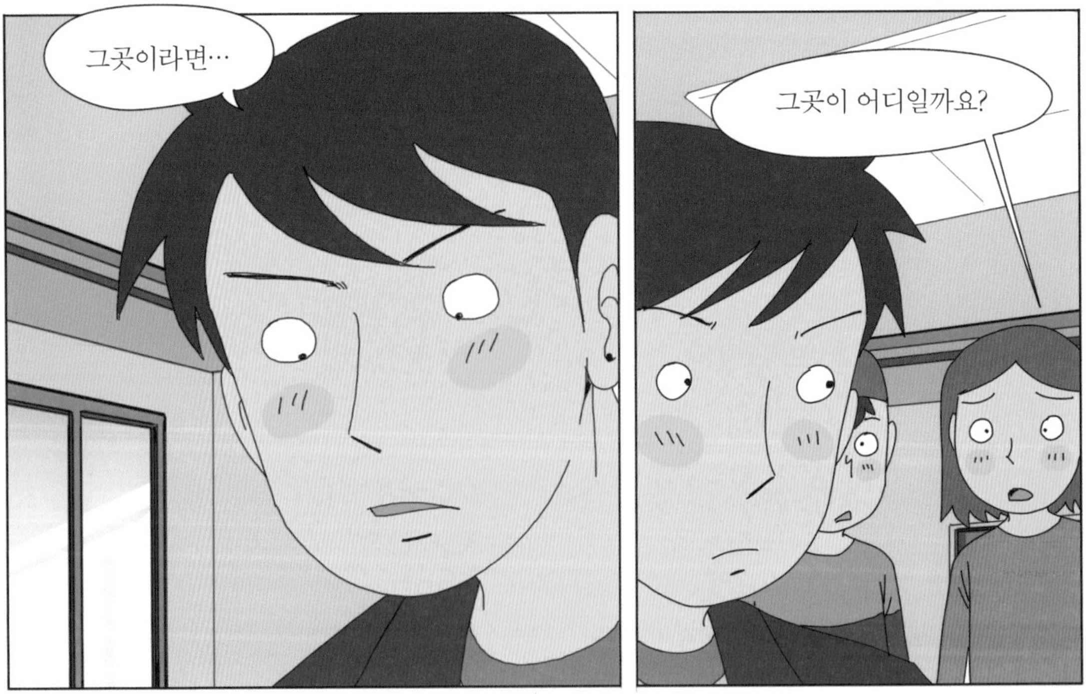
그곳이라면…
그곳이 어디일까요?

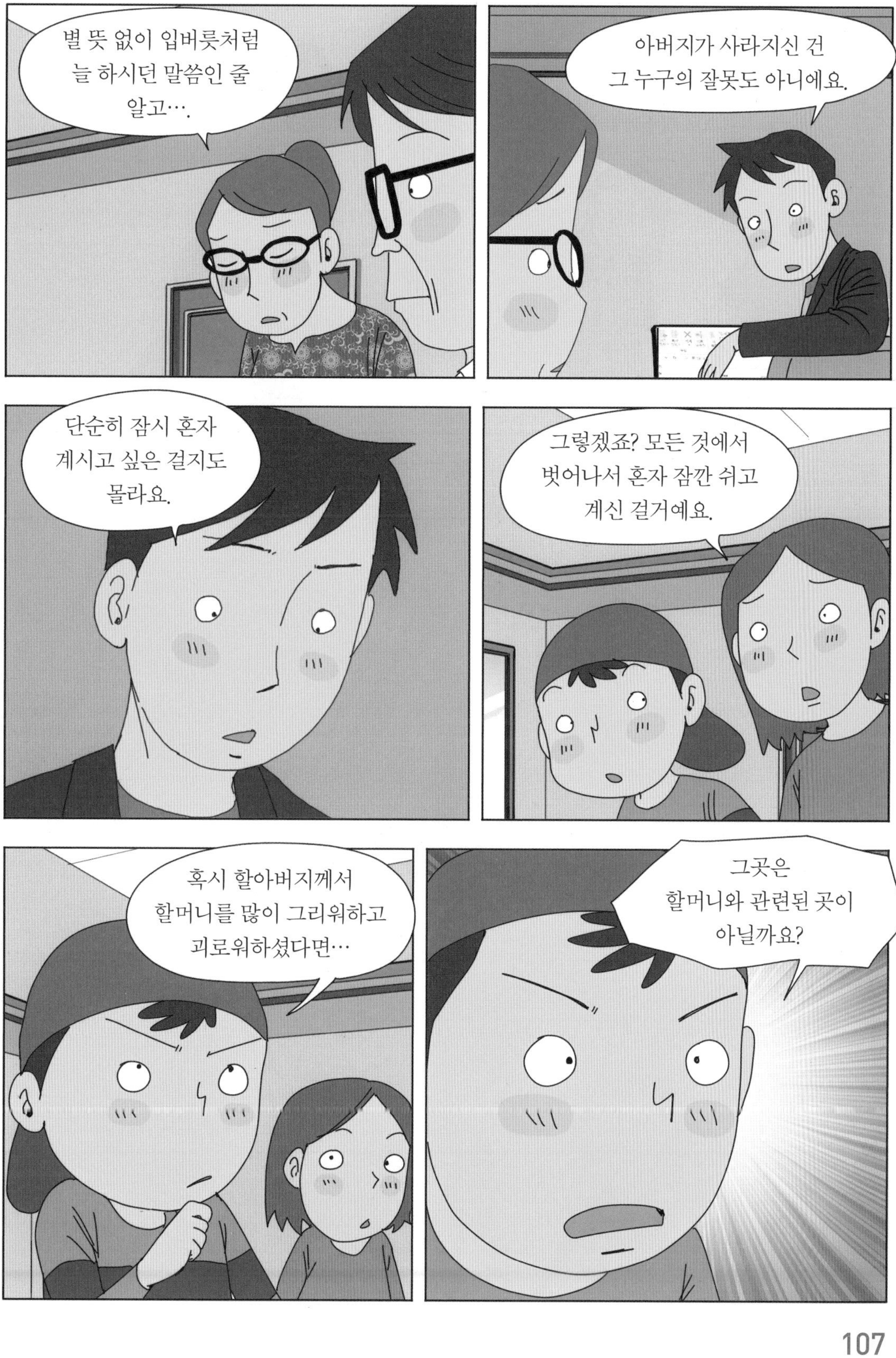
별 뜻 없이 입버릇처럼 늘 하시던 말씀인 줄 알고….
아버지가 사라지신 건 그 누구의 잘못도 아니에요.
단순히 잠시 혼자 계시고 싶은 걸지도 몰라요.
그렇겠죠? 모든 것에서 벗어나서 혼자 잠깐 쉬고 계신 걸거예요.
혹시 할아버지께서 할머니를 많이 그리워하고 괴로워하셨다면…
그곳은 할머니와 관련된 곳이 아닐까요?

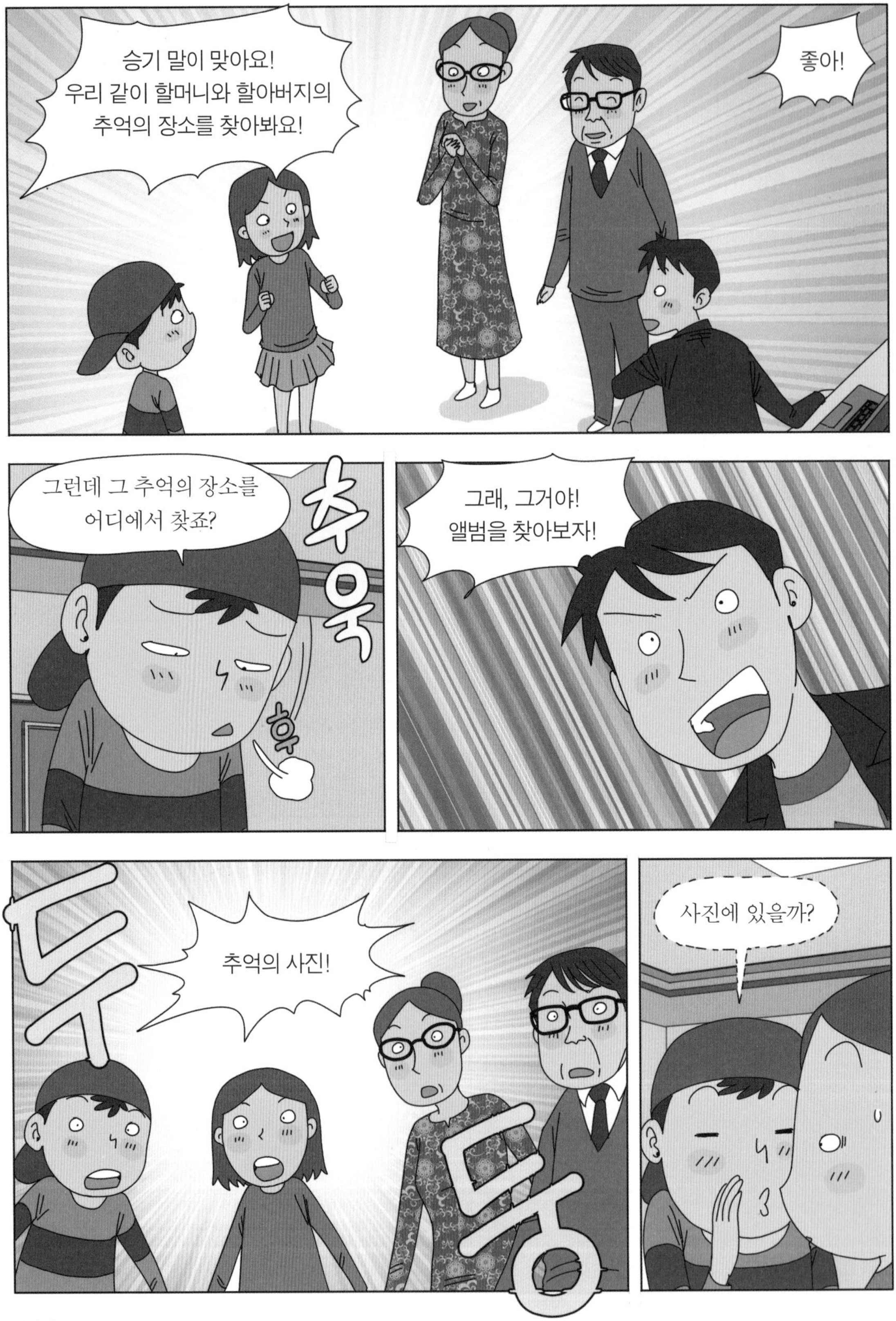
승기 말이 맞아요!
우리 같이 할머니와 할아버지의
추억의 장소를 찾아봐요!
좋아!
그런데 그 추억의 장소를
어디에서 찾죠?
추욱
후
그래, 그거야!
앨범을 찾아보자!
두
추억의 사진!
둥
사진에 있을까?

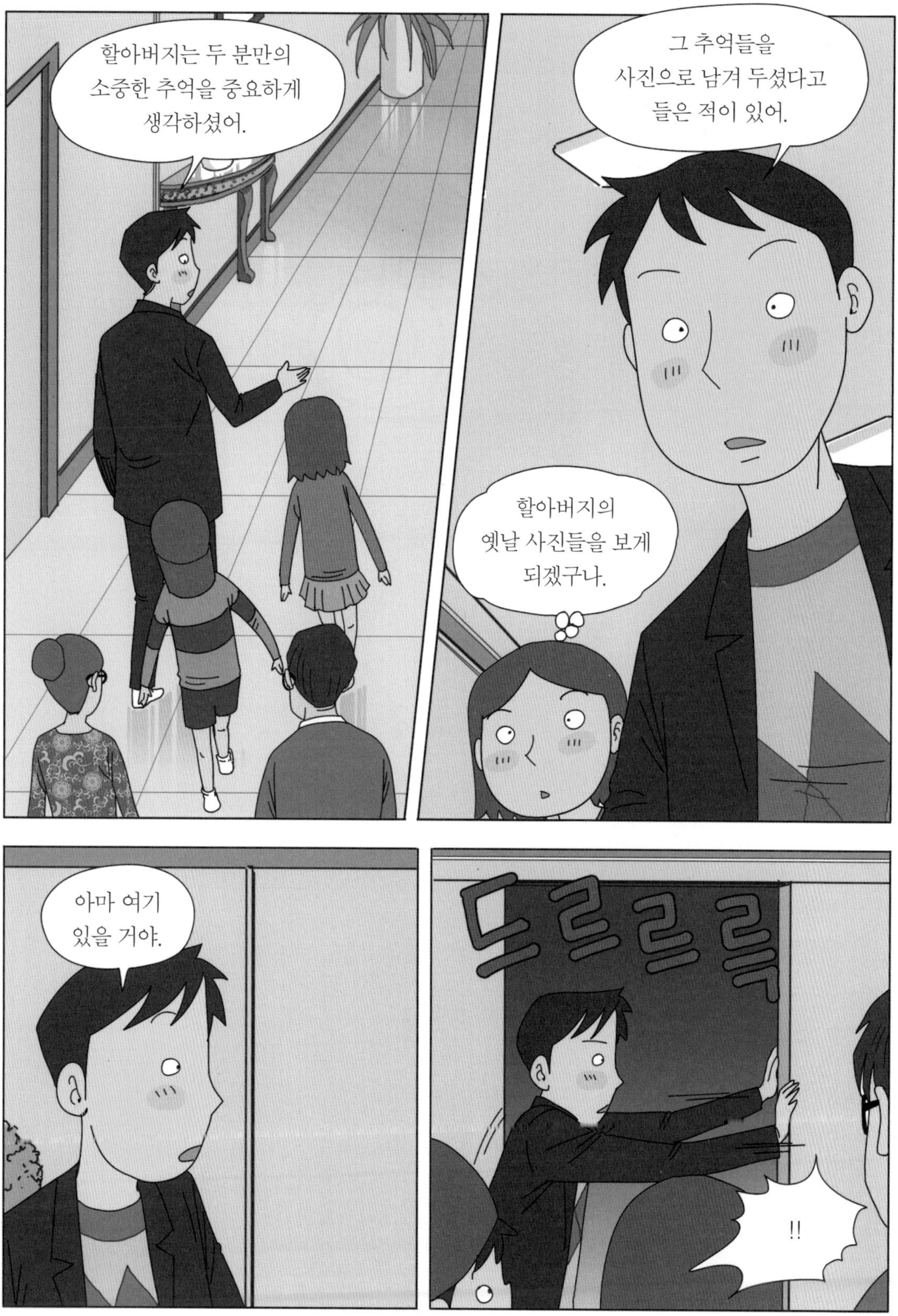
할아버지는 두 분만의
소중한 추억을 중요하게
생각하셨어.
그 추억들을
사진으로 남겨 두셨다고
들은 적이 있어.
할아버지의
옛날 사진들을 보게
되겠구나.
아마 여기
있을 거야.
드르르륵
!!

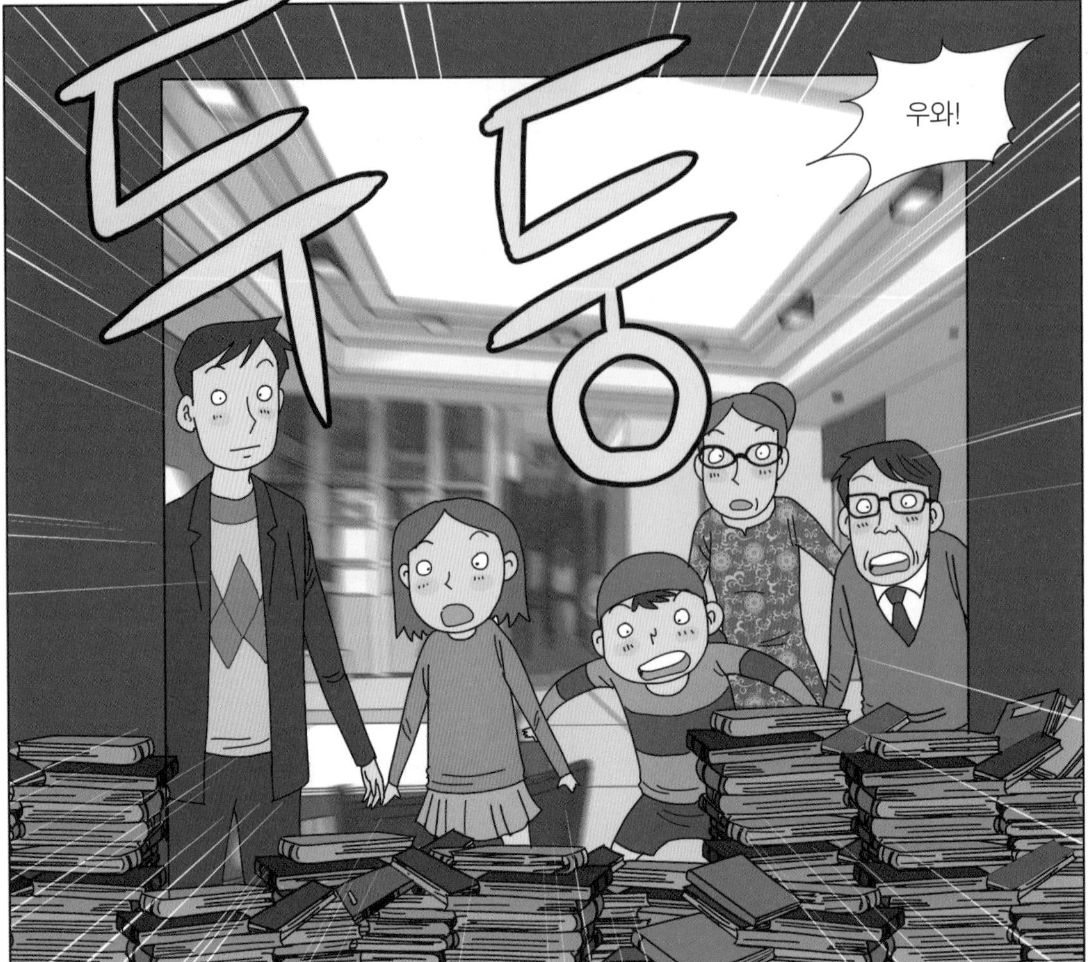
두둥
우와!

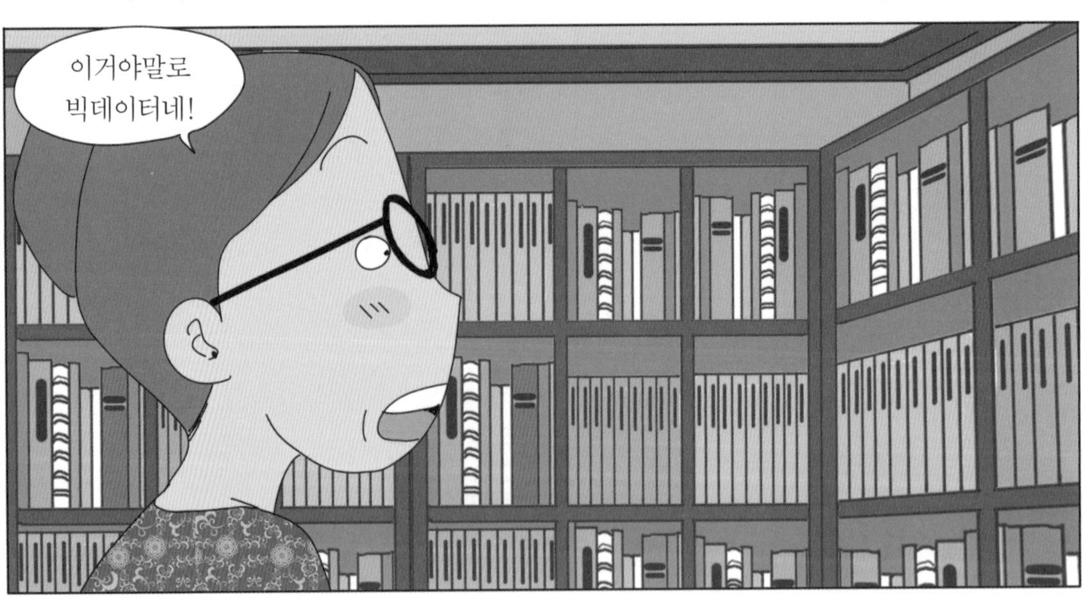
이거야말로
빅데이터네!

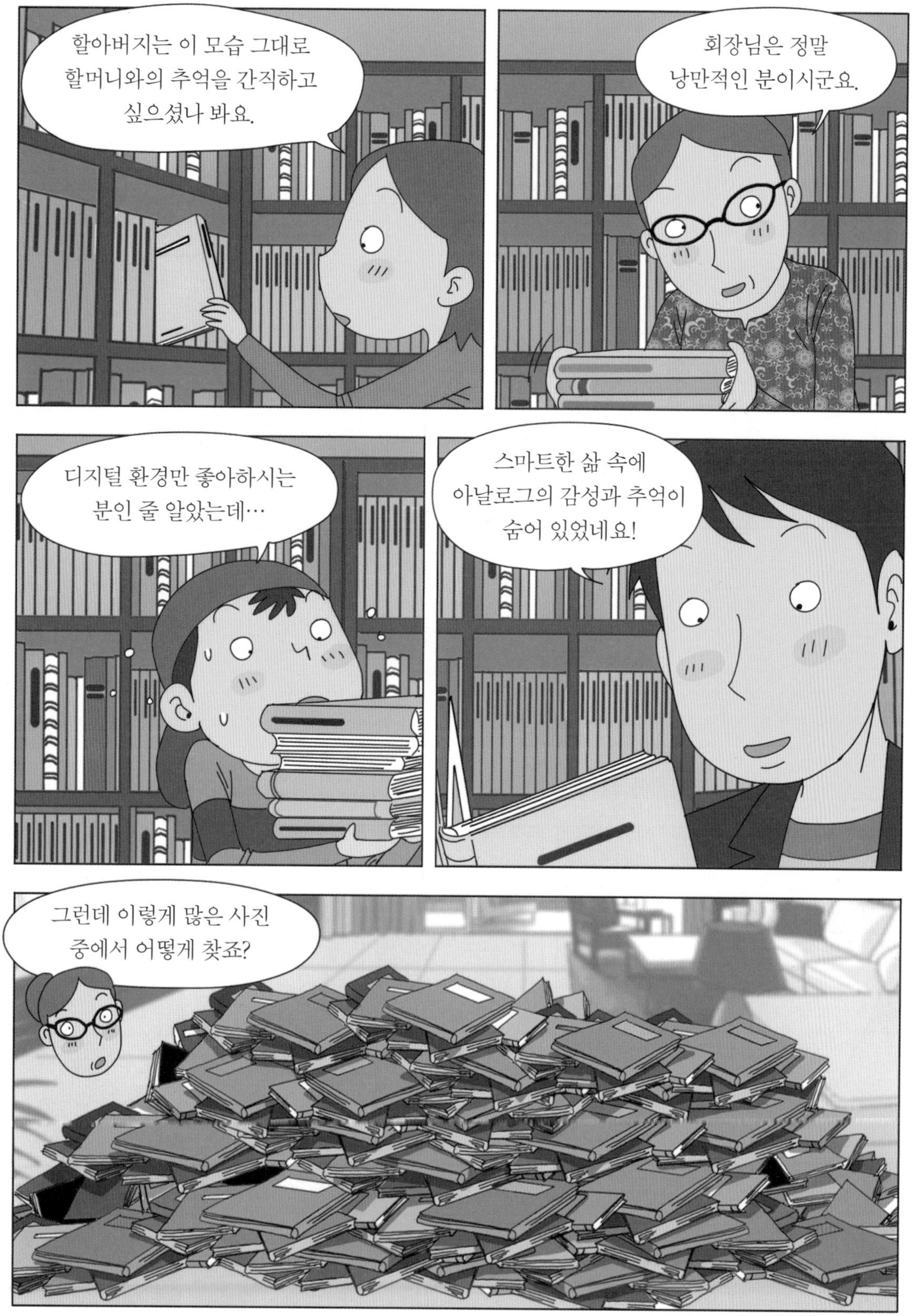
할아버지는 이 모습 그대로 할머니와의 추억을 간직하고 싶으셨나 봐요.
회장님은 정말 낭만적인 분이시군요.
디지털 환경만 좋아하시는 분인 줄 알았는데…
스마트한 삶 속에 아날로그의 감성과 추억이 숨어 있었네요!
그런데 이렇게 많은 사진 중에서 어떻게 찾죠?

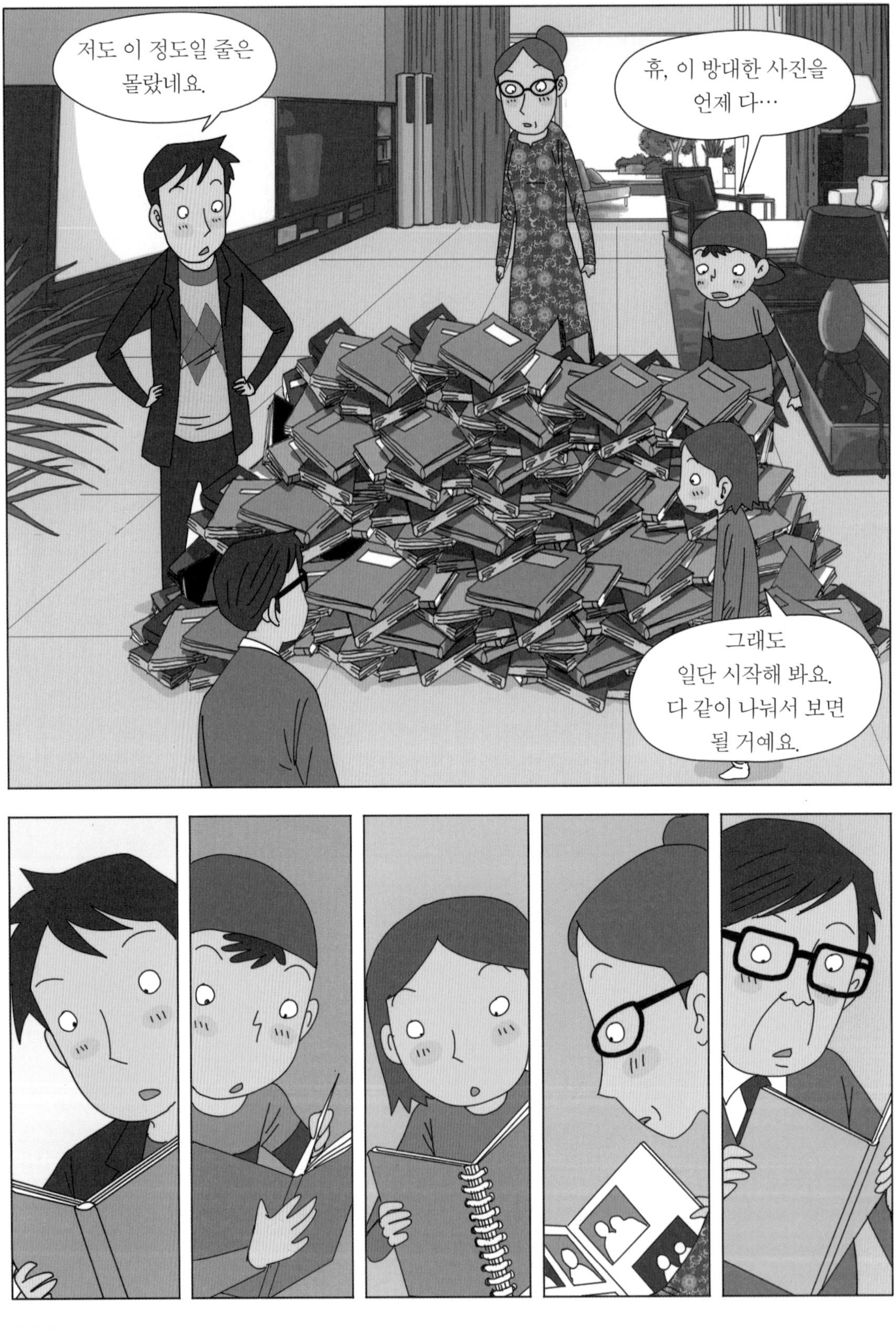
저도 이 정도일 줄은 몰랐네요.
휴, 이 방대한 사진을 언제 다…
그래도 일단 시작해 봐요. 다 같이 나눠서 보면 될 거예요.

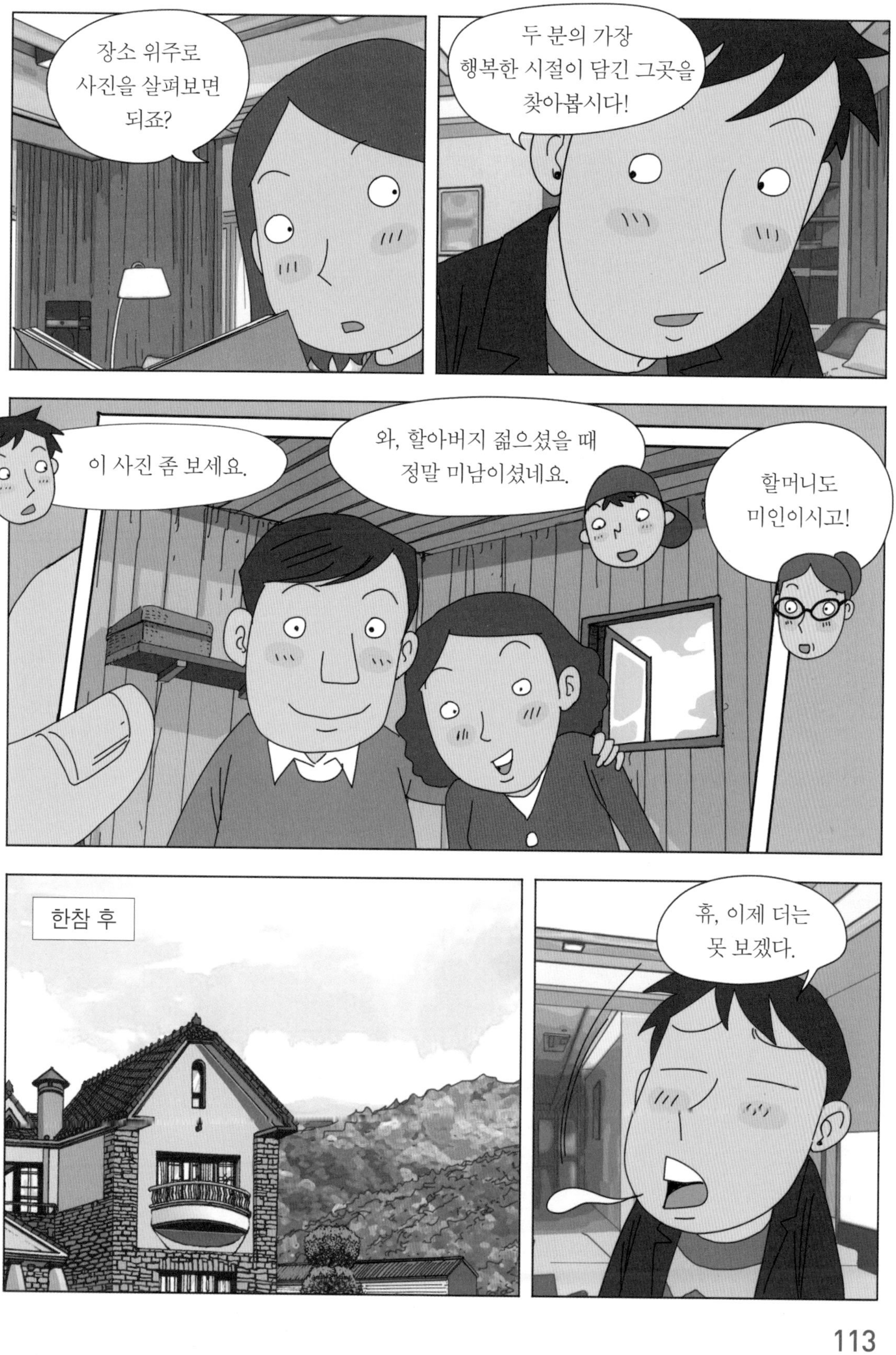
장소 위주로 사진을 살펴보면 되죠?
두 분의 가장 행복한 시절이 담긴 그곳을 찾아봅시다!
이 사진 좀 보세요.
와, 할아버지 젊으셨을 때 정말 미남이셨네요.
할머니도 미인이시고!
한참 후
휴, 이제 더는 못 보겠다.

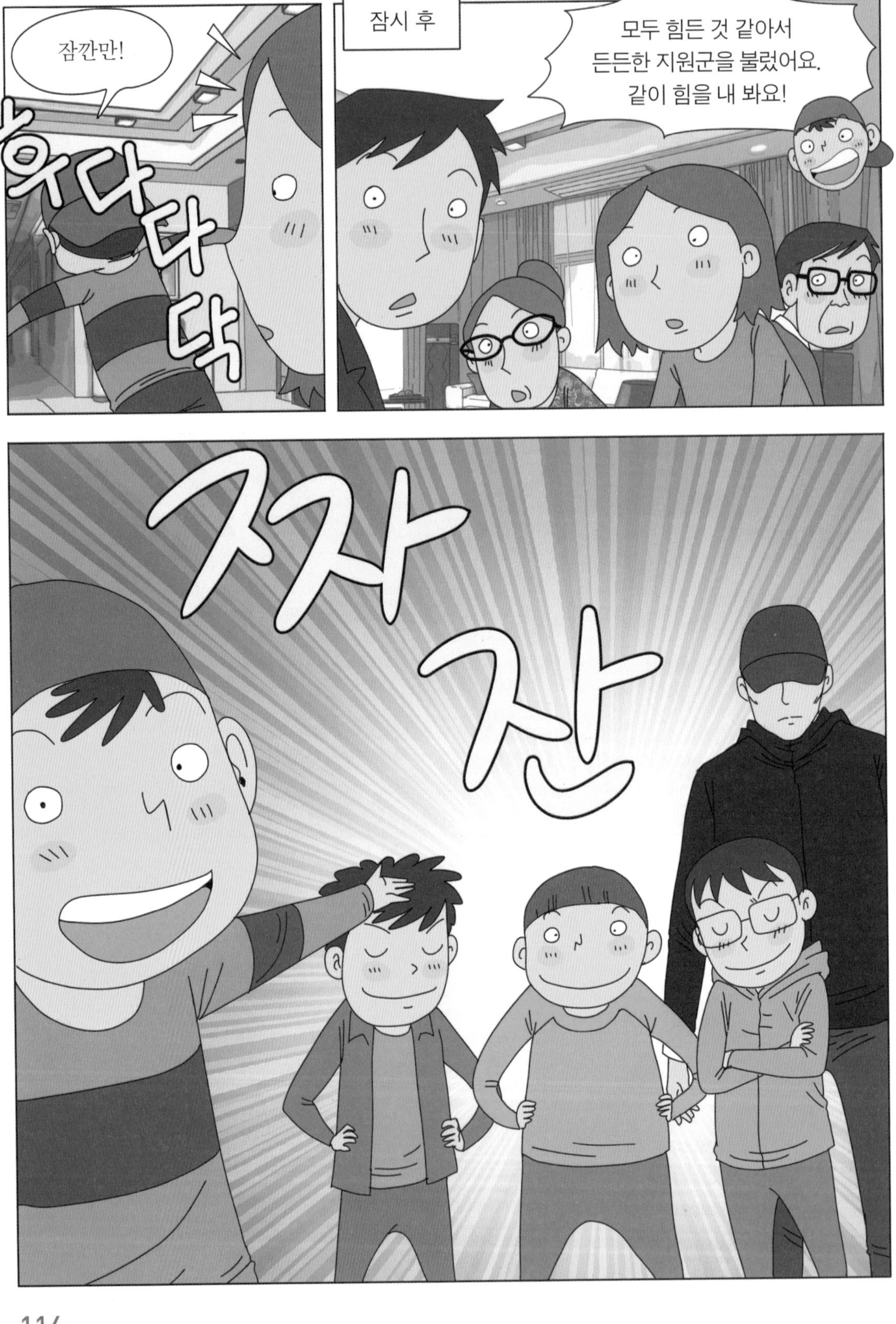
잠깐만!
후다다닥
잠시 후
모두 힘든 것 같아서
든든한 지원군을 불렀어요.
같이 힘을 내 봐요!
짜잔

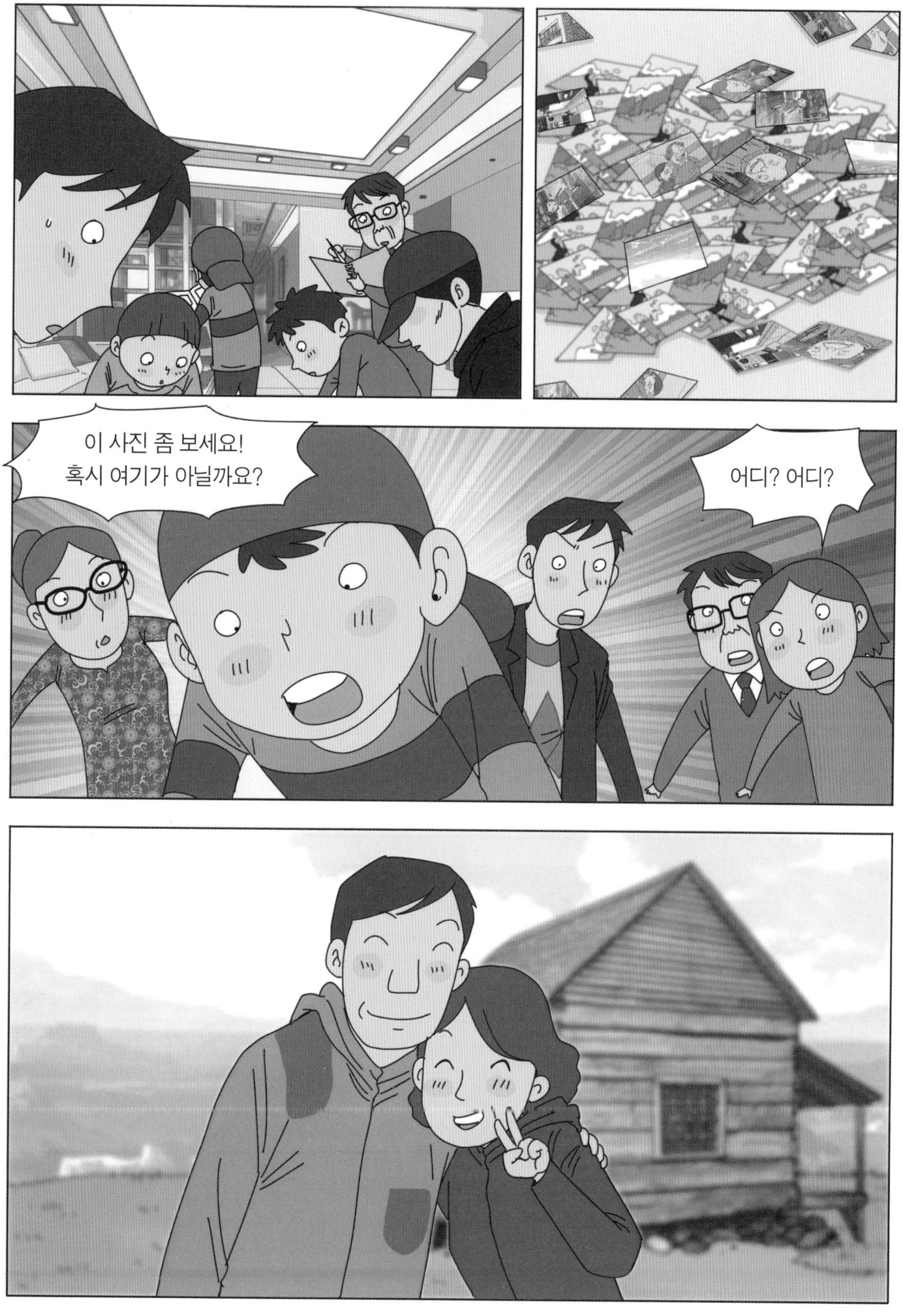
이 사진 좀 보세요!
혹시 여기가 아닐까요?
어디? 어디?

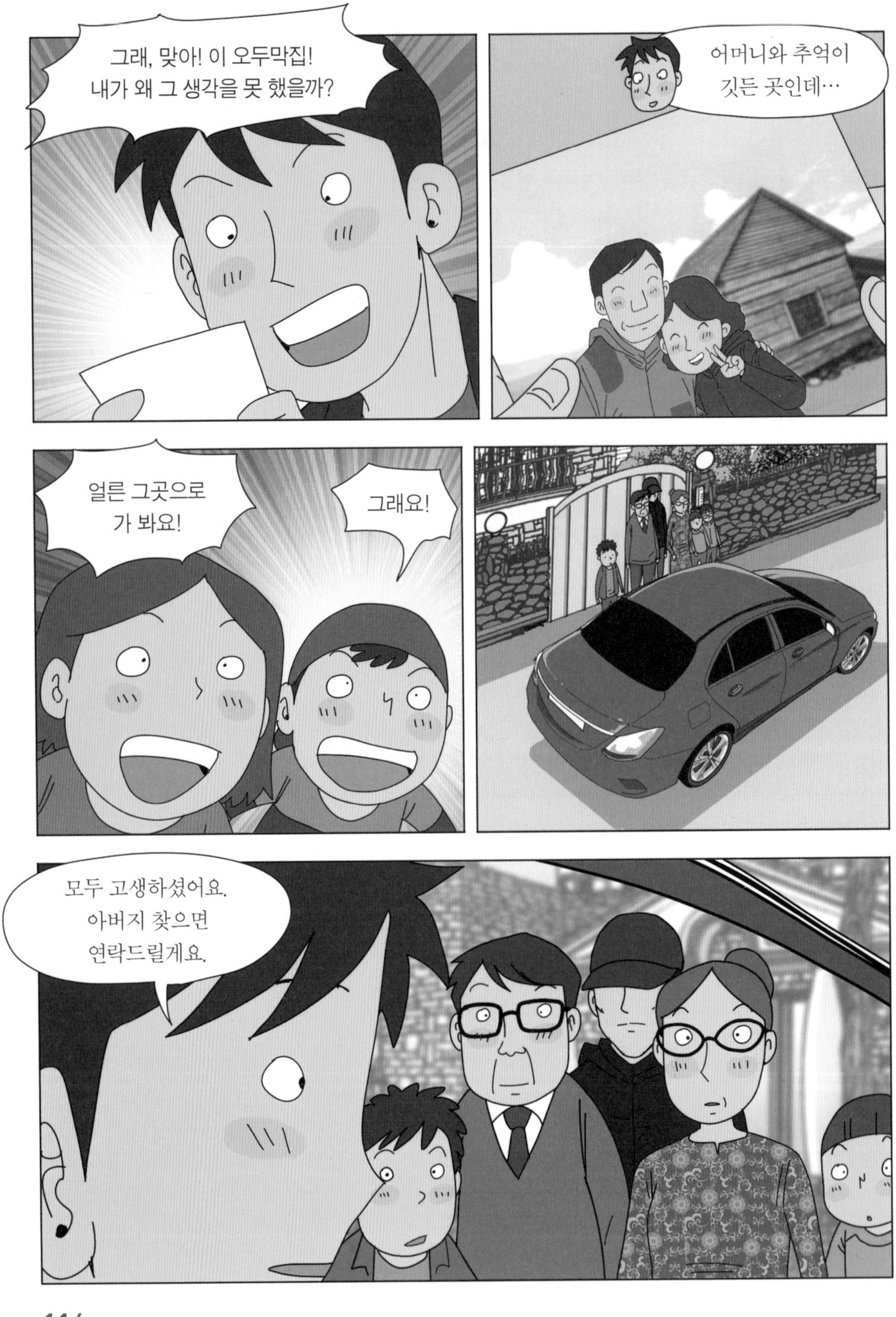
그래, 맞아! 이 오두막집!
내가 왜 그 생각을 못 했을까?
어머니와 추억이
깃든 곳인데…
얼른 그곳으로
가 봐요!
그래요!
모두 고생하셨어요.
아버지 찾으면
연락드릴게요.

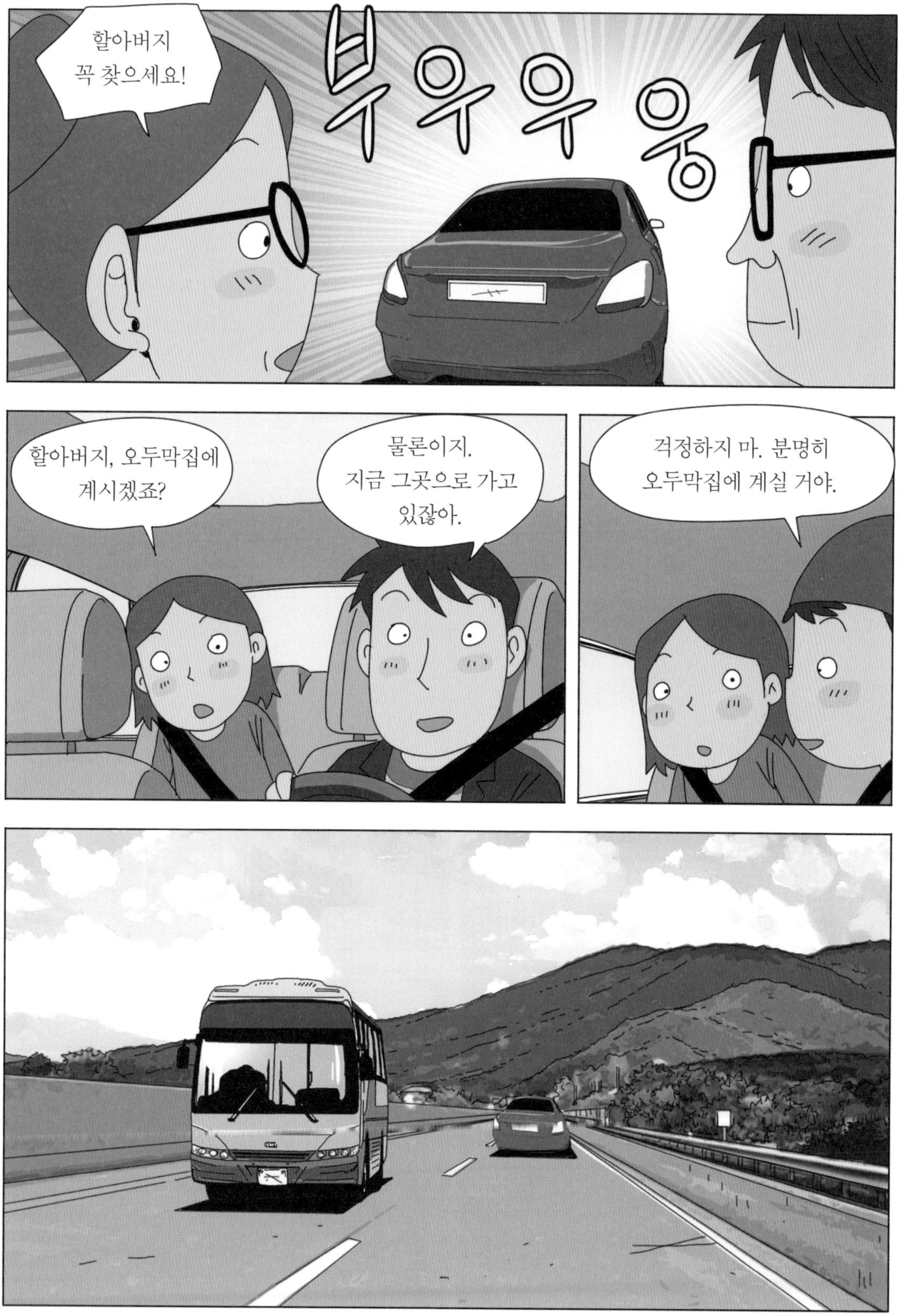
할아버지
꼭 찾으세요!
부우우웅
할아버지, 오두막집에
계시겠죠?
물론이지.
지금 그곳으로 가고
있잖아.
걱정하지 마. 분명히
오두막집에 계실 거야.

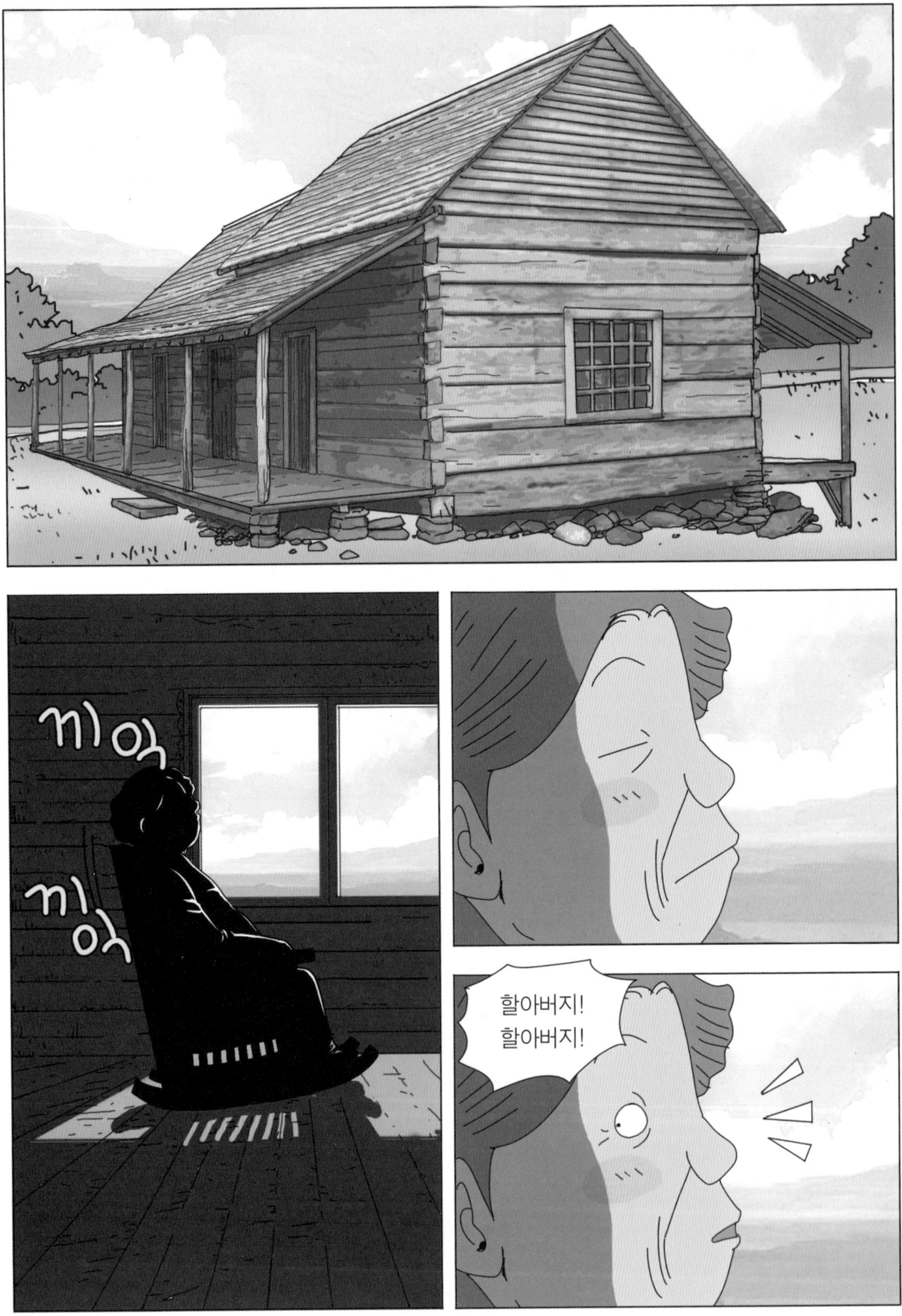
끼익
끼익
할아버지!
할아버지!

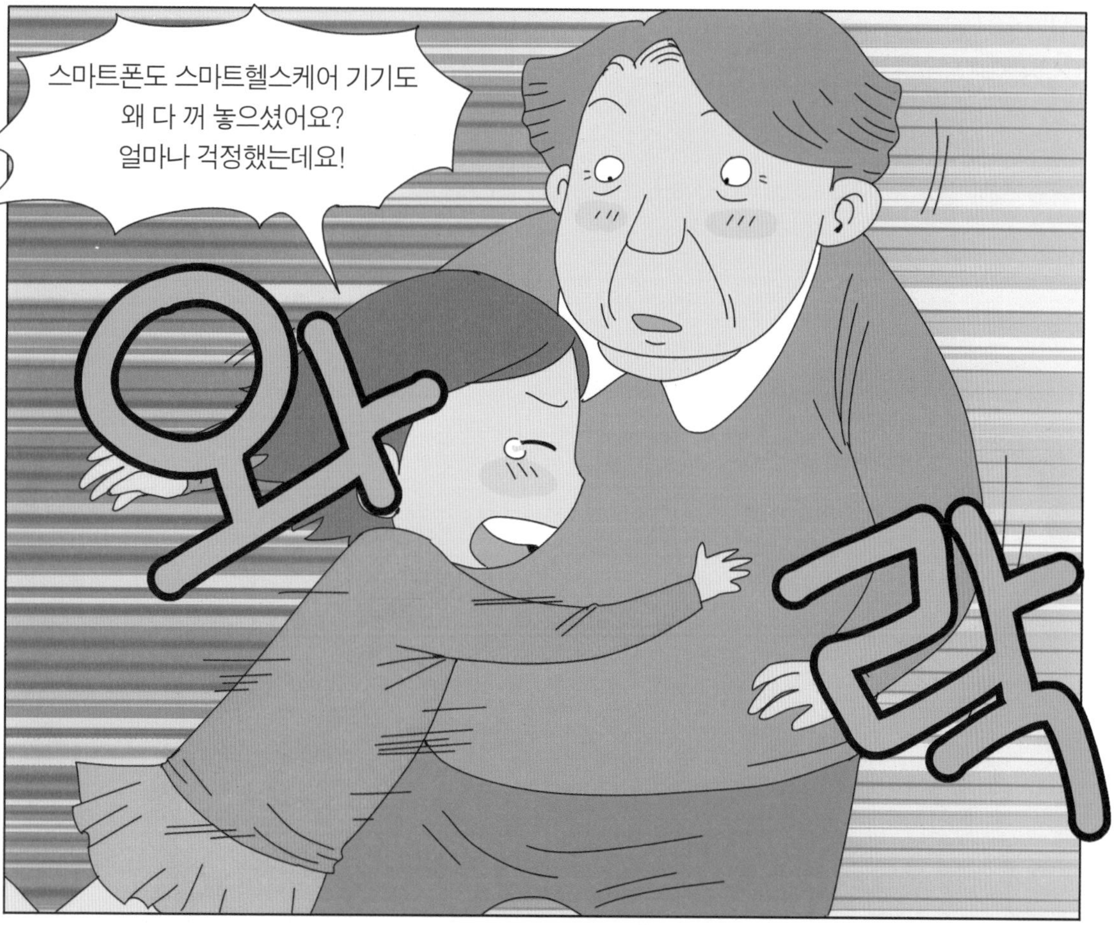
스마트폰도 스마트헬스케어 기기도
왜 다 꺼 놓으셨어요?
얼마나 걱정했는데요!
와락

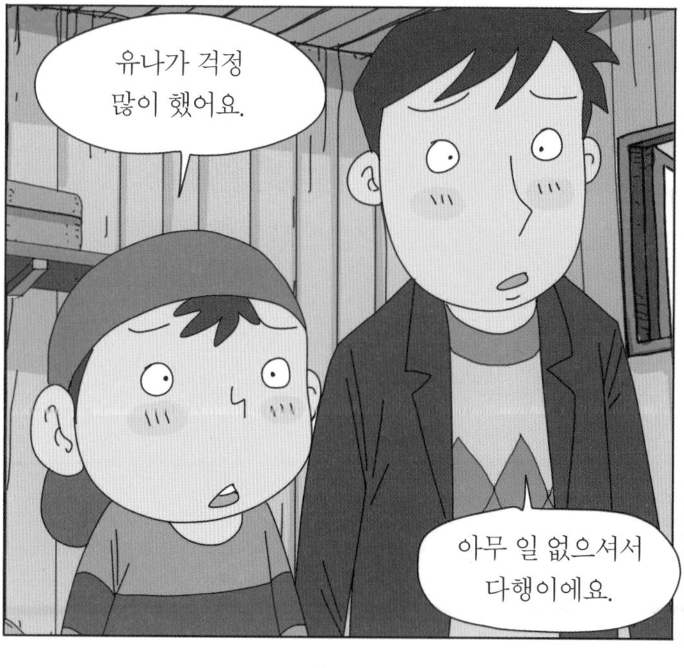
유나가 걱정
많이 했어요.
아무 일 없으셔서
다행이에요.

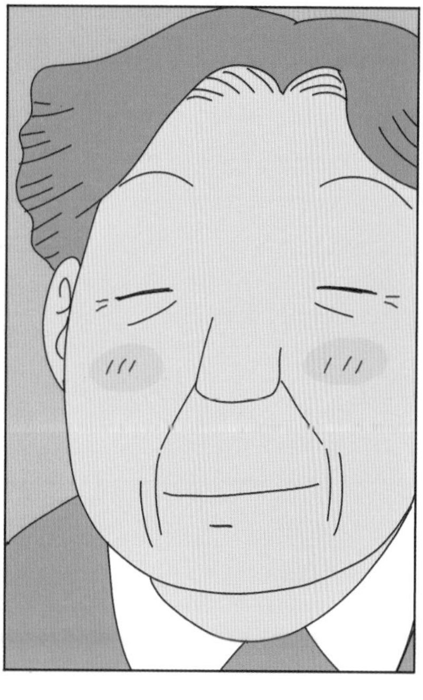

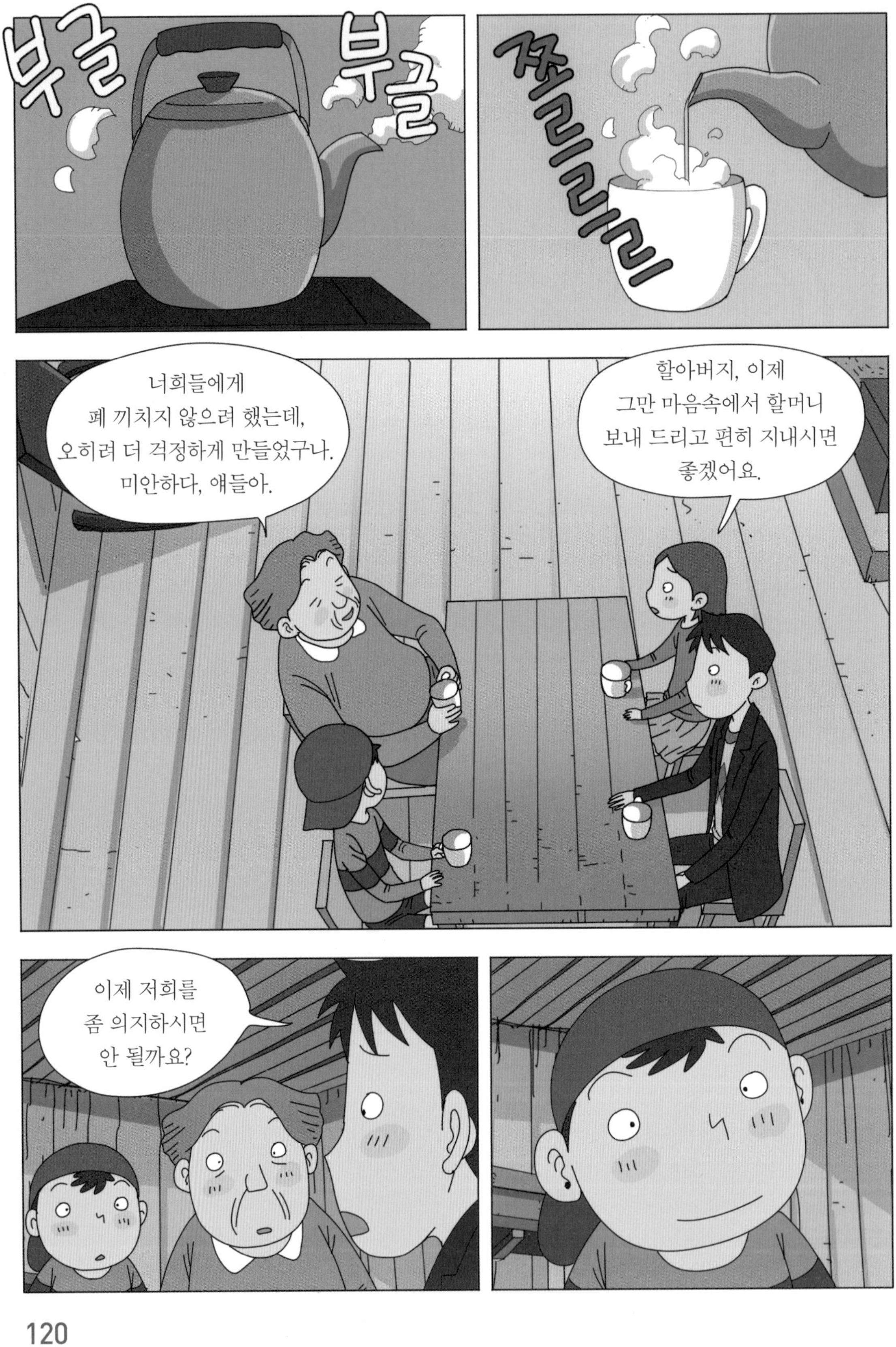
부글 부글
쪼르르르
너희들에게 폐 끼치지 않으려 했는데, 오히려 더 걱정하게 만들었구나. 미안하다, 얘들아.
할아버지, 이제 그만 마음속에서 할머니 보내 드리고 편히 지내시면 좋겠어요.
이제 저희를 좀 의지하시면 안 될까요?

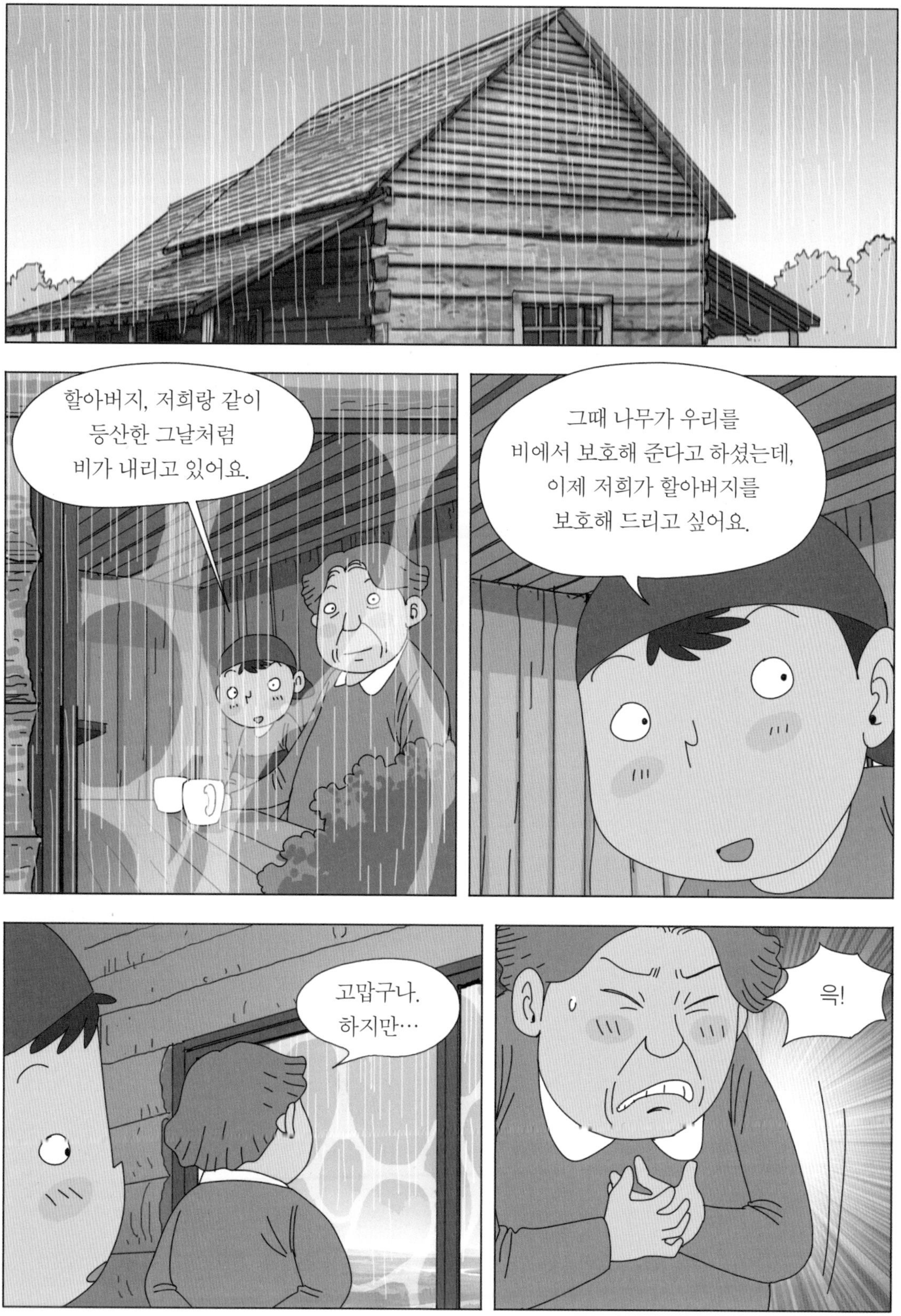
할아버지, 저희랑 같이 등산한 그날처럼 비가 내리고 있어요.
그때 나무가 우리를 비에서 보호해 준다고 하셨는데, 이제 저희가 할아버지를 보호해 드리고 싶어요.
고맙구나. 하지만…
윽!

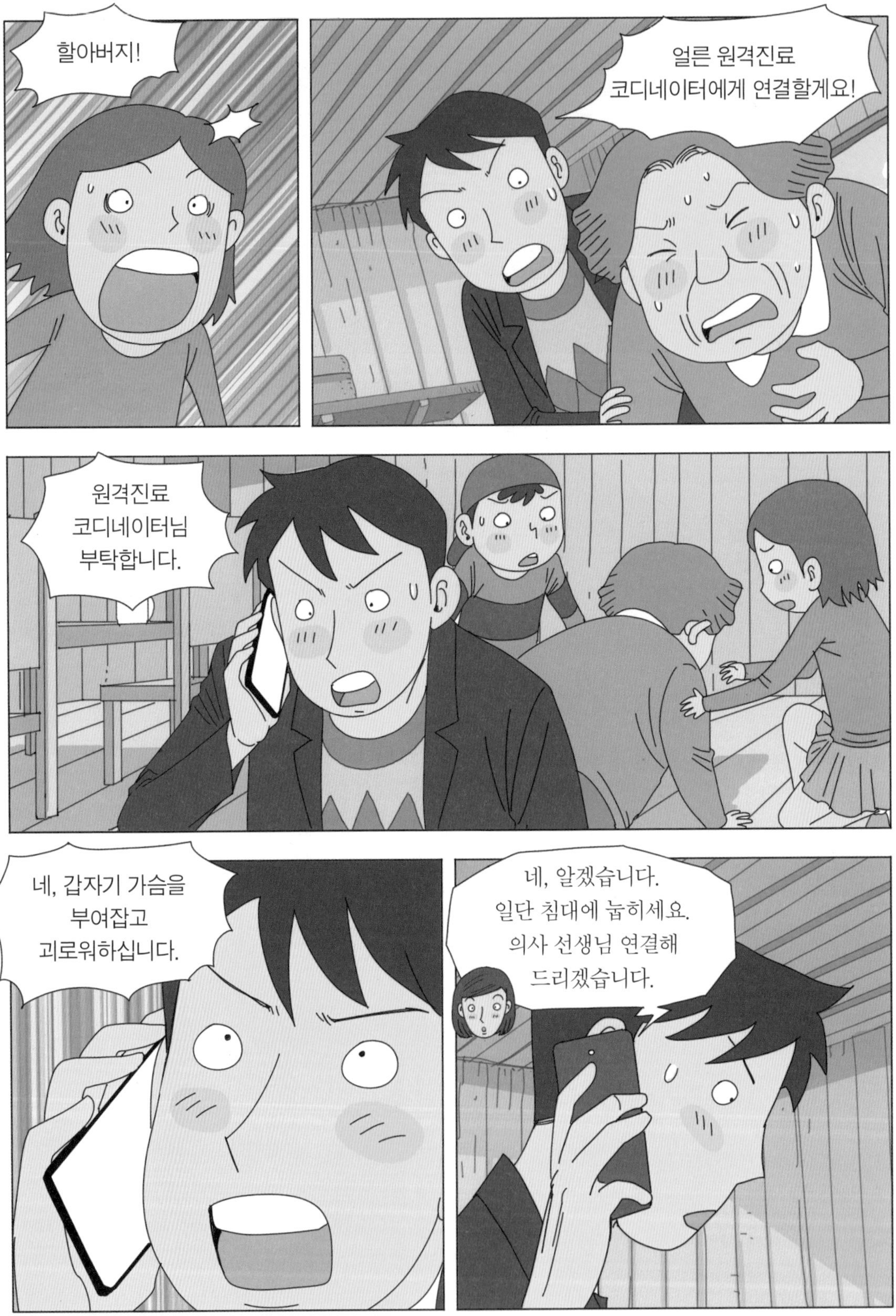
할아버지!
얼른 원격진료 코디네이터에게 연결할게요!
원격진료 코디네이터님 부탁합니다.
네, 갑자기 가슴을 부여잡고 괴로워하십니다.
네, 알겠습니다. 일단 침대에 눕히세요. 의사 선생님 연결해 드리겠습니다.

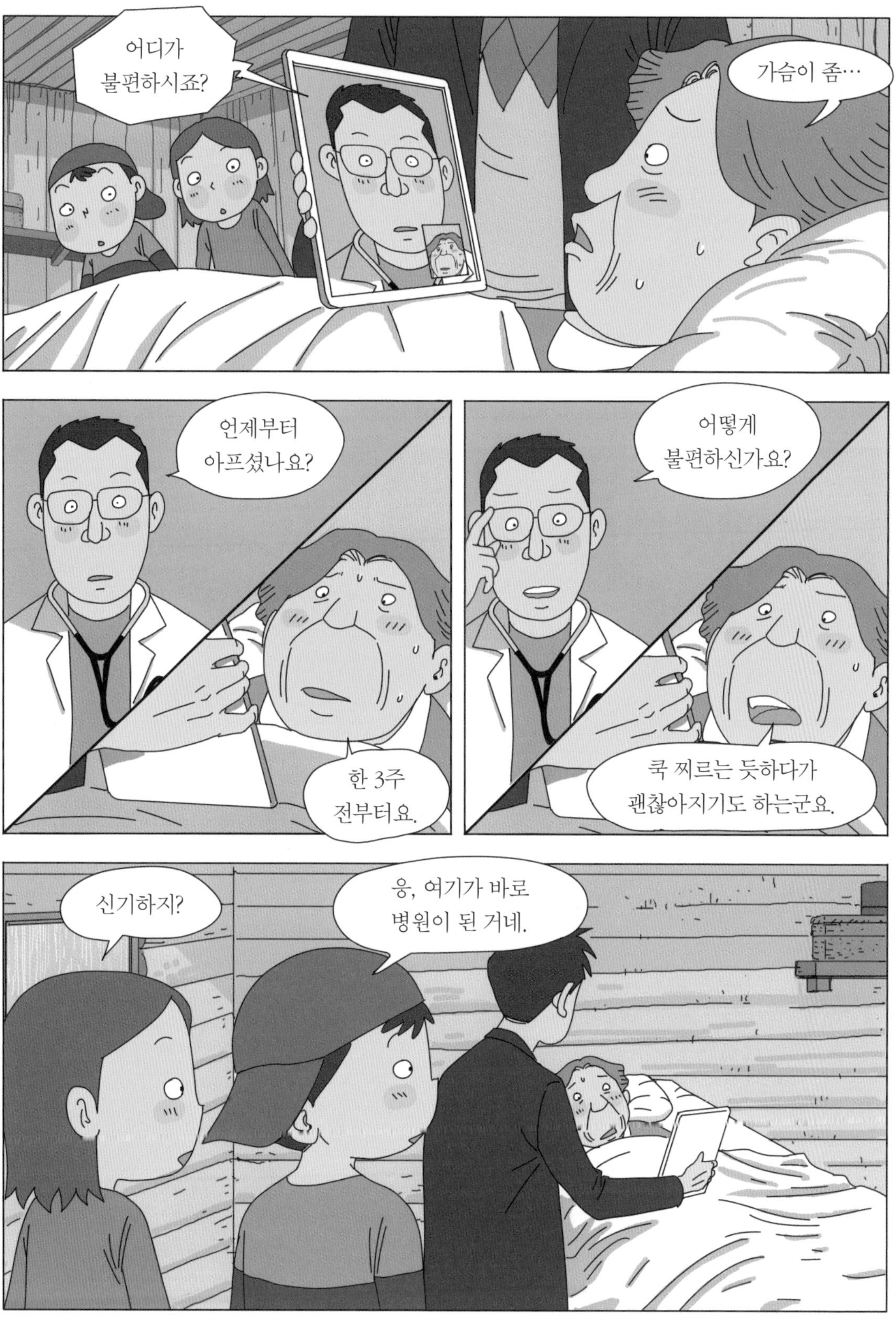
어디가 불편하시죠?
가슴이 좀…
언제부터 아프셨나요?
한 3주 전부터요.
어떻게 불편하신가요?
쿡 찌르는 듯하다가 괜찮아지기도 하는군요.
신기하지?
응, 여기가 바로 병원이 된 거네.

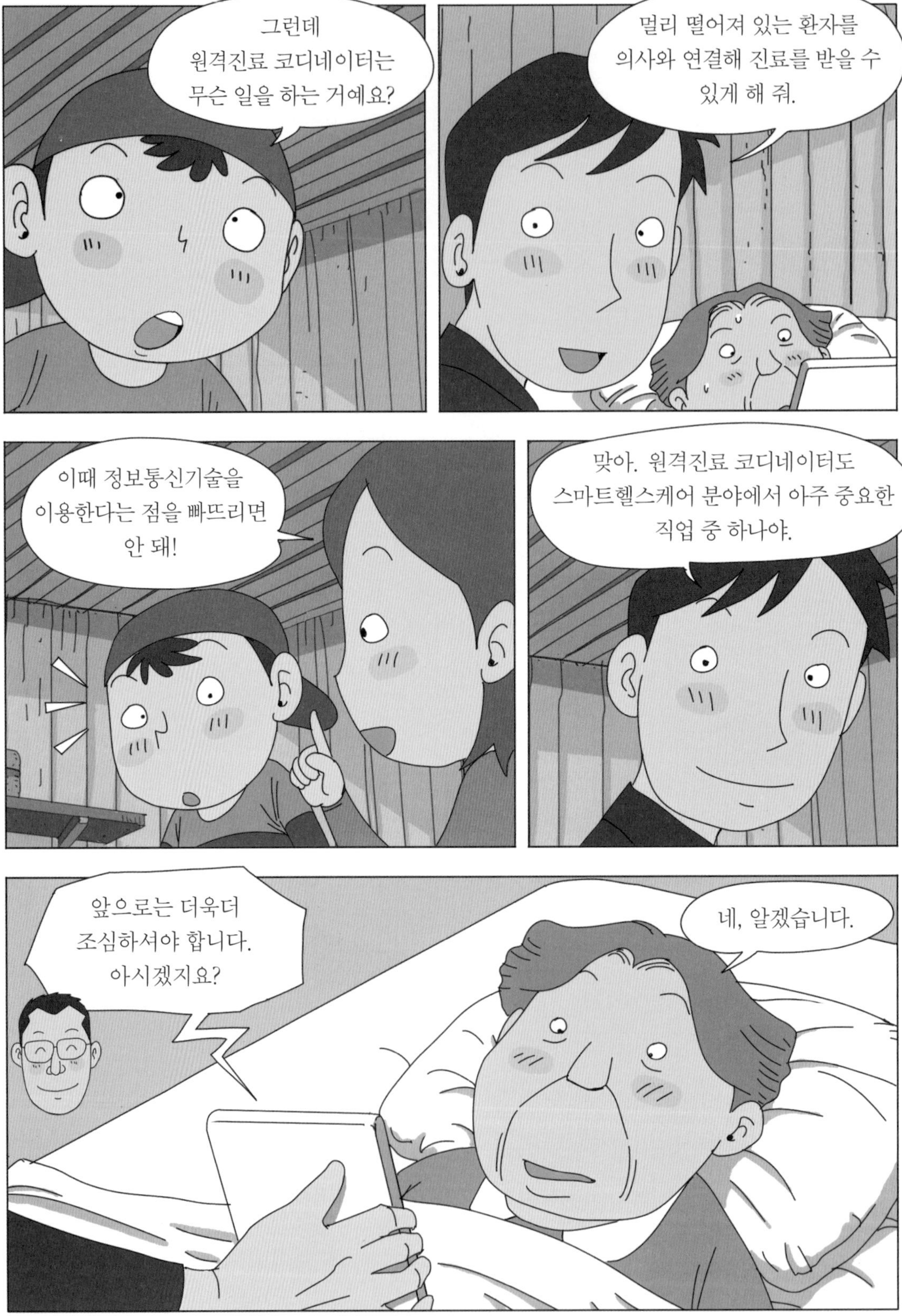
그런데
원격진료 코디네이터는
무슨 일을 하는 거예요?
멀리 떨어져 있는 환자를
의사와 연결해 진료를 받을 수
있게 해 줘.
이때 정보통신기술을
이용한다는 점을 빠뜨리면
안 돼!
맞아. 원격진료 코디네이터도
스마트헬스케어 분야에서 아주 중요한
직업 중 하나야.
앞으로는 더욱더
조심하셔야 합니다.
아시겠지요?
네, 알겠습니다.

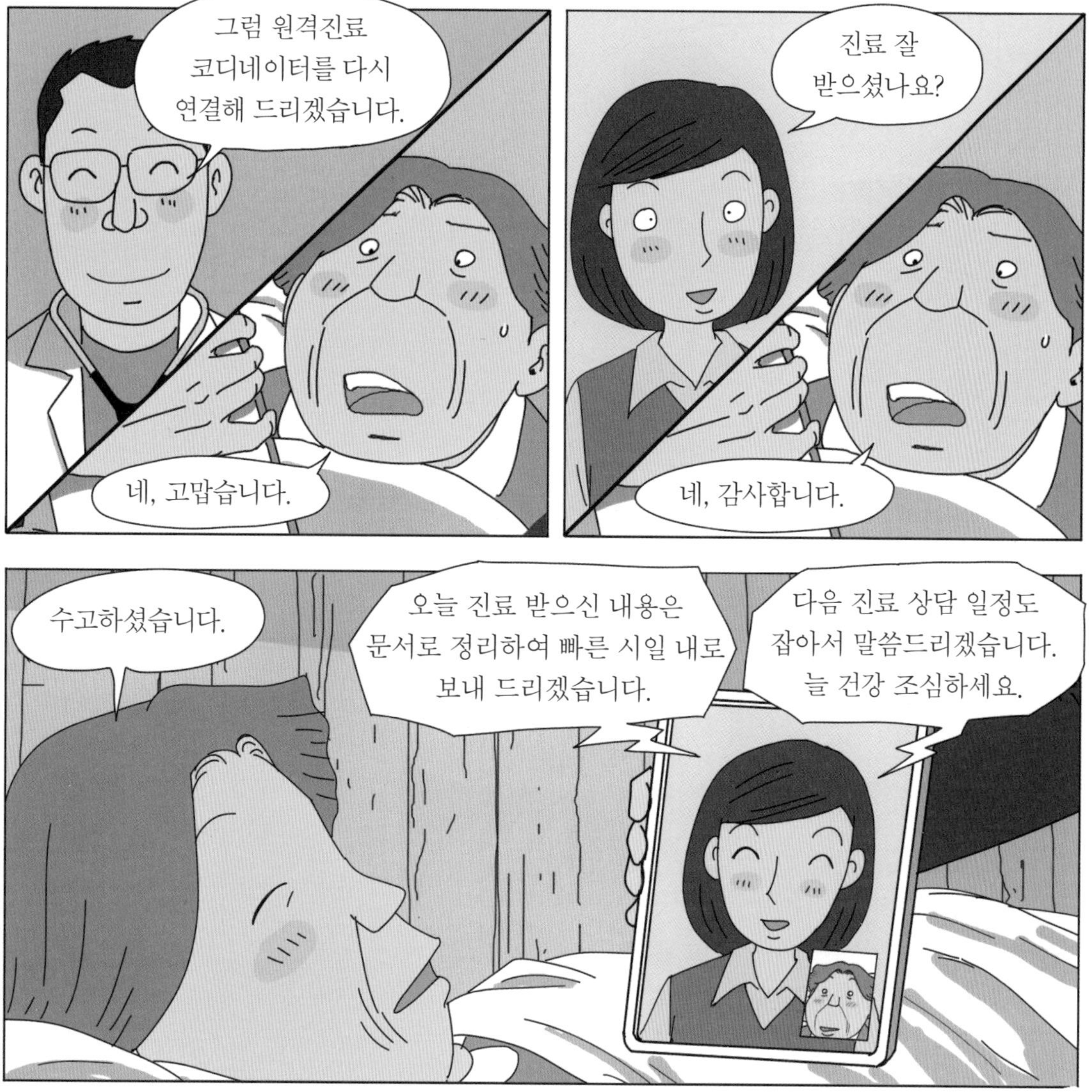
그럼 원격진료 코디네이터를 다시 연결해 드리겠습니다.
네, 고맙습니다.
진료 잘 받으셨나요?
네, 감사합니다.
수고하셨습니다.
오늘 진료 받으신 내용은 문서로 정리하여 빠른 시일 내로 보내 드리겠습니다.
다음 진료 상담 일정도 잡아서 말씀드리겠습니다. 늘 건강 조심하세요.

원격진료 코디네이터

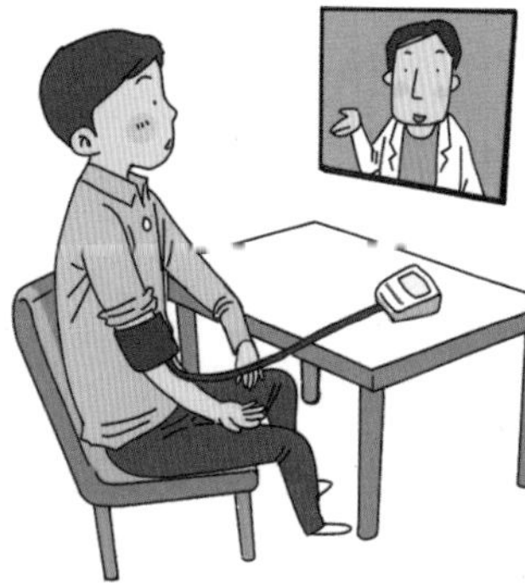

원격진료 코디네이터는 정보통신기술을 활용하여 바로 병원으로 가기 힘든 환자를 의사와 연결해 주어 진료를 받을 수 있게 해 줍니다. 원격진료는 정보통신기술을 활용하기 때문에 아무리 먼 거리에 있어도 거리와 상관없이 진료를 받을 수 있다는 장점이 있지요.
또한 원격진료 코디네이터는 환자와 상담하여 어떤 증상이 있는지 등 여러 가지 의료 정보를 파악하고, 환자가 효과적으로 쉽고 편리하게 진료를 받을 수 있도록 도와주지요.

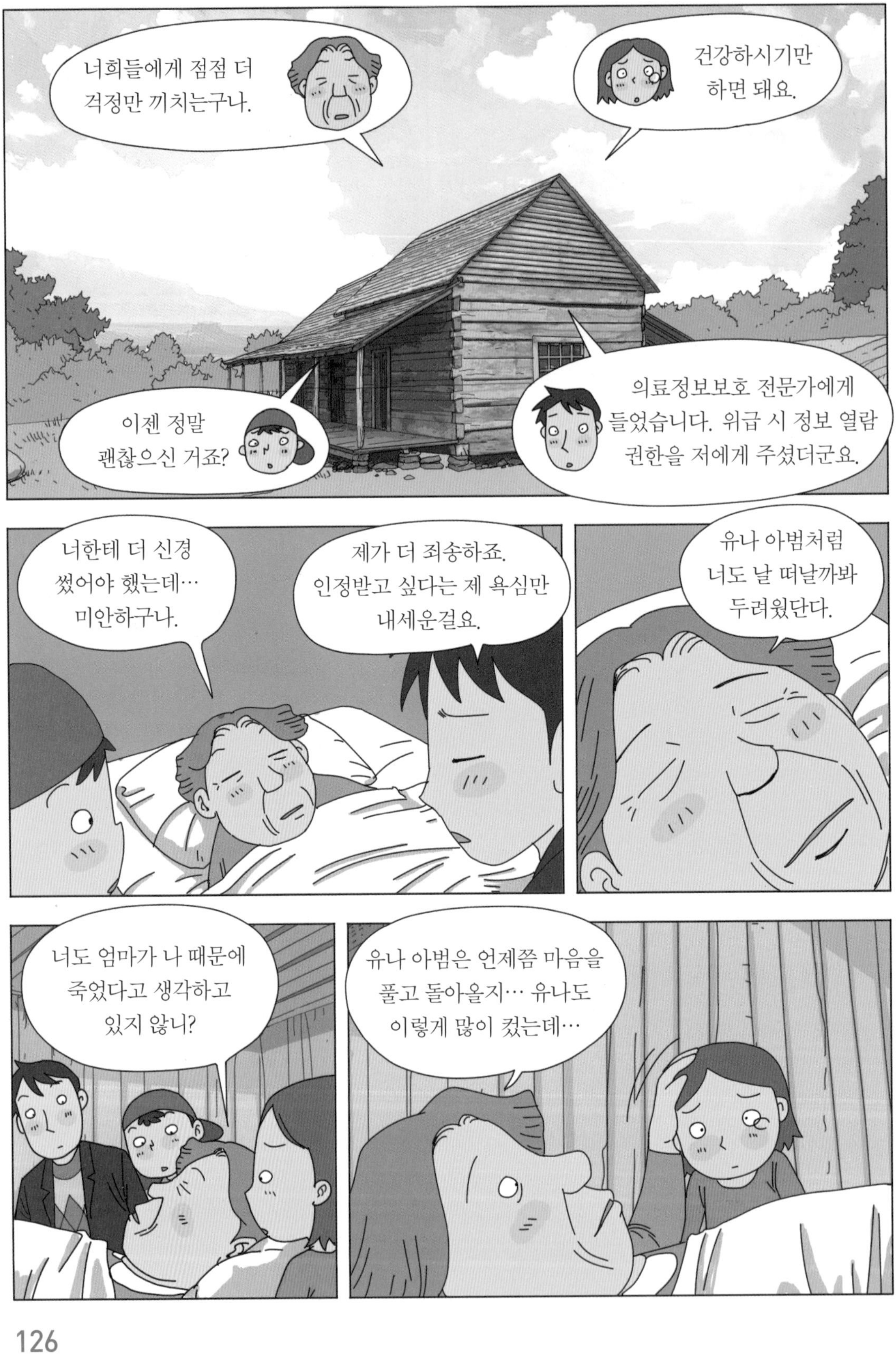
너희들에게 점점 더 걱정만 끼치는구나.
건강하시기만 하면 돼요.
이젠 정말 괜찮으신 거죠?
의료정보보호 전문가에게 들었습니다. 위급 시 정보 열람 권한을 저에게 주셨더군요.
너한테 더 신경 썼어야 했는데… 미안하구나.
제가 더 죄송하죠. 인정받고 싶다는 제 욕심만 내세운걸요.
유나 아범처럼 너도 날 떠날까봐 두려웠단다.
너도 엄마가 나 때문에 죽었다고 생각하고 있지 않니?
유나 아범은 언제쯤 마음을 풀고 돌아올지… 유나도 이렇게 많이 컸는데…

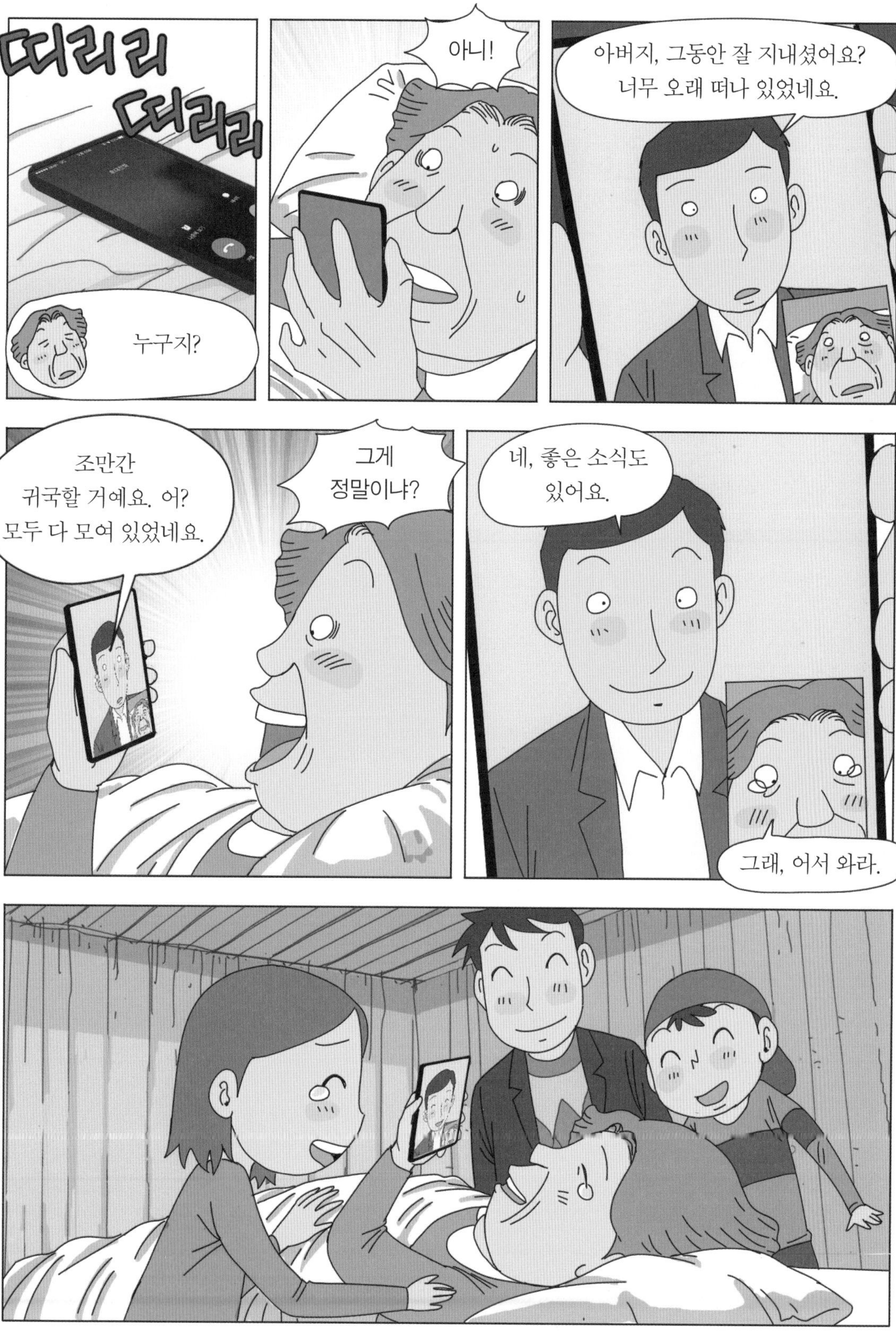

띠리리
띠리리
누구지?
아니!
아버지, 그동안 잘 지내셨어요? 너무 오래 떠나 있었네요.
조만간 귀국할 거예요. 어? 모두 다 모여 있었네요.
그게 정말이냐?
네, 좋은 소식도 있어요.
그래, 어서 와라.

스마트홈에서 실현되는 스마트헬스케어

스마트헬스케어는 사물인터넷 기술을 통해 실현된 스마트홈과 만나 이제는 집에서도 개인의 건강 상태를 실시간으로 추적, 관리하는 등 일상에서도 자연스럽게 접할 수 있는 기술이 될 것이에요. 집 안 곳곳에서 거주자의 건강을 확인해 주는 등 스마트홈에서 실현되는 스마트헬스케어 서비스는 어떤 모습인지 알아볼까요?

● 침실

침대에서 자고 있으면 수면 상태를 관찰하고 수면 장애가 일어나진 않았는지 확인해 줘요. 수면 패턴을 분석하여 전등 밝기와 온도 등을 조절해 최적의 수면 환경을 제공하기도 해요.

● 주방

냉장고에서 식재료를 꺼내 요리를 시작하면 권장 식단, 칼로리, 영양분을 알려 주고, 식사 후 먹은 메뉴를 기록하면 얼만큼의 영양소를 섭취했는지, 하루 권장량 중 얼마를 먹었는지 분석해 줘요. 이를 통해 다음 식사에 필요한 영양소를 확인해 주고 권장 식단을 추천해 준답니다.

● 화장실

대소변을 보면 그 성분을 분석하여 건강 상태를 체크해 줘요. 변기에 앉으면 몸무게와 체온 등도 자동으로 인식하고, 소변의 염도와 산도, 요단백, 포도당, 적혈구를 측정하여 신체의 건강 상태를 측정해 준답니다.

● 거실

동작감지센서를 통해 움직임을 파악하여, 움직임이 너무 적으면 운동을 권하는 것으로 건강 관리 조언을 해 줘요. 혈당과 혈압 등을 주기적으로 체크하여 기록해 주고, 먹고 있는 약이 있다면 제대로 복용하고 있는지도 관리해 줘요.

● 베란다

설치한 운동기구에 모니터와 모션센서를 달아서 어떤 자세로 홈트레이닝을 하는지 모니터를 통해 확인하고, 모션센서를 통해 취하고 있는 자세가 정확한지 점검할 수 있어요.

● 현관

스마트거울을 둬서 외출 전 날씨와 이동 경로를 체크하고, 날씨에 맞는 의상인지, 현재의 건강 상태는 어떠한지 모니터링해 줘요.

● 그 외

사물인터넷 기기를 통해 수집된 생활 데이터와 외부 데이터를 비교하여 도난, 화재 등의 물리적 위험뿐만 아니라 자살이나 우울증과 같은 심리적 질병도 파악하여 미리 예방해요.

더 건강하고 밝은 미래를 향하여!

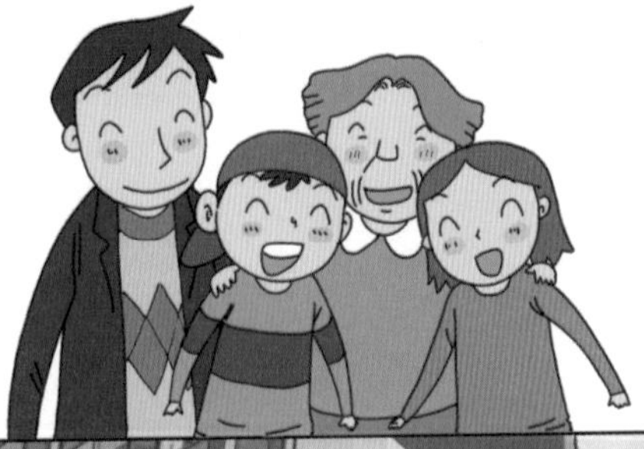

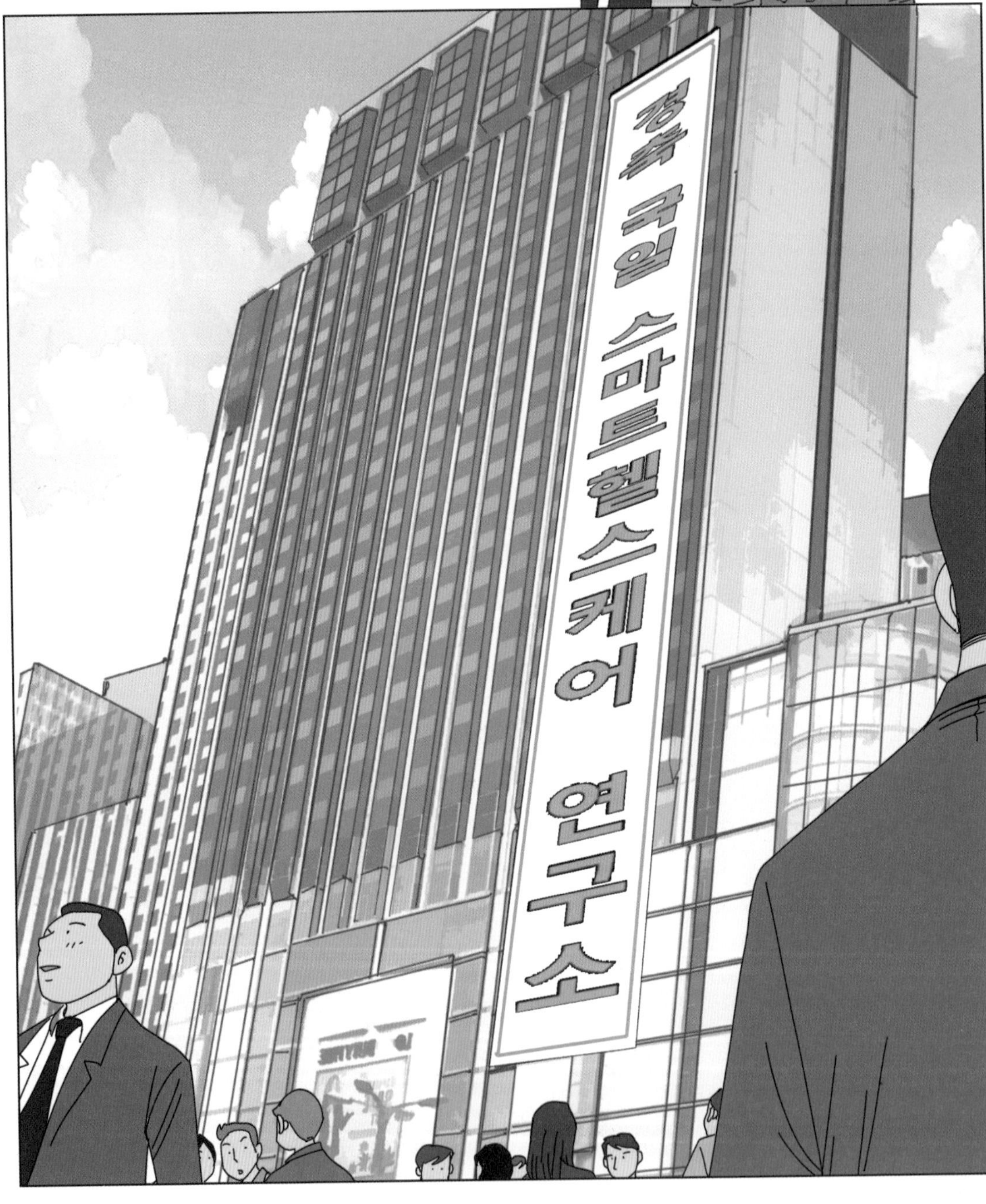
경북 국일 스마트헬스케어 연구소

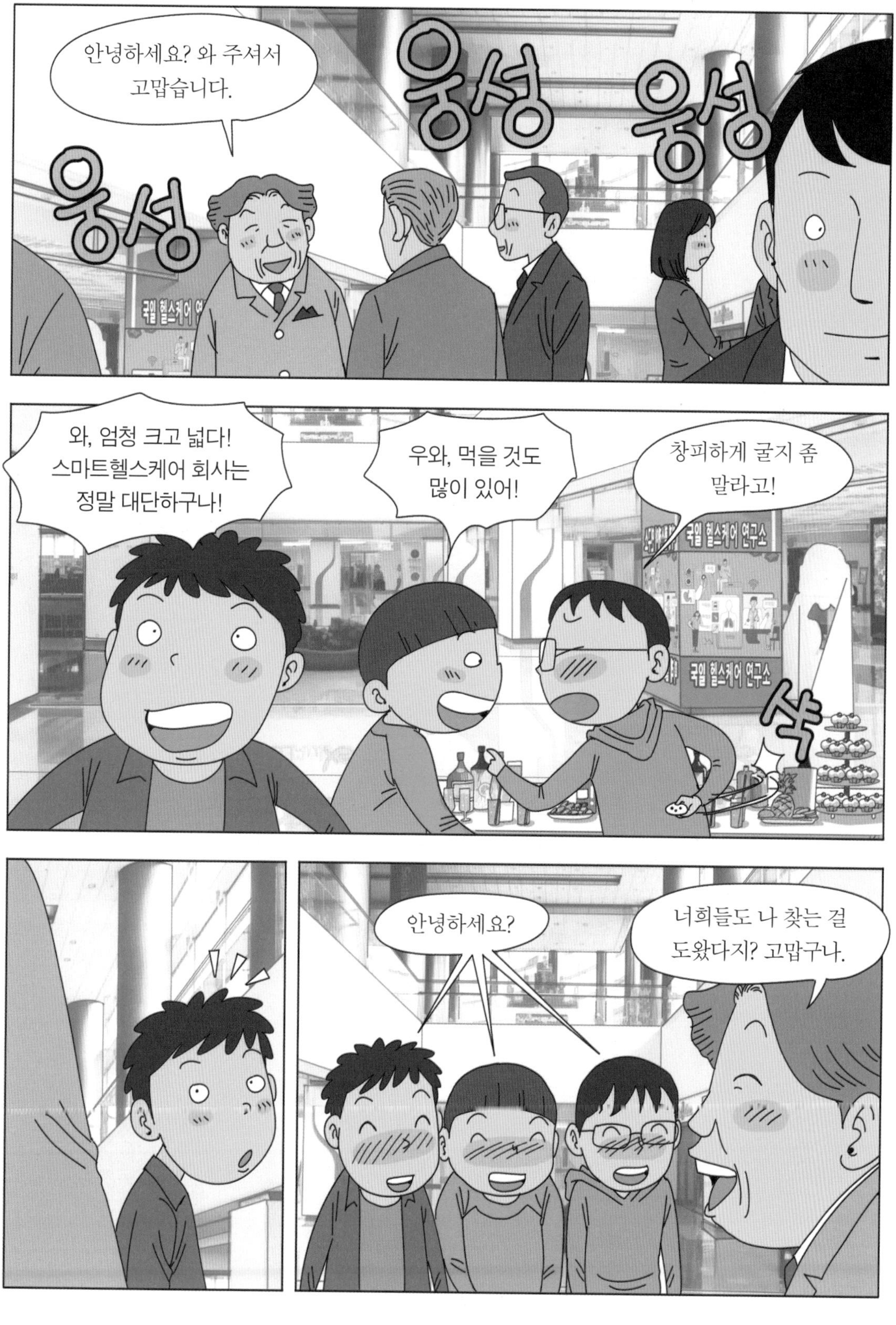
안녕하세요? 와 주셔서 고맙습니다.
웅성
웅성
웅성
와, 엄청 크고 넓다! 스마트헬스케어 회사는 정말 대단하구나!
우와, 먹을 것도 많이 있어!
창피하게 굴지 좀 말라고!
국일 헬스케어 연구소
국일 헬스케어 연구소
쓱
안녕하세요?
너희들도 나 찾는 걸 도왔다지? 고맙구나.

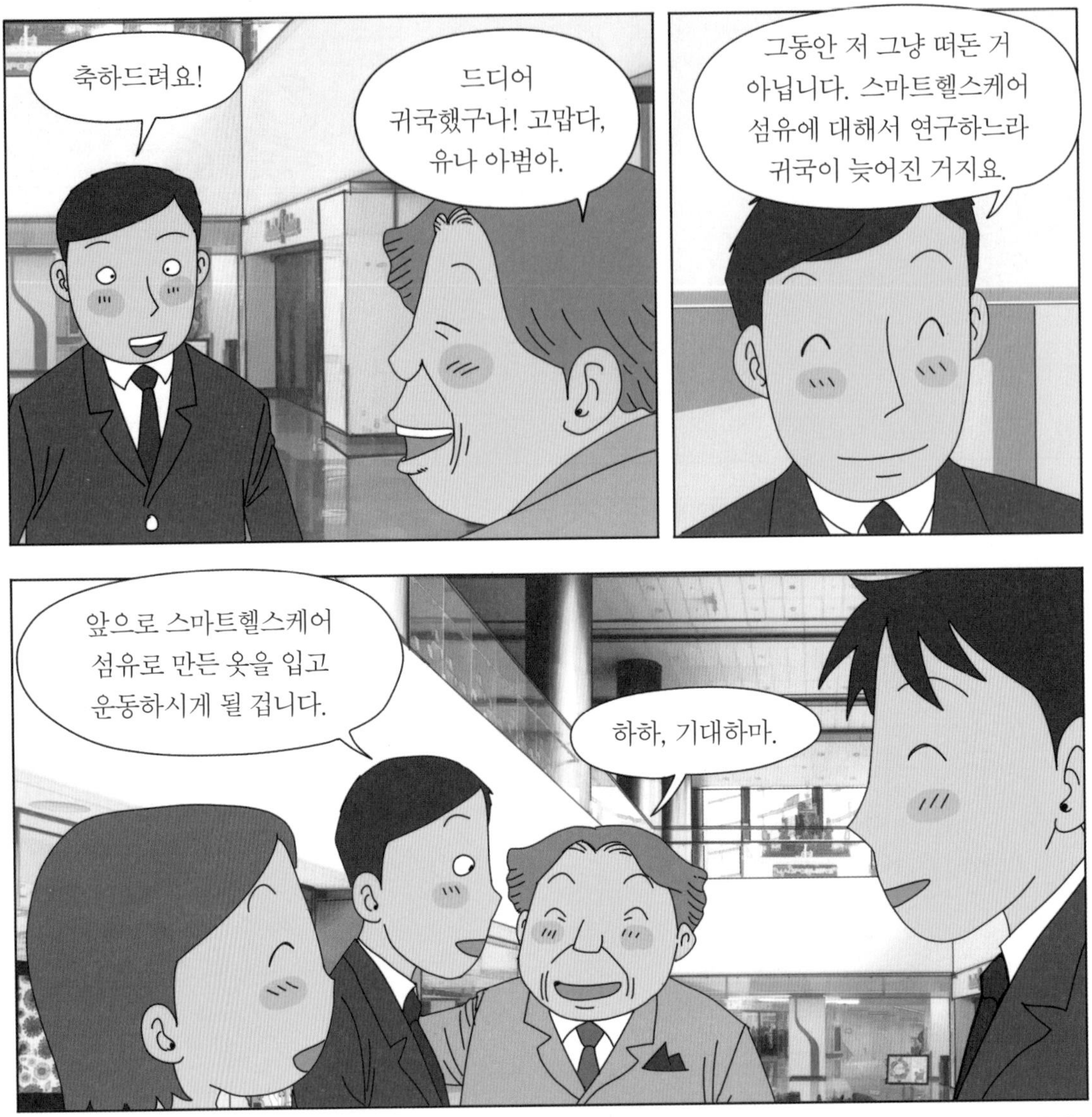
축하드려요!
드디어 귀국했구나! 고맙다, 유나 아범아.
그동안 저 그냥 떠돈 거 아닙니다. 스마트헬스케어 섬유에 대해서 연구하느라 귀국이 늦어진 거지요.
앞으로 스마트헬스케어 섬유로 만든 옷을 입고 운동하시게 될 겁니다.
하하, 기대하마.

스마트헬스케어 섬유연구원

스마트헬스케어 섬유연구원은 스마트헬스케어에 도움을 줄 섬유를 연구하는 사람이에요. 스마트헬스케어 섬유를 이용하면 따로 프로그램이나 기기를 개발하지 않고도 건강을 관리할 수 있어요. 섬유가 체온이나 맥박수 등을 감지할 수 있기 때문이에요. 스마트헬스케어 분야에서 섬유연구원도 중요한 역할을 하게 될 것이랍니다.

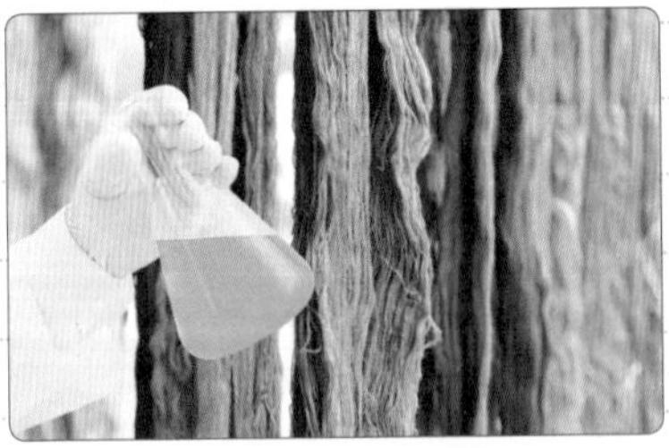

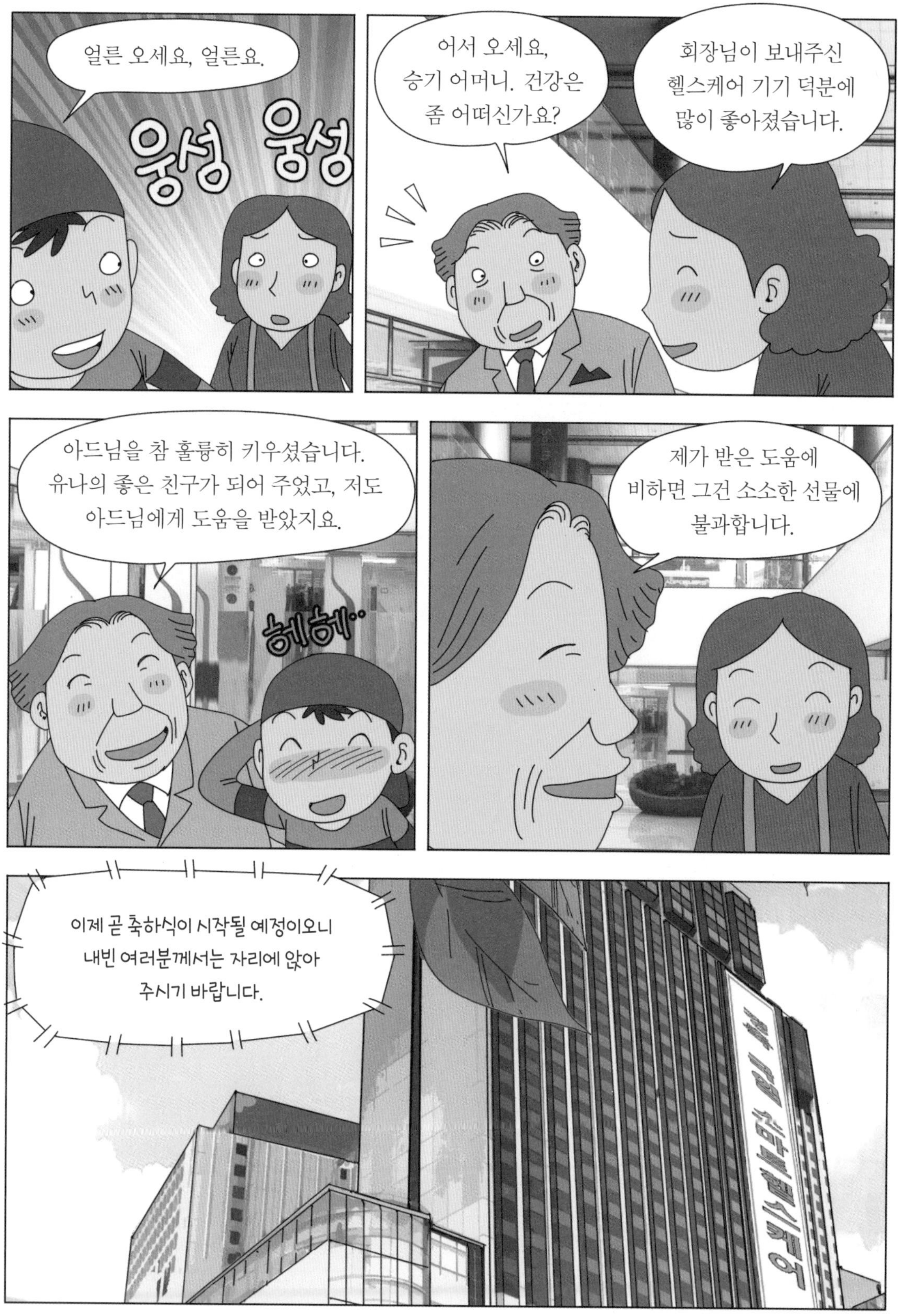
얼른 오세요, 얼른요.
웅성 웅성
어서 오세요,
승기 어머니. 건강은
좀 어떠신가요?
회장님이 보내주신
헬스케어 기기 덕분에
많이 좋아졌습니다.
아드님을 참 훌륭히 키우셨습니다.
유나의 좋은 친구가 되어 주었고, 저도
아드님에게 도움을 받았지요.
헤헤··
제가 받은 도움에
비하면 그건 소소한 선물에
불과합니다.
이제 곧 축하식이 시작될 예정이오니
내빈 여러분께서는 자리에 앉아
주시기 바랍니다.

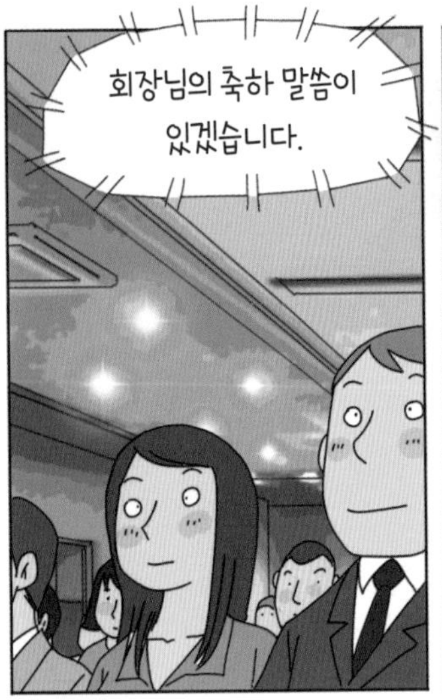
회장님의 축하 말씀이 있겠습니다.

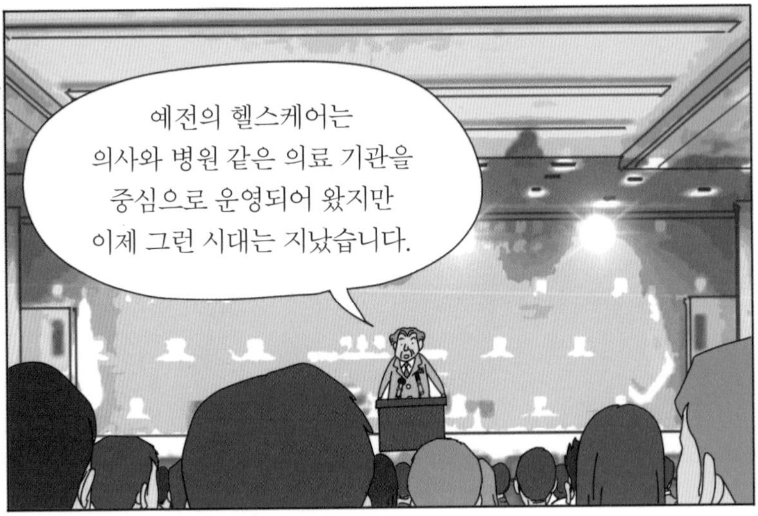
예전의 헬스케어는 의사와 병원 같은 의료 기관을 중심으로 운영되어 왔지만 이제 그런 시대는 지났습니다.

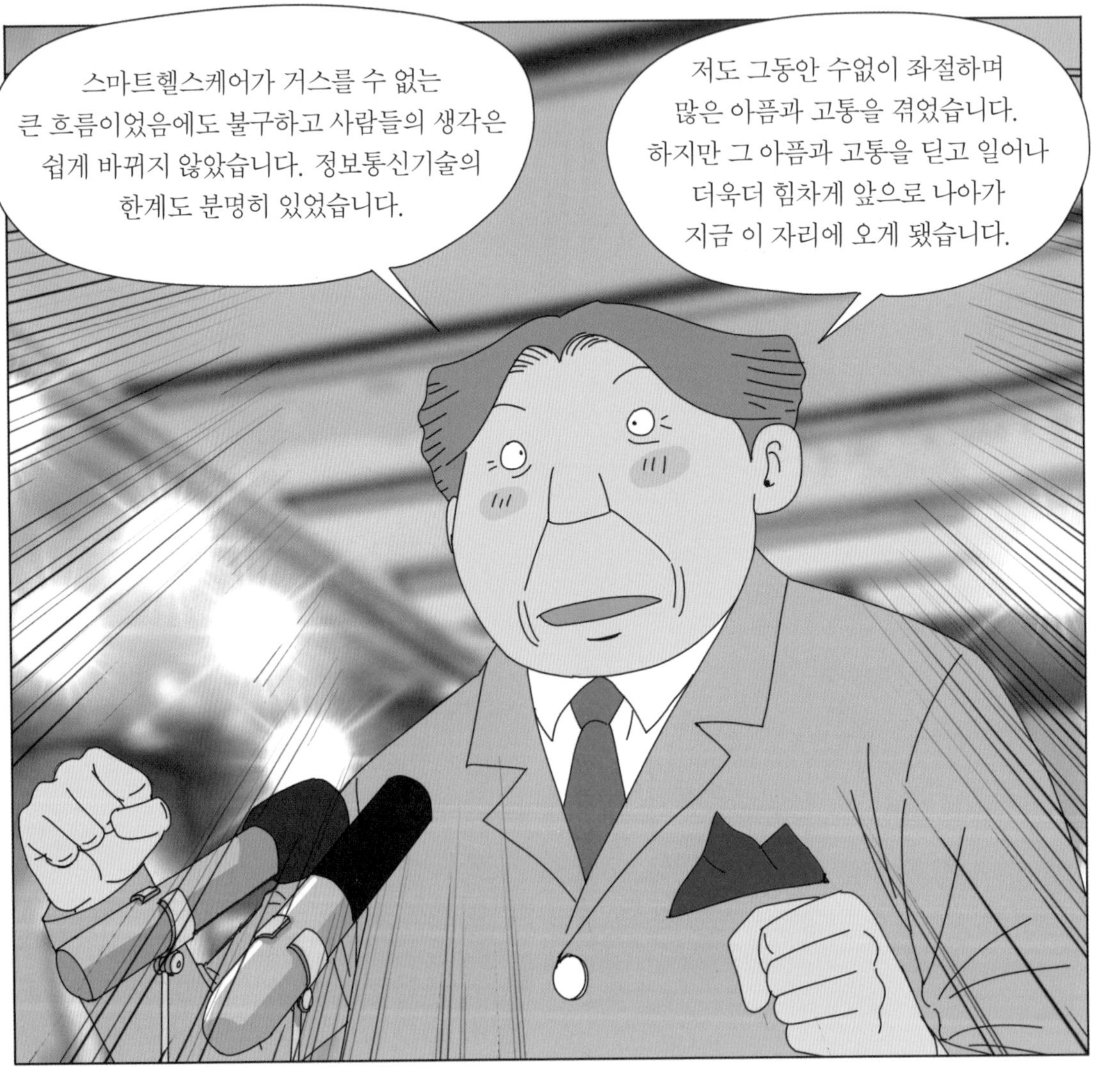
스마트헬스케어가 거스를 수 없는 큰 흐름이었음에도 불구하고 사람들의 생각은 쉽게 바뀌지 않았습니다. 정보통신기술의 한계도 분명히 있었습니다.
저도 그동안 수없이 좌절하며 많은 아픔과 고통을 겪었습니다. 하지만 그 아픔과 고통을 딛고 일어나 더욱더 힘차게 앞으로 나아가 지금 이 자리에 오게 됐습니다.

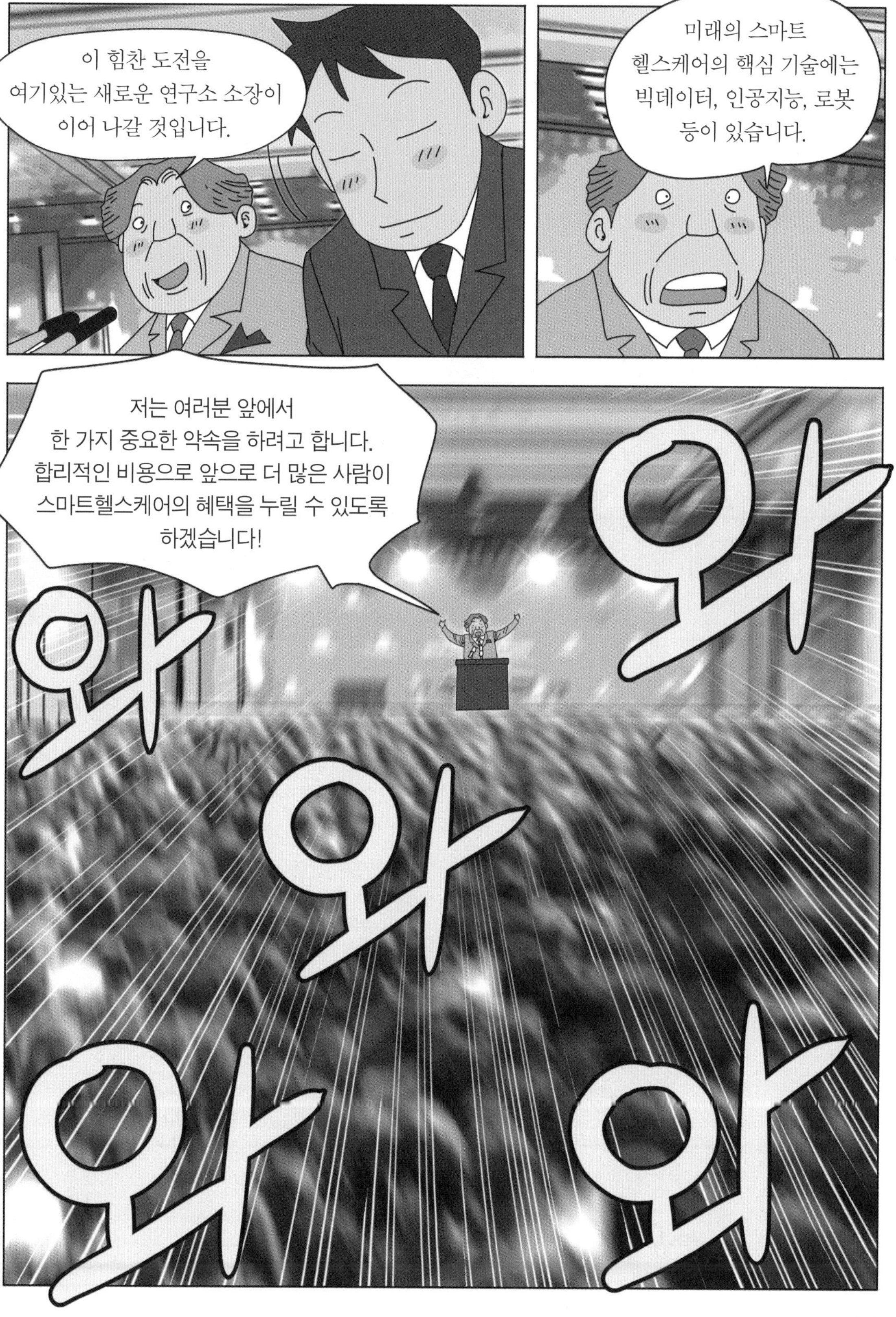
이 힘찬 도전을
여기있는 새로운 연구소 소장이
이어 나갈 것입니다.
미래의 스마트
헬스케어의 핵심 기술에는
빅데이터, 인공지능, 로봇
등이 있습니다.
저는 여러분 앞에서
한 가지 중요한 약속을 하려고 합니다.
합리적인 비용으로 앞으로 더 많은 사람이
스마트헬스케어의 혜택을 누릴 수 있도록
하겠습니다!
와
와
와
와
와

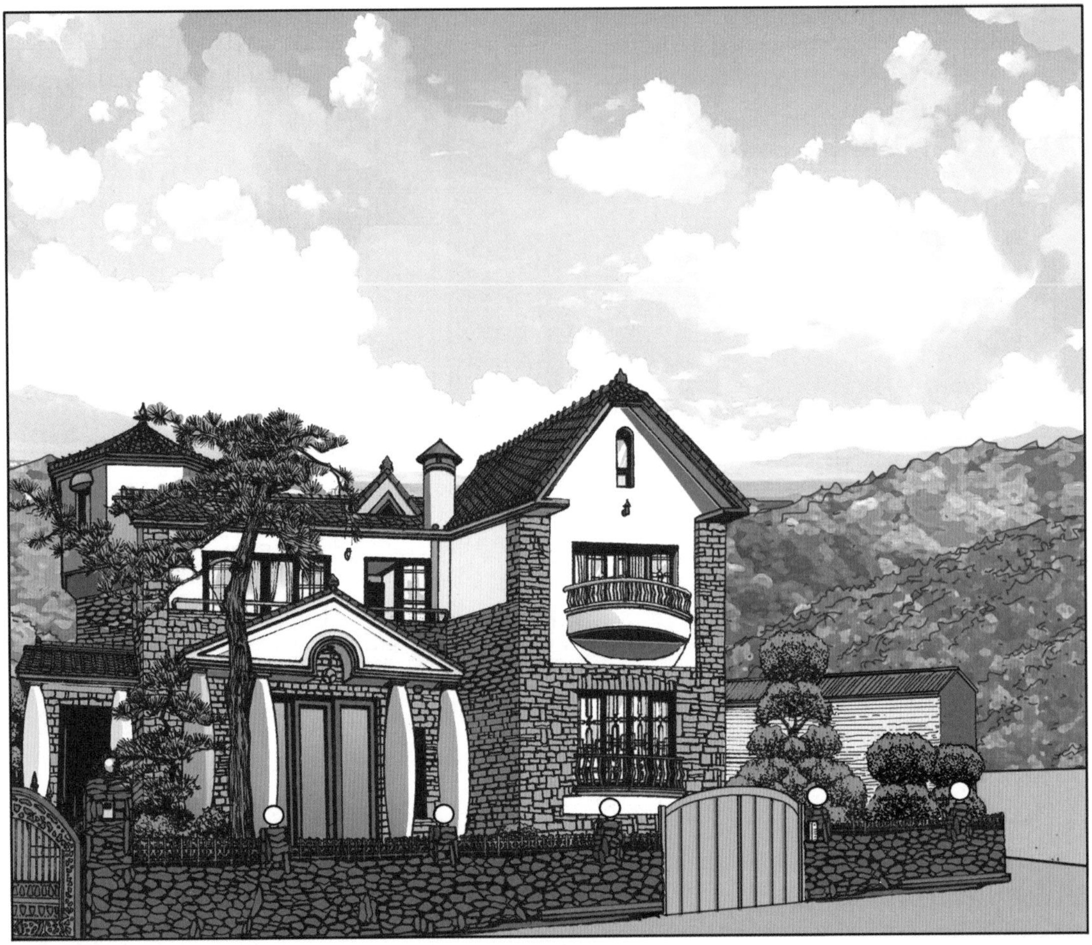

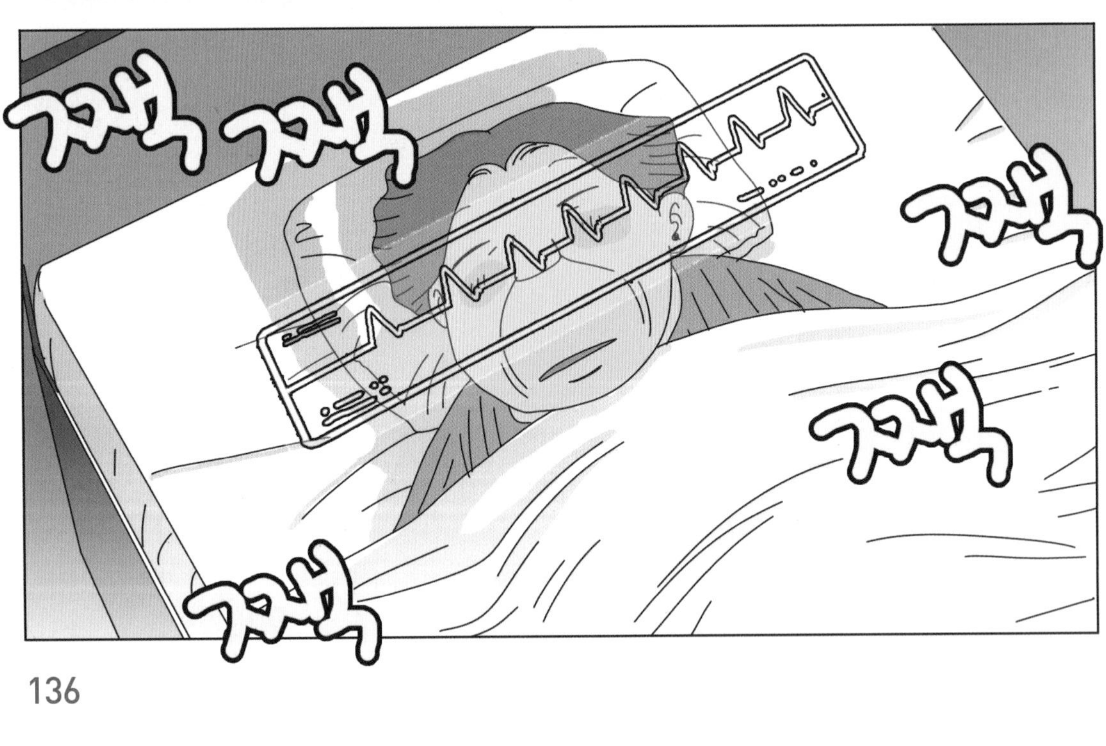

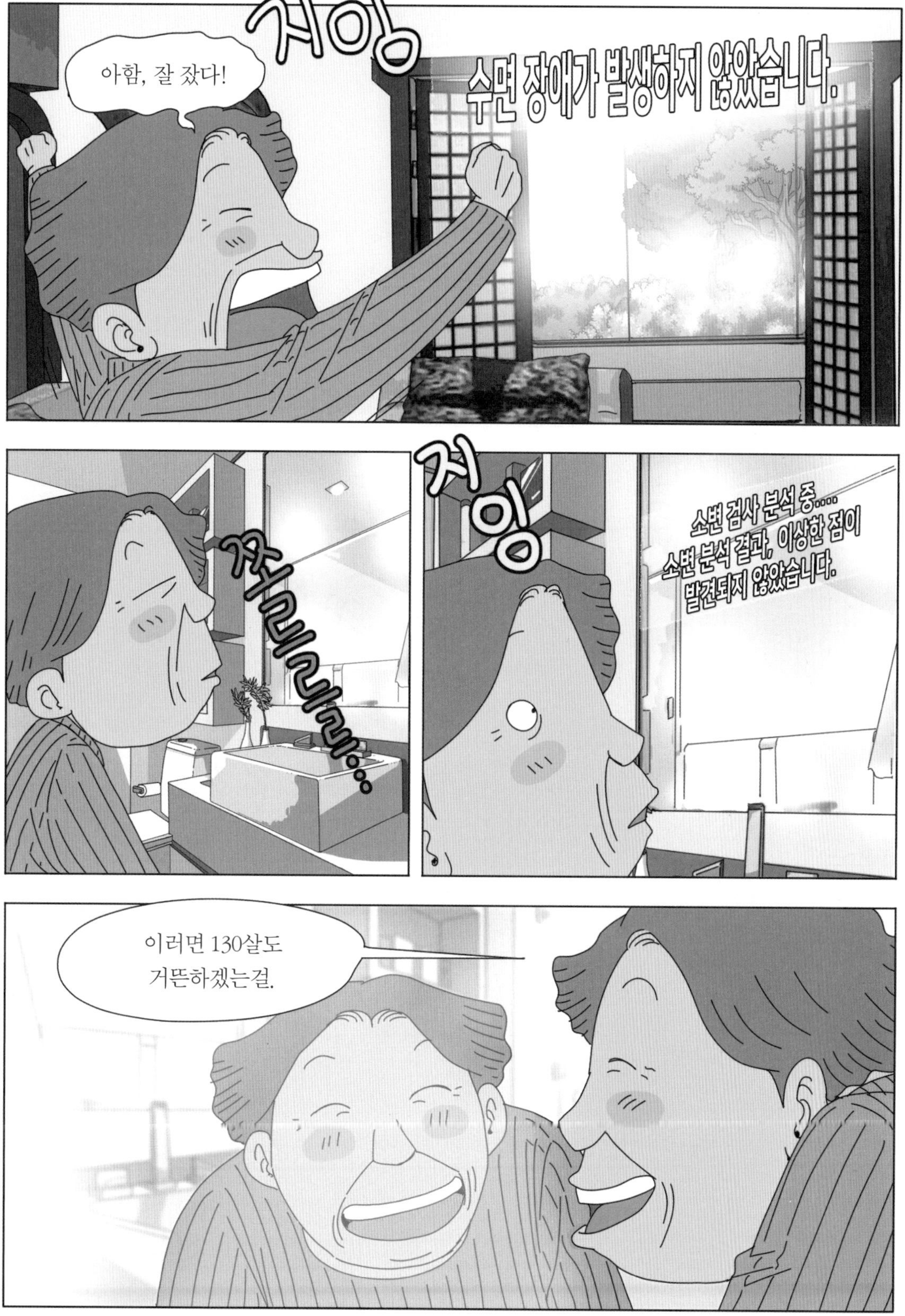
아함, 잘 잤다!
지잉
수면 장애가 발생하지 않았습니다.
쪼르르르...
지잉
소변 검사 분석 중....
소변 분석 결과, 이상한 점이
발견되지 않았습니다.
이러면 130살도
거뜬하겠는걸.

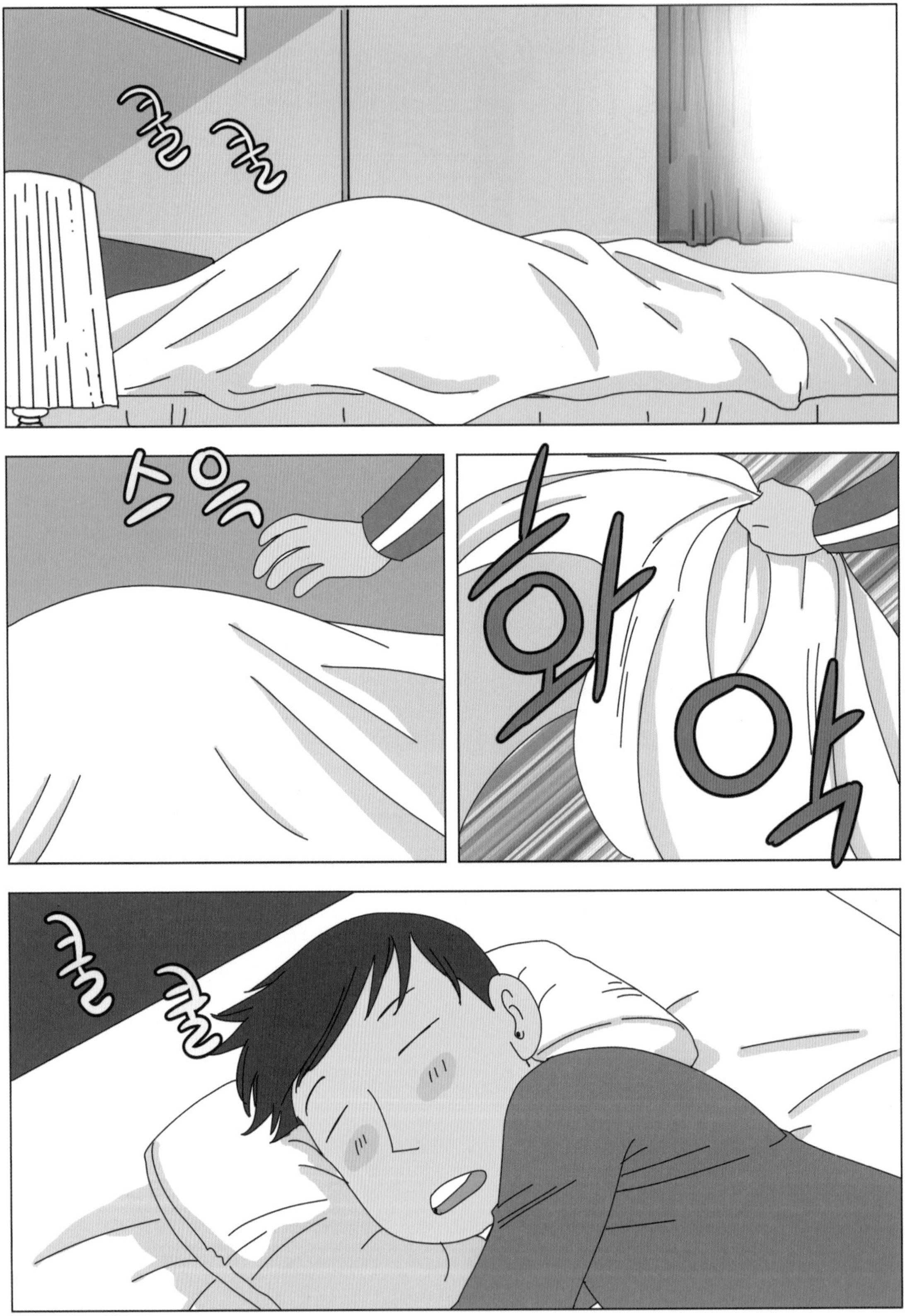
쿨 쿨
스읏
화악
쿨 쿨

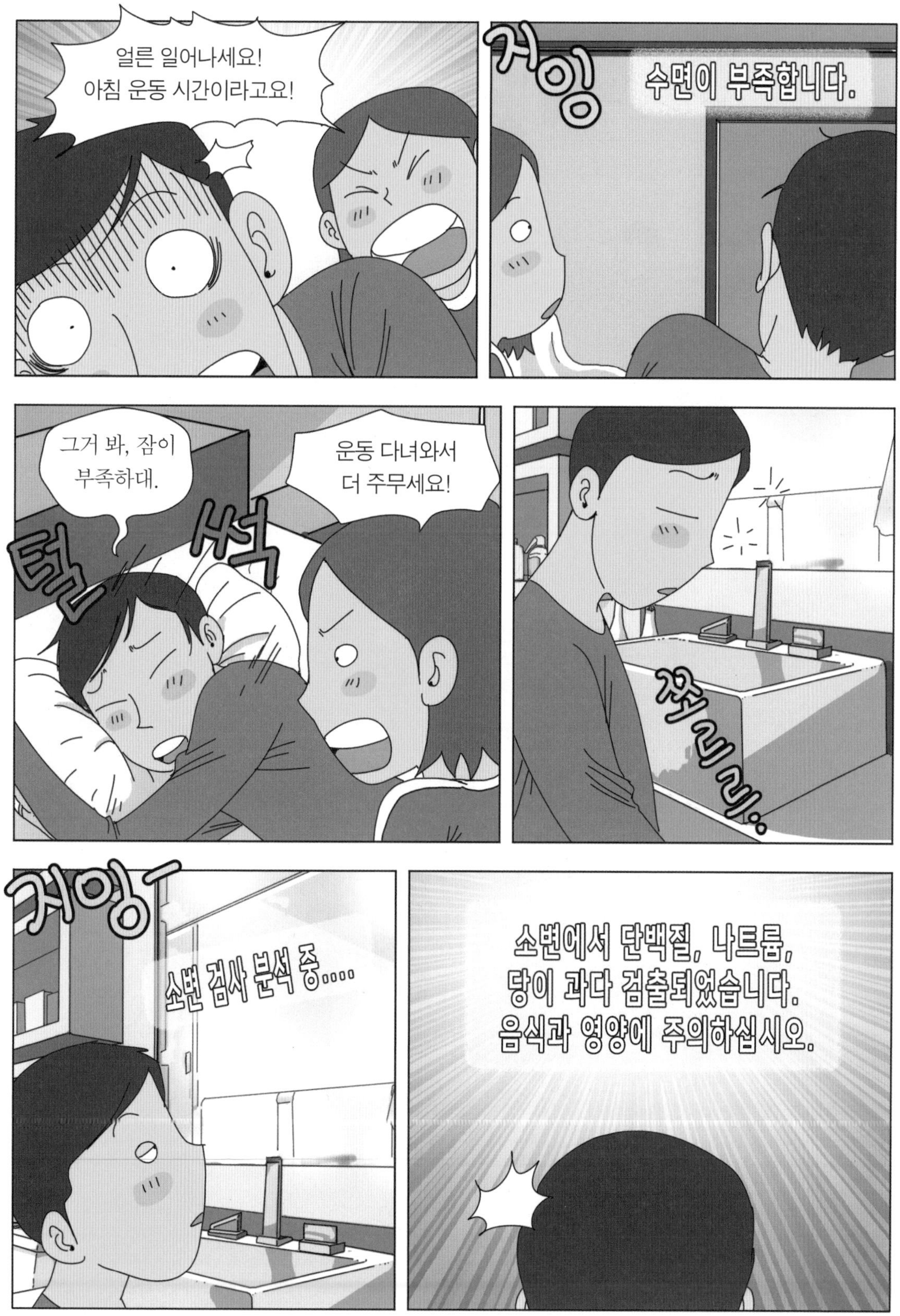
얼른 일어나세요!
아침 운동 시간이라고요!
지잉
수면이 부족합니다.
그거 봐, 잠이
부족하대.
운동 다녀와서
더 주무세요!
털썩
쪼르르...
지잉-
소변 검사 분석 중.....
소변에서 단백질, 나트륨,
당이 과다 검출되었습니다.
음식과 영양에 주의하십시오.

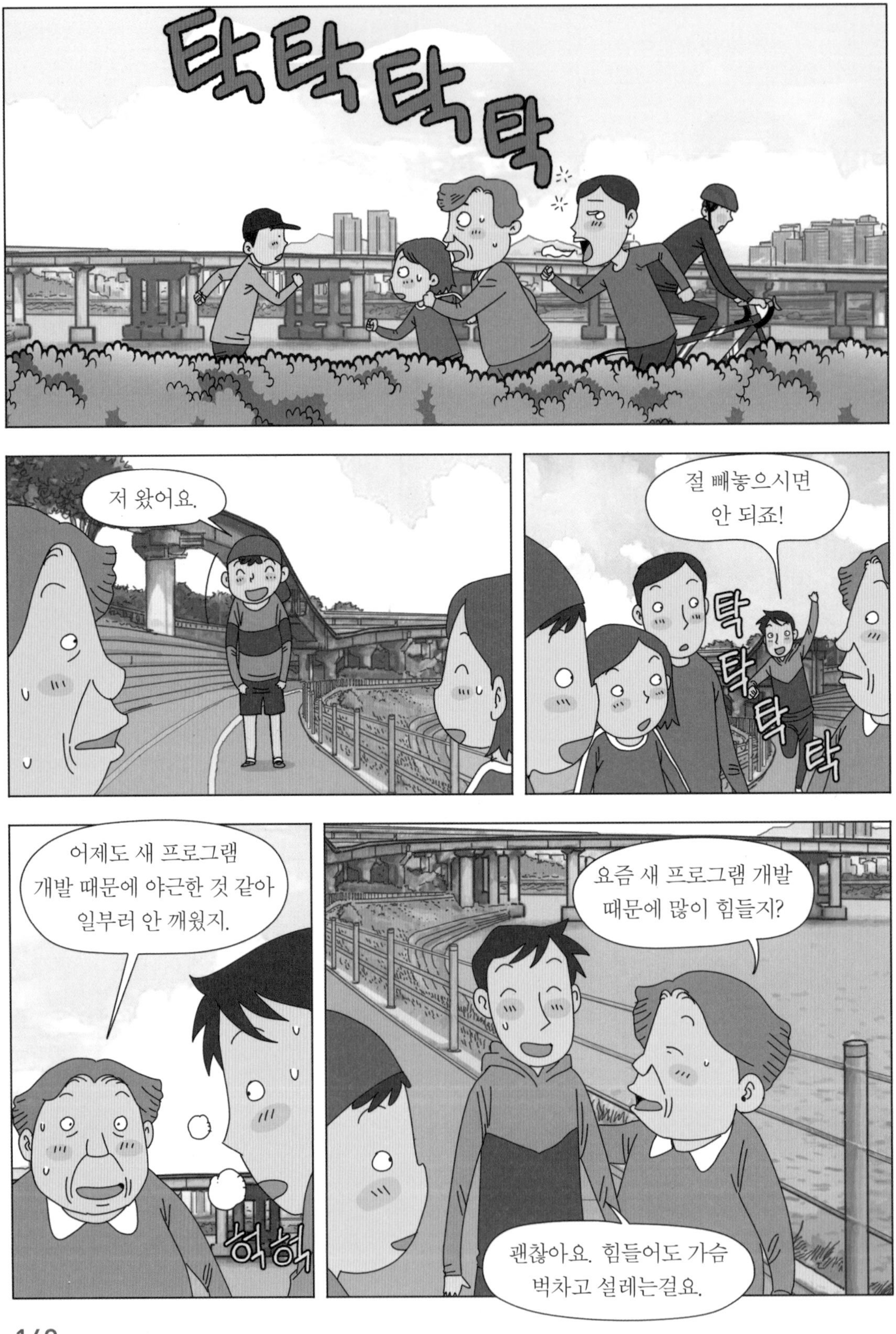
탁탁탁탁
저 왔어요.
절 빼놓으시면 안 되죠!
탁탁탁탁
어제도 새 프로그램 개발 때문에 야근한 것 같아 일부러 안 깨웠지.
헉헉
요즘 새 프로그램 개발 때문에 많이 힘들지?
괜찮아요. 힘들어도 가슴 벅차고 설레는걸요.

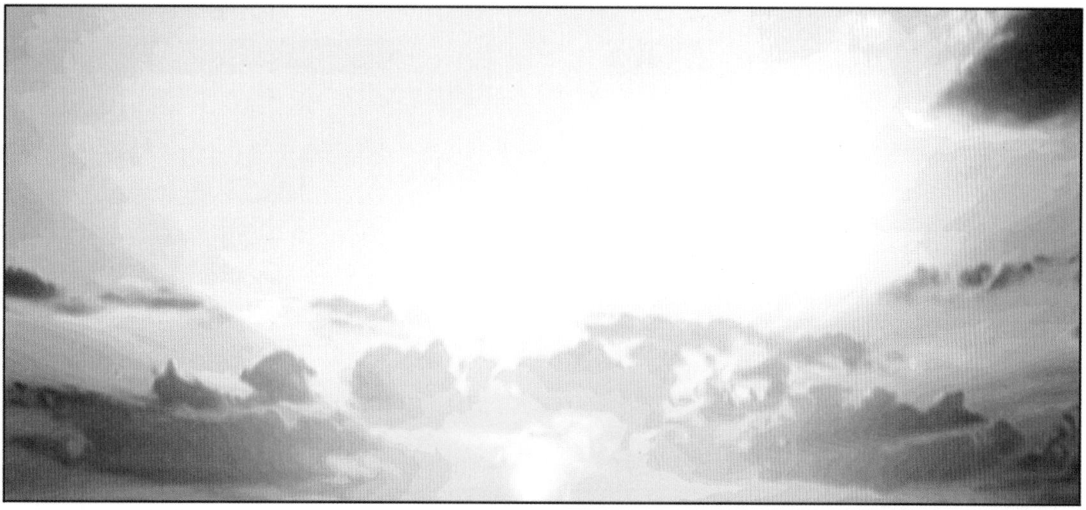

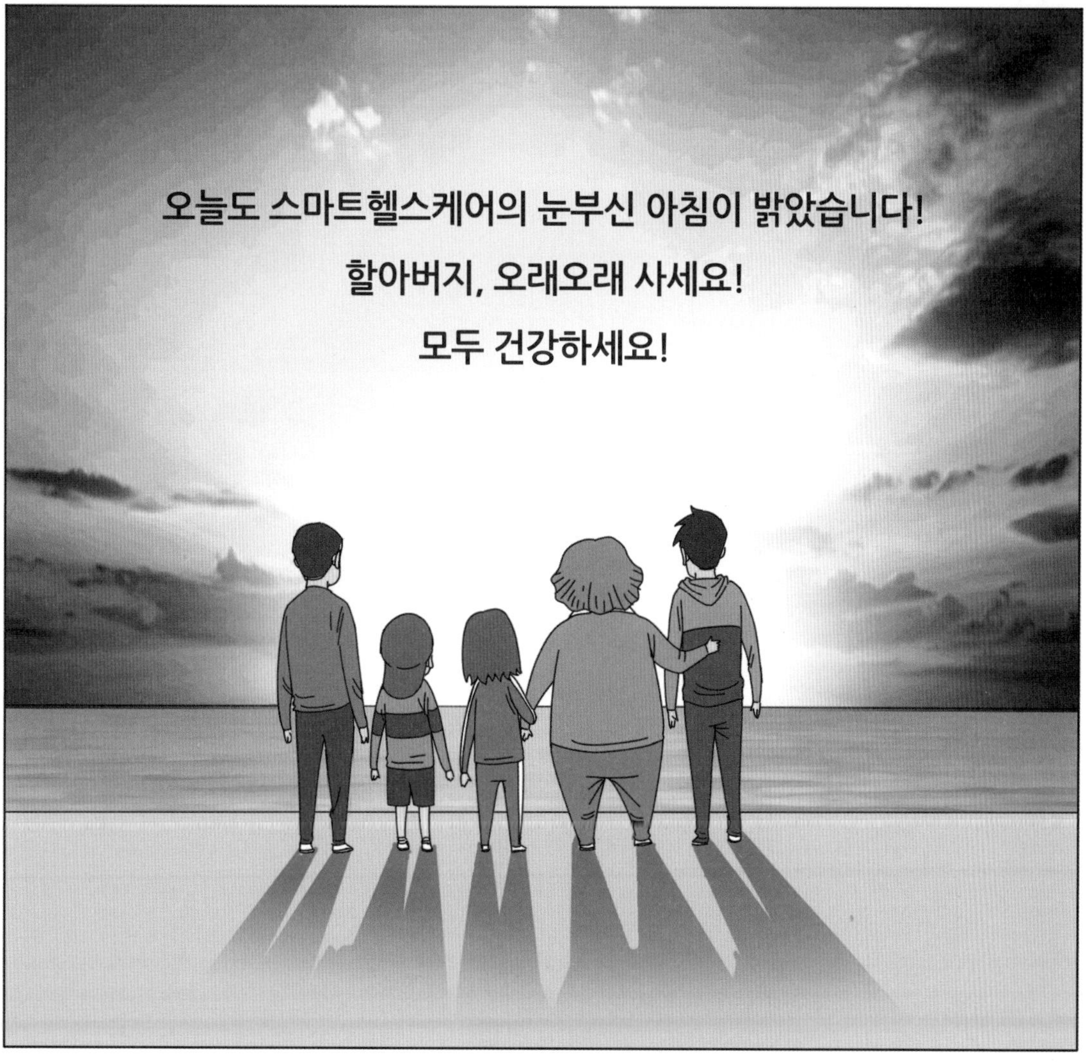
오늘도 스마트헬스케어의 눈부신 아침이 밝았습니다!
할아버지, 오래오래 사세요!
모두 건강하세요!

스마트헬스케어 기기

스마트헬스케어 시장은 성장 잠재력이 높지만 본격적인 성장을 위해서는 보다 저렴하고 편리한 헬스케어 기기의 보급, 증대가 필요해요. 또한 이용자의 수요를 충족시키는 다양한 서비스와 기기가 개발되어야 해요. 현재 개발된 스마트헬스케어 기기는 어떤 것이 있는지 알아볼까요?

① 스마트워치

하나의 패션으로도 자리잡은 스마트워치는 심박수, 심전도, 혈압, 혈당 수치 등을 측정할 수 있어요. 심박수가 너무 높거나 낮으면 이를 감지하여 경고음을 울려 줘서 건강 상태를 확인할 수 있어요.

② 스마트밴드

다양한 종류의 운동을 인식할 수 있어 실시간으로 운동량을 확인할 수 있어요. 24시간 심박수를 측정하고, 수면 시간을 측정해 알려주기도 하며, 열량 소비량을 계산해 줘요. 또 손가락을 올려놓으면 근육량, 체지방량 등 사용자의 체성분을 측정해요.

③ 스마트벨트

스마트벨트의 버클과 스트랩에 내장된 센서들이 복부 변화를 감지해 연동된 애플리케이션으로 데이터를 전송해요. 허리둘레, 걸음수, 앉아 있는 시간, 식사량 등을 저장하고 이를 통해 어떤 생활습관을 가졌는지 파악하고 개선할 수 있어요.

④ 스마트반지

심박동의 미세한 변화를 분석하는 심박 변이도를 측정해 자율신경계의 안정성을 검사해요. 이를 통해 스트레스, 심장 건강, 피로도, 수면 상태 등도 파악할 수 있어요.

⑤ 스마트혈압계

작고 가볍게 제작되어 휴대하여 사용할 수 있어요. 또한 혈압 변동을 체크할 뿐 아니라 불규칙한 맥박이 있는지도 파악해요. 연동된 애플리케이션으로 데이터를 전송해 혈압의 변동 추이를 한눈에 볼 수 있어요.

⑥ 스마트의류

착용자의 심박수, 체온 등을 감지하고 체크할 뿐만 아니라 위치 기반 서비스를 활용하여 착용자가 있는 위치를 알 수 있게 해 줘요. 채매 노인이나 지적 장애인이 길을 잃을 염려가 없어요.

⑦ 스마트미러

거울만 봐도 자동으로 이용자의 피부 정보를 축적하고 피부 분석을 통해 적절한 피부 관리 조언을 해 줘요. 거울을 통해 자신의 얼굴을 보면서 동시에 거울 속 화면과 연결된 유튜브를 시청하면서 화장법을 그대로 따라할 수도 있어요.

Job? 19

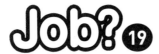

나는 스마트헬스케어 전문가가 될 거야!

초판 1쇄 발행 · 2021년 5월 25일
초판 2쇄 발행 · 2021년 9월 10일

지은이 · 손지숙
그린이 · 허재호
펴낸이 · 이종문(李從聞)
펴낸곳 · 국일아이

등　록 · 제406-2008-000032호
주　소 · 경기도 파주시 광인사길 121 파주출판문화정보산업단지(문발동)
영업부 · Tel 031)955-6050 | Fax 031)955-6051
편집부 · Tel 031)955-6070 | Fax 031)955-6071

평생전화번호 · 0502-237-9101~3

홈페이지 · www.ekugil.com
블 로 그 · blog.naver.com/kugilmedia
페이스북 · www.facebook.com/kugilmedia
E-mail · kugil@ekugil.com

• 값은 표지 뒷면에 표기되어 있습니다.
• 잘못된 책은 구입하신 서점에서 바꿔드립니다.

ISBN 979-11-91637-39-7(14300)
979-11-87007-74-6(세트)

워크북

Job?

나는 스마트헬스케어
전문가가 될 거야!

국일아이

목차

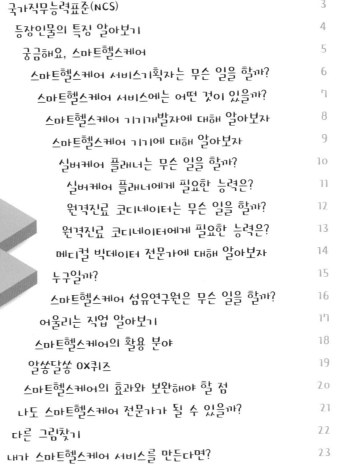

2

워크북 활용법

직업 탐험 각 기관의 대표 직업(네 가지)이 하는 일, 필요한 지식, 자질 등에 관한 정보뿐만 아니라 관련 직업에 관한 정보를 얻어요.

직업 놀이터 다른 그림 찾기, 숨은그림찾기, 미로 찾기, 색칠하기, ○X 퀴즈 등 재미있는 놀이 요소를 통해 직업 상식을 알아봐요.

직업 톡톡 직업 윤리나 직업과 관련한 이야기로 자신의 생각을 표현하며 직업을 간접 체험해요.

NCS
(국가직무능력표준)

국가직무능력표준(NCS, National Competency Standards)이란 국가가 현장에서 직무를 수행하는 데 필요한 지식, 기술, 태도 등을 산업별, 수준별로 표준화한 것을 말한다. 대분류 24개, 중분류 79개, 소분류 253개, 세분류 1,001개로 표준화되었으며 계속 개발 중이므로 더 추가될 예정이다.

국가직무능력표준(NCS)에 따른 24개 분야의 직업군

 01 사업 관리

 02 경영·회계 사무

 03 금융·보험

 04 교육·자연 사회 과학

 05 법률·경찰 소방·교도·국방

 06 보건·의료

 07 사회 복지·종교

 08 문화·예술 디자인·방송

 09 운전·운송

 10 영업·판매

 11 경비·청소

 12 이용·숙박·여행 오락·스포츠

 13 음식 서비스

 14 건설

 15 기계

 16 재료

 17 화학

 18 섬유·의류

 19 전기·전자

 20 정보 통신

 21 식품 가공

 22 인쇄·목재 가구·공예

 23 환경·에너지·안전

 24 농림·어업

3

등장인물의 특징 알아보기

《job? 나는 스마트헬스케어 전문가가 될 거야!》에는 승기, 유나, 유나 할아버지, 유나 삼촌, 김 여사 등이 등장한다. 각 인물을 떠올리며 빈칸을 채워보자.

인물	특징
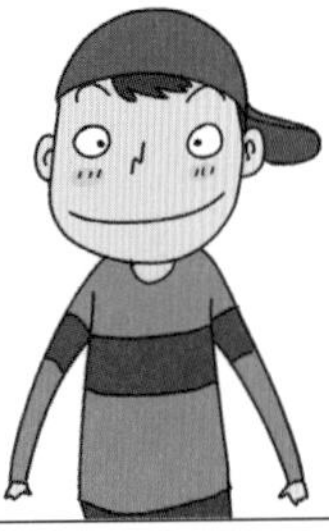 승기	스마트헬스케어에 관심이 많은 초등학교 6학년 남자아이로 추리력이 뛰어나고 쾌활한 성격이다. 건강이 좋지 않은 어머니를 잘 보살펴 드리는 효자다. 전학 온 유나를 도와주면서 유나와 친해진 덕분에 유나 할아버지를 통해 스마트헬스케어에 대해 자세히 배우게 된다. 그러던 어느 날, 할아버지가 사라지셨다는 다급한 소식을 듣게 된다. 이제 사건을 해결하기 위한 남다른 추리력을 슬슬 발동하기 시작하는데….
유나 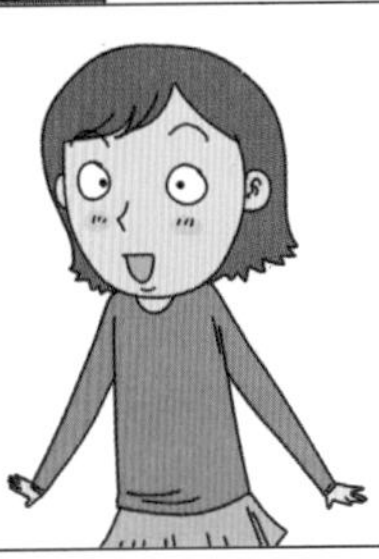	밝고 쾌활한 성격의 초등학교 6학년 여자아이이다. 스마트헬스케어 회사를 운영하는 할아버지 덕분에 스마트헬스케어에 대한 지식을 많이 갖추고 있다. 전학을 와서 친구들과 어울리지 못했지만 승기 덕분에 학교 생활에 잘 적응하게 된다. 승기와 함께 스마트헬스케어에 대해 배우면서 더욱 친해진다. 그러던 어느 날 할아버지가 갑자기 사라지고 승기와 함께 할아버지를 수소문하는데….
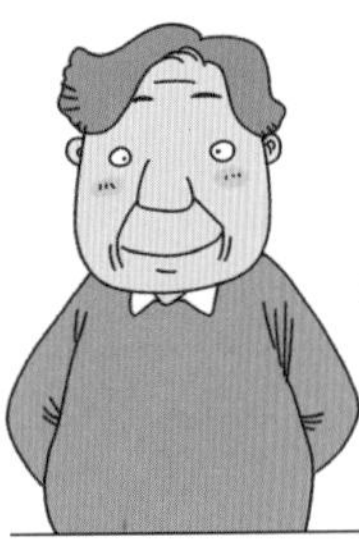 유나 할아버지	국일 스마트헬스케어 기업을 운영하고 있는 회장님이다. 젊은 시절부터 온갖 고생을 하며 자신의 모든 것을 바쳐 ______________ 사업을 일궈 왔다. 그 결과 사업에서는 큰 성공을 거두었지만, 일하느라 아픈 아내를 돌보지 못해 사랑하는 아내를 잃는 남모를 아픔을 겪는다. 어느 날, 끔찍이 사랑하는 유나에게도 한마디 말도 없이 홀연히 자취를 감춘다. 그 이유가 무엇일까?
유나 삼촌 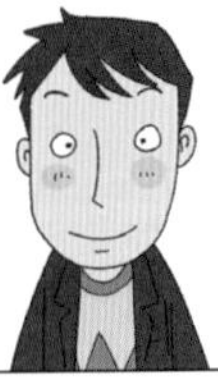	능력 있는 ______________다. 하지만 할아버지는 유달리 둘째 아들인 삼촌에게 엄격하고 능력을 인정해 주지 않는다. 할아버지의 실종 사건이 터지자, 승기는 할아버지에게 내심 서운한 마음을 갖고 있던 삼촌을 의심스러운 눈초리로 바라보는데….
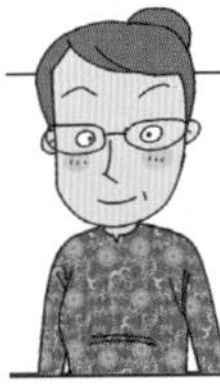 김 여사	______________로 할아버지의 건강을 세심하게 챙겨 드린다. 집안일까지 돌봐 주면서 할아버지의 두터운 신임을 얻고 있다. 하지만 수상한 통화를 하고 있는 것을 본 승기는 김 여사가 못내 의심스럽다.

궁금해요, 스마트헬스케어

스마트헬스케어는 의료, 바이오, 정보통신기술(ICT) 등이 발전하면서 개인 맞춤형 건강 관리 서비스를 제공하기 위해 등장했다. 스마트헬스케어에 대한 설명으로 알맞은 것을 찾아보자. (정답은 다섯 개)

1

디지털헬스케어라고도 불리며, 건강 관련 서비스와 의료 IT가 융합된 종합 의료 서비스다.

2

궁극적으로 4P 즉 예측(Predictive), 예방(Preventive), 환자의 참여(Participative), 맞춤형(Personalized) 의료와 건강 관리가 가능한 것을 목표로 한다.

3

병원에 가지 않고도 언제, 어디서나 시간과 장소의 제약 없이 건강 관리를 받을 수 있다.

4

실제로 존재하는 현실에 3차원의 가상 이미지를 겹쳐 보여주는 기술이다.

5

생활습관, 신체검진, 의료이용정보, 유전체정보 등을 분석하여 제공되는 개인 중심의 건강 관리다.

6

의료 서비스의 트렌드가 치료 목적에서 예방 차원으로 바뀜에 따라 스마트헬스케어가 급부상하고 있다.

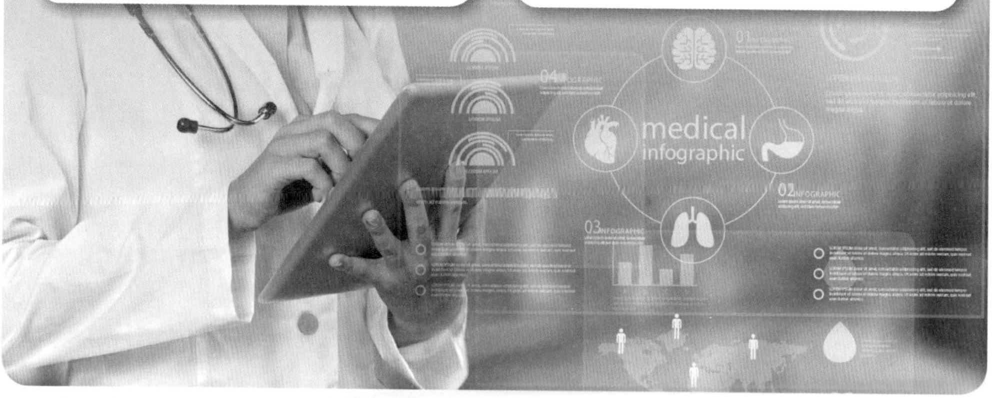
medical
infographic

스마트헬스케어 서비스기획자는 무슨 일을 할까?

스마트헬스케어 서비스는 건강측정기 같은 액세서리나 웨어러블 기기를 활용하여 개인이 스스로 운동량, 심장박동수 등을 체크해 건강 관리를 할 수 있는 서비스다. 이러한 서비스를 기획, 개발하는 스마트헬스케어 서비스기획자가 하는 일에 대해 바르게 설명한 것을 찾아보자. (정답은 네 개)

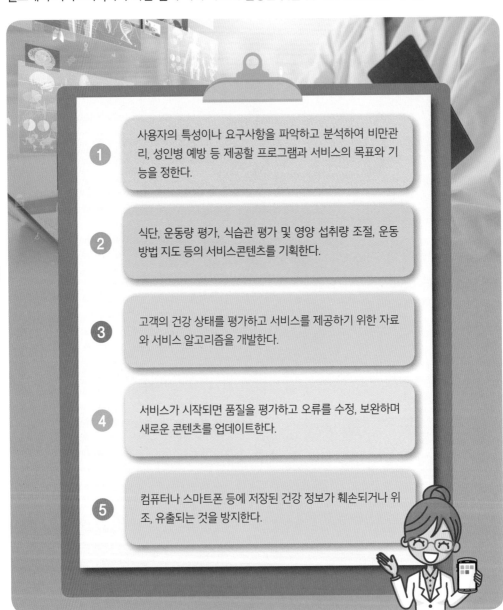

1. 사용자의 특성이나 요구사항을 파악하고 분석하여 비만관리, 성인병 예방 등 제공할 프로그램과 서비스의 목표와 기능을 정한다.

2. 식단, 운동량 평가, 식습관 평가 및 영양 섭취량 조절, 운동방법 지도 등의 서비스콘텐츠를 기획한다.

3. 고객의 건강 상태를 평가하고 서비스를 제공하기 위한 자료와 서비스 알고리즘을 개발한다.

4. 서비스가 시작되면 품질을 평가하고 오류를 수정, 보완하며 새로운 콘텐츠를 업데이트한다.

5. 컴퓨터나 스마트폰 등에 저장된 건강 정보가 훼손되거나 위조, 유출되는 것을 방지한다.

스마트헬스케어 서비스에는 어떤 것이 있을까?

스마트헬스케어는 질환을 가진 환자의 치료, 질병 예방을 위한 건강 관리 등 다양한 종류의 서비스가 있다. 스마트헬스케어 서비스가 올바르게 쓰여진 스마트워치를 찾아 예쁘게 색칠해 보자. (정답은 세 개)

1
암, 심장병, 뇌졸중 등 오랜 기간 치료해야 하는 만성 질환을 관리하는 서비스

2
여행지에 대한 정보를 파악하고 날씨를 제공하는 서비스

3
스마트폰 카메라로 음식 사진을 촬영하면 칼로리 정보를 알려 주는 서비스

4
사용자의 운동자세를 교정하는 모바일 피트니스 서비스

5
반려동물의 미용을 위한 반려동물숍 알리미 서비스

스마트헬스케어 기기개발자에 대해 알아보자

스마트헬스케어 기기개발자는 스마트워치, 스마트링 등과 같은 액세서리나 웨어러블 기기를 개발한다. 스마트헬스케어 기기개발자에 대해 잘못 설명한 것을 찾아보자.

1

가상현실 공간을 디자인하고 적합한 환경을 조성하며 시각 디자인 위에 새로운 스토리를 입혀 구현해낸다.

2

웨어러블 기기의 착용 방법, 형태, 용도 등을 파악하여 센서, 기능, 디자인 등을 고려한 제품을 설계한다.

PULSE
DATA ADENINE
DATA GUANINE
DATA URACIL
ETYLCHOLINE

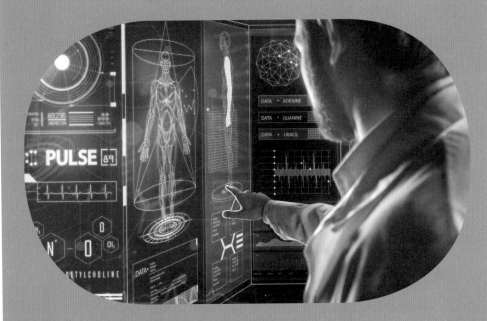

3

시제품을 제작한 후 정확도, 신뢰도를 평가하고 사용환경테스트를 진행한다.

4

질병 관리, 예방 등 필요한 서비스를 반영한 다양한 기기를 개발하기 위해서는 창의성이 필요하다.

스마트헬스케어 기기에 대해 알아보자

스마트헬스케어 기기는 자신의 몸 상태를 실시간으로 파악하고, 건강에 이상이 오면 신호를 보내 건강 유지에 도움을 주는 똑똑한 제품이다. 스마트헬스케어 기기에 대해 잘못 알고 있는 친구는 누구인지 찾아보자.

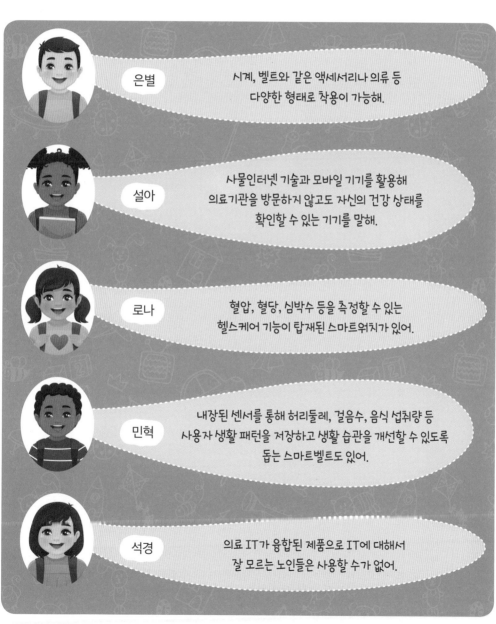

은별
시계, 벨트와 같은 액세서리나 의류 등 다양한 형태로 착용이 가능해.

설아
사물인터넷 기술과 모바일 기기를 활용해 의료기관을 방문하지 않고도 자신의 건강 상태를 확인할 수 있는 기기를 말해.

로나
혈압, 혈당, 심박수 등을 측정할 수 있는 헬스케어 기능이 탑재된 스마트워치가 있어.

민혁
내장된 센서를 통해 허리둘레, 걸음수, 음식 섭취량 등 사용자 생활 패턴을 저장하고 생활 습관을 개선할 수 있도록 돕는 스마트벨트도 있어.

석경
의료 IT가 융합된 제품으로 IT에 대해서 잘 모르는 노인들은 사용할 수가 없어.

실버케어 플래너는 무슨 일을 할까?

실버케어 플래너는 노인들이 건강하고 행복하게 남은 인생을 살아갈 수 있도록 설계해 주는 일을 한다. 실버케어 플래너가 하는 일에 대해 바르게 설명한 것을 찾아보자. (정답은 세 개)

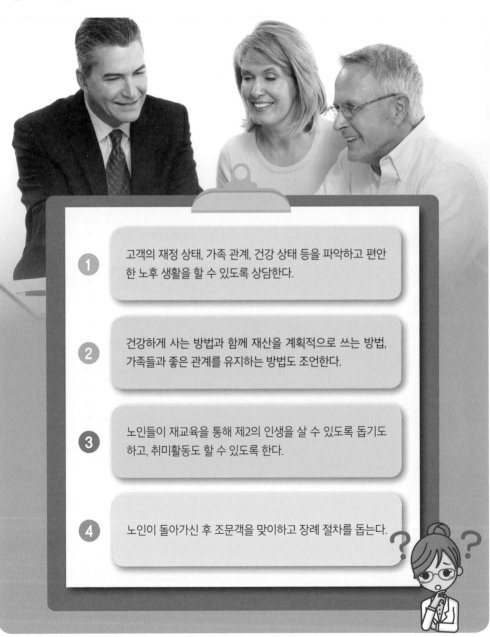

1 고객의 재정 상태, 가족 관계, 건강 상태 등을 파악하고 편안한 노후 생활을 할 수 있도록 상담한다.

2 건강하게 사는 방법과 함께 재산을 계획적으로 쓰는 방법, 가족들과 좋은 관계를 유지하는 방법도 조언한다.

3 노인들이 재교육을 통해 제2의 인생을 살 수 있도록 돕기도 하고, 취미활동도 할 수 있도록 한다.

4 노인이 돌아가신 후 조문객을 맞이하고 장례 절차를 돕는다.

실버케어 플래너에게 필요한 능력은?

의학의 발전으로 인간의 수명이 길어지면서 노인 인구가 급증하고, 노년에 제2의 삶을 준비하는 사람이 많아지고 있다. 그만큼 노후를 설계해 주는 실버케어 플래너의 수요도 계속해서 증가하고 있다. 실버케어 플래너에게 필요한 능력을 바르게 설명한 것을 찾아보자. (정답은 네 개)

1
노인들의 삶을 살피고 소통하는 것이 중요하기 때문에 원활한 대인관계와 사교성이 필요하다.

2
노년층에 대한 이해와 타인의 감정에 공감할 줄 아는 공감 능력이 있어야 한다.

3
즉흥적이고 창의적이며, 세운 계획을 실천하기보다는 떠오르는 아이디어에 더 몰입해야 한다.

4
다른 사람의 인생 설계를 돕기 때문에 책임감이 강하고 어떤 일을 미리 대비하는 성격이어야 한다.

5
다른 사람에 대한 배려심이 있고 봉사를 좋아하는 성격이어야 한다.

원격진료 코디네이터는 무슨 일을 할까?

원격진료 코디네이터는 정보통신기술을 활용하여 병원에 가기 힘든 환자를 의사와 연결해 주어 진료를 받을 수 있도록 돕는다. 원격진료 코디네이터가 하는 일에 대해 바르게 설명한 것을 찾아보자. (정답은 네 개)

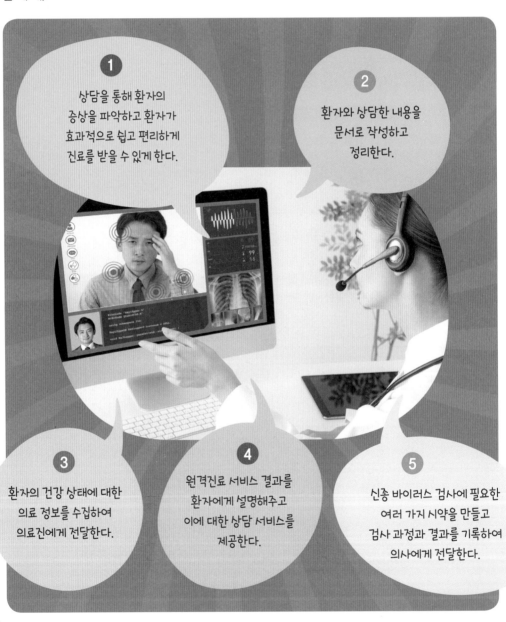

1 상담을 통해 환자의 증상을 파악하고 환자가 효과적으로 쉽고 편리하게 진료를 받을 수 있게 한다.

2 환자와 상담한 내용을 문서로 작성하고 정리한다.

3 환자의 건강 상태에 대한 의료 정보를 수집하여 의료진에게 전달한다.

4 원격진료 서비스 결과를 환자에게 설명해주고 이에 대한 상담 서비스를 제공한다.

5 신종 바이러스 검사에 필요한 여러 가지 시약을 만들고 검사 과정과 결과를 기록하여 의사에게 전달한다.

원격진료 코디네이터에게 필요한 능력은?

거동이 불편하거나 교통의 불편으로 병원에 직접 가서 진료를 받기 어려운 노인의 수가 늘고 있다. 이에 따라 원격진료 서비스의 수요가 증가하고 원격진료 코디네이터의 필요성이 대두하고 있다. 원격진료 코디네이터에게 필요한 능력은 무엇인지 〈보기〉에서 찾아 화면 안에 적어 보자. (정답은 일곱 개)

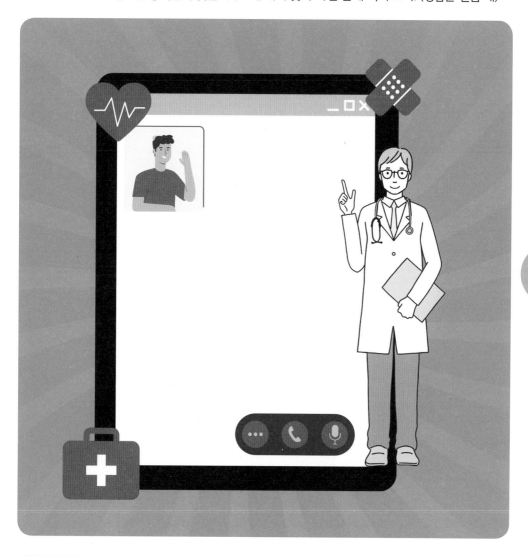

보기

대인 관계 능력, 운전 실력, 의학 지식, 정보통신기술에 관한 지식, 이기심,
배려심, 민첩성, 디자인 실력, 빠른 대응력, 공감 능력

메디컬 빅데이터 전문가에 대해 알아보자

빅데이터 전문가는 다량의 데이터를 수집, 분석하여 필요한 정보를 제공하는 사람이다. 메디컬 빅데이터 전문가는 빅데이터 중 의료 정보와 관련된 데이터를 전문적으로 다루는 일을 한다. 메디컬 빅데이터 전문가에 대해 잘못 설명한 것을 찾아보자.

1. 의료 관련 데이터를 모으고 분류하며 저장하고 처리하여 분석한 후 결과를 제공한다.

2. 자율주행 자동차에 필요한 최첨단 기술을 개발하고 자율주행 자동차의 센서를 연구한다.

DATA
SALES per COUNTRIES
EQUITY STATEMENT
S5
START UP
Stock

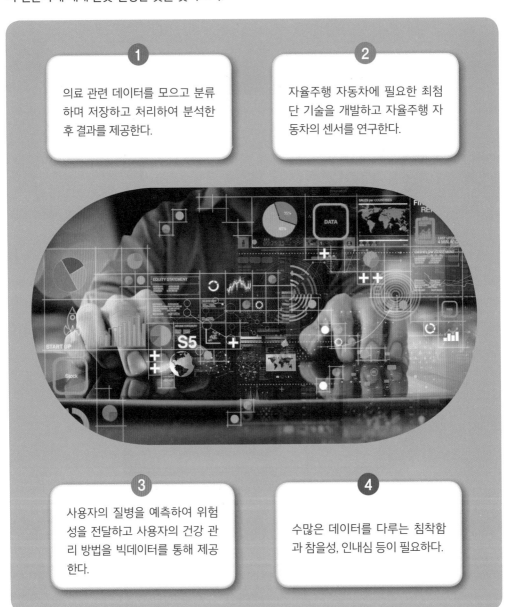

3. 사용자의 질병을 예측하여 위험성을 전달하고 사용자의 건강 관리 방법을 빅데이터를 통해 제공한다.

4. 수많은 데이터를 다루는 침착함과 참을성, 인내심 등이 필요하다.

누구일까?

다음은 석훈이가 만난 스마트헬스케어 전문가가 자신이 하는 일과 필요한 능력에 대해 소개한 내용이다. 석훈이가 인터뷰한 스마트헬스케어 전문가의 직업은 무엇인지 〈보기〉에서 찾아보자.

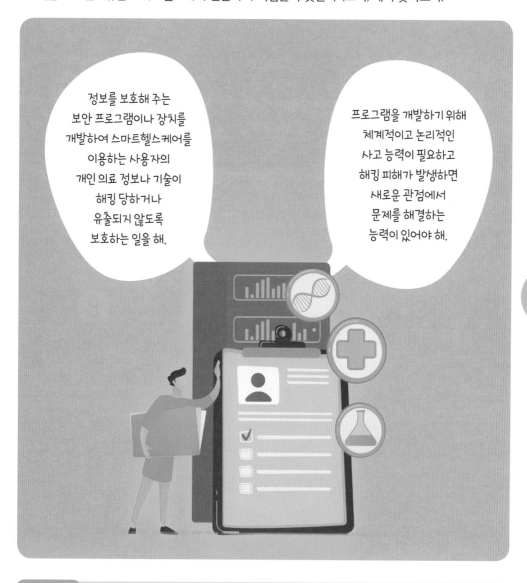

정보를 보호해 주는 보안 프로그램이나 장치를 개발하여 스마트헬스케어를 이용하는 사용자의 개인 의료 정보나 기술이 해킹 당하거나 유출되지 않도록 보호하는 일을 해.

프로그램을 개발하기 위해 체계적이고 논리적인 사고 능력이 필요하고 해킹 피해가 발생하면 새로운 관점에서 문제를 해결하는 능력이 있어야 해.

보기
스마트헬스케어 서비스기획자, 스마트헬스케어 의료정보보호 전문가, 실버케어 플래너

스마트헬스케어 섬유연구원은 무슨 일을 할까?

스마트헬스케어 섬유연구원은 헬스케어 분야에서 사용되는 스마트섬유를 연구, 개발하는 사람이다. 스마트헬스케어 섬유연구원이 하는 일에 대해 바르게 설명한 것을 찾고 미로를 빠져나가 보자.

A: 체온이나 맥박 등을 감지할 수 있는 스마트섬유를 연구, 개발하여 건강 관리를 할 수 있도록 한다.

B: 실험자에게 뇌파 측정 장치를 설치하고 실험을 하여 뇌파를 수집한다.

C: 최첨단 의료기기 작동에 필요한 소프트웨어를 기획하고 개발한다.

A
B
C

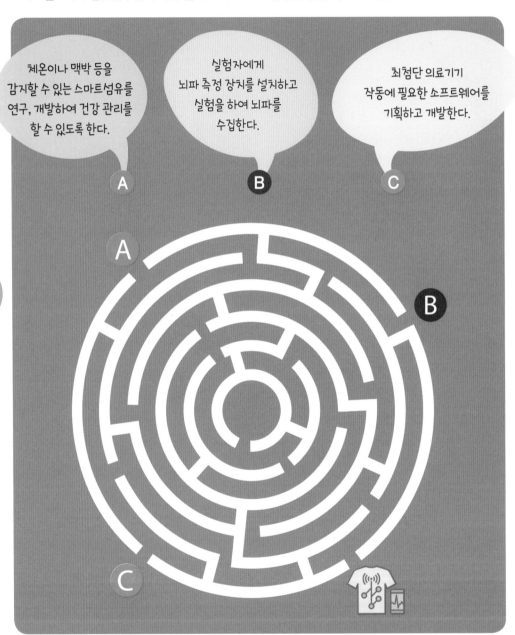

어울리는 직업 알아보기

다음은 친구들이 자기를 소개한 내용이다. 각 친구에게 가장 잘 맞는 직업은 무엇일까? 사다리를 타고 내려가 보자.

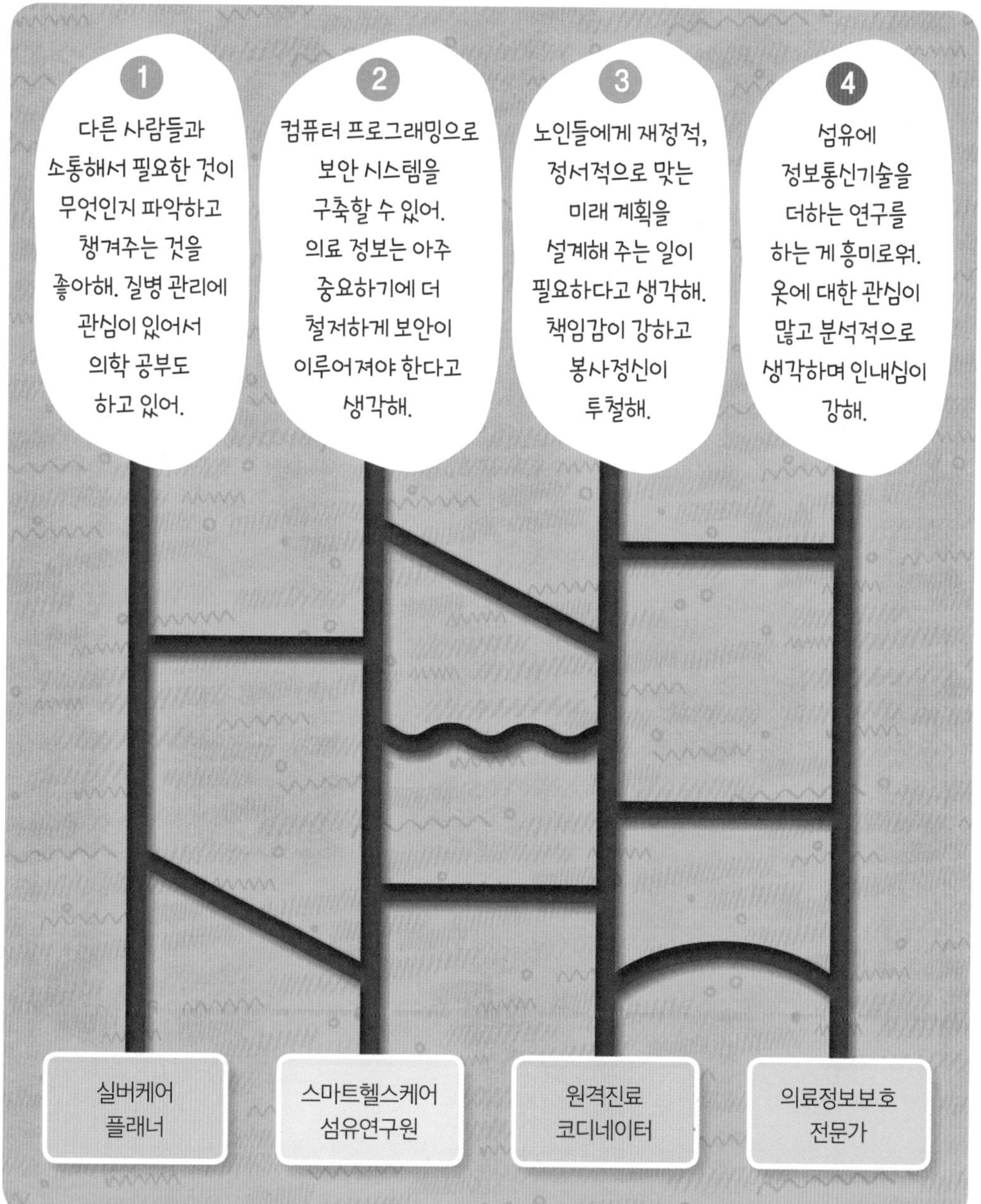

1
다른 사람들과 소통해서 필요한 것이 무엇인지 파악하고 챙겨주는 것을 좋아해. 질병 관리에 관심이 있어서 의학 공부도 하고 있어.
2
컴퓨터 프로그래밍으로 보안 시스템을 구축할 수 있어. 의료 정보는 아주 중요하기에 더 철저하게 보안이 이루어져야 한다고 생각해.
3
노인들에게 재정적, 정서적으로 맞는 미래 계획을 설계해 주는 일이 필요하다고 생각해. 책임감이 강하고 봉사정신이 투철해.
4
섬유에 정보통신기술을 더하는 연구를 하는 게 흥미로워. 옷에 대한 관심이 많고 분석적으로 생각하며 인내심이 강해.
실버케어 플래너
스마트헬스케어 섬유연구원
원격진료 코디네이터
의료정보보호 전문가

스마트헬스케어의 활용 분야

스마트헬스케어 서비스는 다양한 분야에서 활용될 것이다. 다음 중 스마트헬스케어가 활용된 제품은 어떤 것인지 찾아 보자. (정답은 다섯 개)

❶ AI가 뇌파를 분석하여 치매 여부를 판별하는 AI헬맷

❷ 치매 환자나 지적 장애인이 길을 잃지 않도록 위치를 추적할 수 있는 스마트워치

Miles
7'27"
Calories
108
Time
10.08
3.22
Wed.Aug 12
Phone
Contact
Message
Health

❸ 자율신경 건강 및 스트레스 지수를 측정하는 스마트링

Press home to unlock

❹ 지문이나 목소리를 인식하여 풀리는 잠금장치

Notes
Sleep
Education
Menu

❺ 아이의 대소변으로 건강 상태를 분석하는 스마트기저귀

Health Card
123 SYS mmHg
81 DIA mmHg
67 PUL /min

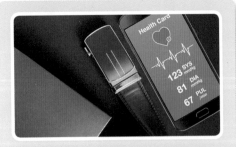

❻ 음식 섭취량과 운동량 등을 체크할 수 있는 스마트벨트

알쏭달쏭 OX퀴즈

아래 퀴즈에서 스마트헬스케어와 관련한 것이 맞으면 ○, 아니면 X에 표시해 보자.

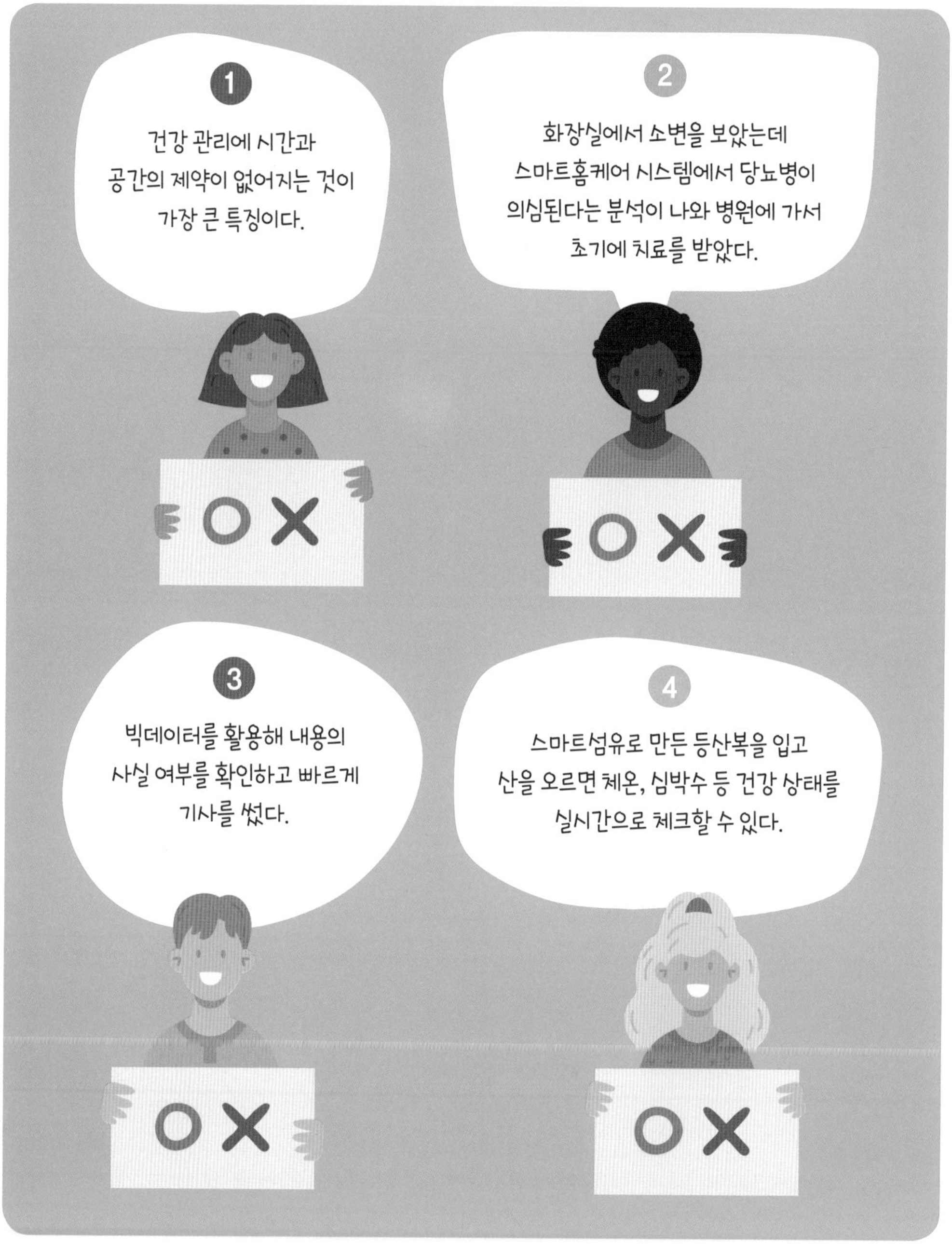

1
건강 관리에 시간과 공간의 제약이 없어지는 것이 가장 큰 특징이다.
O X
2
화장실에서 소변을 보았는데 스마트홈케어 시스템에서 당뇨병이 의심된다는 분석이 나와 병원에 가서 초기에 치료를 받았다.
O X
3
빅데이터를 활용해 내용의 사실 여부를 확인하고 빠르게 기사를 썼다.
O X
4
스마트섬유로 만든 등산복을 입고 산을 오르면 체온, 심박수 등 건강 상태를 실시간으로 체크할 수 있다.
O X

20

스마트헬스케어의 효과와 보완해야 할 점

혜진이네 반에서 스마트헬스케어에 대한 토론을 했다. 스마트헬스케어의 효과는 붉은 주머니, 보완해야 할 점은 파란 주머니에 담고 자신의 생각을 적어 보자. (정답은 각 두 개씩)

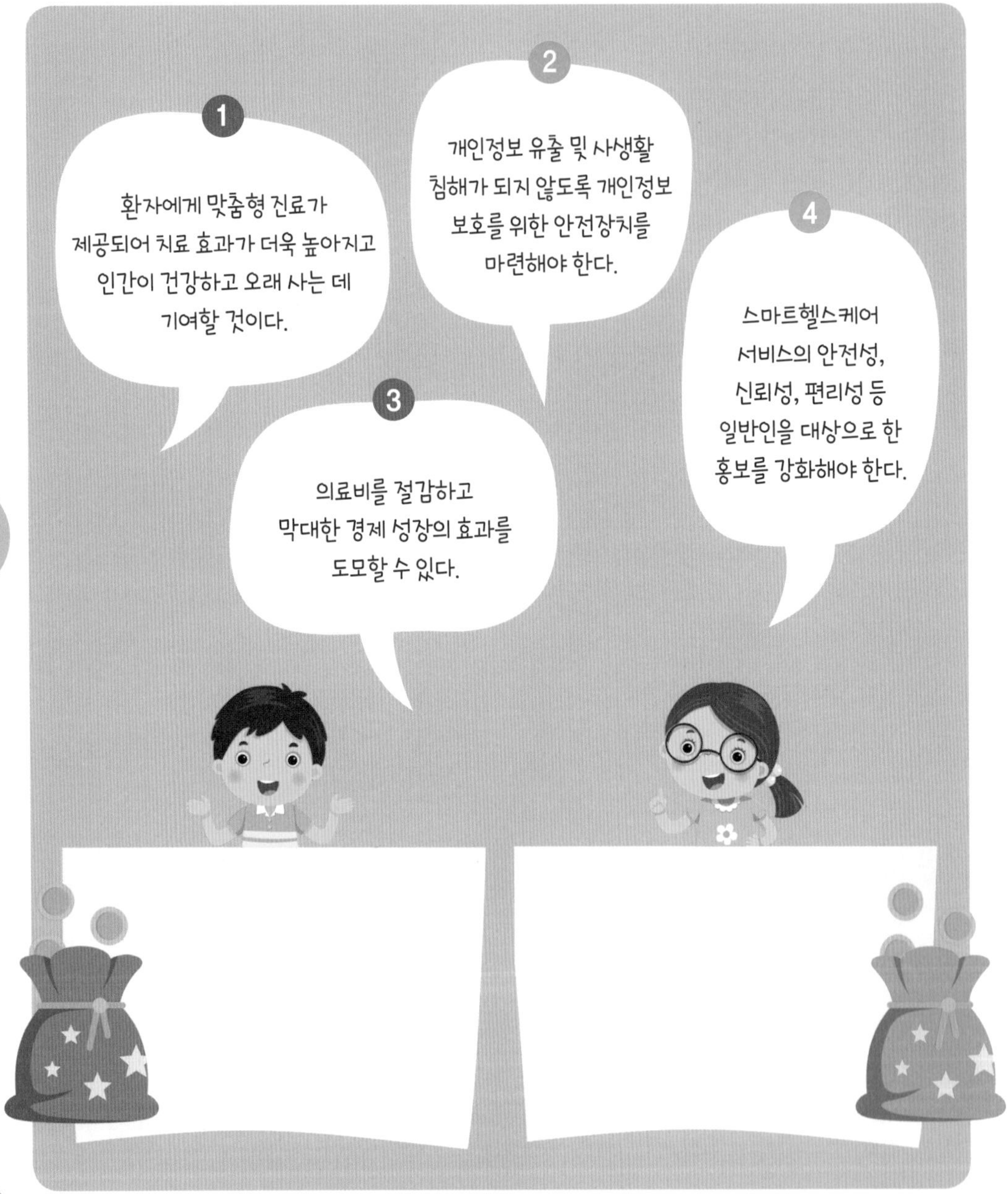
1
환자에게 맞춤형 진료가 제공되어 치료 효과가 더욱 높아지고 인간이 건강하고 오래 사는 데 기여할 것이다.
2
개인정보 유출 및 사생활 침해가 되지 않도록 개인정보 보호를 위한 안전장치를 마련해야 한다.
3
의료비를 절감하고 막대한 경제 성장의 효과를 도모할 수 있다.
4
스마트헬스케어 서비스의 안전성, 신뢰성, 편리성 등 일반인을 대상으로 한 홍보를 강화해야 한다.

나도 스마트헬스케어 전문가가 될 수 있을까?

스마트헬스케어 전문가가 나의 소질과 적성에 맞을까? 아래 질문에 답하며 나의 소질과 적성을 확인한 후 스마트헬스케어 전문가가 될 수 있는지 알아보자.

그렇다 - 5점, 보통이다 - 3점, 아니다 - 1점

1. 의료산업을 더욱 발전시킬 수 있는 정보통신기술을 공부하고 싶다. (   )

2. 어떤 일이 생겼을 때 빠르게 파악하고 반응하는 민첩성이 있다. (   )

3. 뉴스나 TV 프로그램 중에서도 건강 관련 기사나 프로그램을 즐겨 본다. (   )

4. 새로운 기기를 개발하는 것에 흥미가 있고 창의력이 뛰어나다. (   )

5. 다른 사람을 도와주는 것을 좋아한다. (   )

6. 할머니가 드시는 음식을 분석할 수 있는 프로그램을 개발하고 싶다. (   )

7. 건강 관련 책을 읽는 것을 좋아한다. (   )

8. 개인 정보를 보호하는 보안 프로그램에 관심이 많다. (   )

9. 어려운 일이 있어도 포기하지 않는 인내심이 있다. (   )

10. 두 가지를 합하여 새로운 것을 만드는 것에 소질이 있다. (   )

합계: (   )

40점 이상	스마트헬스케어 전문가로 일하는 것이 적성에 딱 맞아!
30점 이상	스마트헬스케어 전문가가 될 훌륭한 자질이 있어!
20점 이상	스마트헬스케어 전문가가 꿈이라면 조금 더 노력해 봐!
19점 이하	지금은 스마트헬스케어 전문가로 일할 소질이나 적성이 부족해. 스마트헬스케어에 관심을 가지고 공부해 봐!

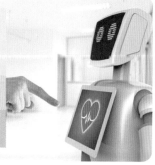

다른 그림찾기

다음은 스마트헬스케어와 관련된 그림이다. 두 그림을 비교해 보고 서로 다른 곳을 찾아 동그라미 표시를 해보자. (정답은 일곱 개)

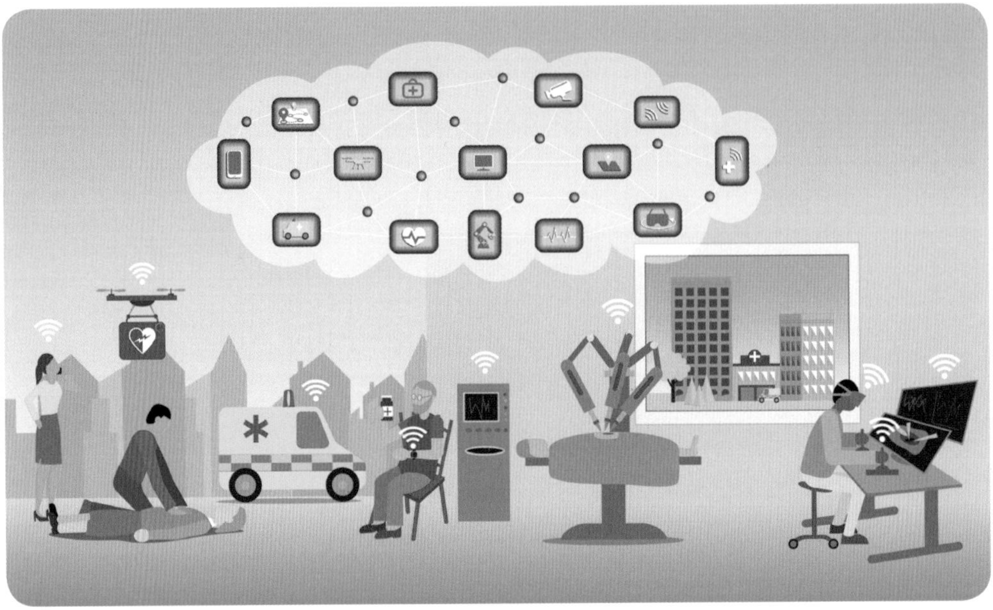

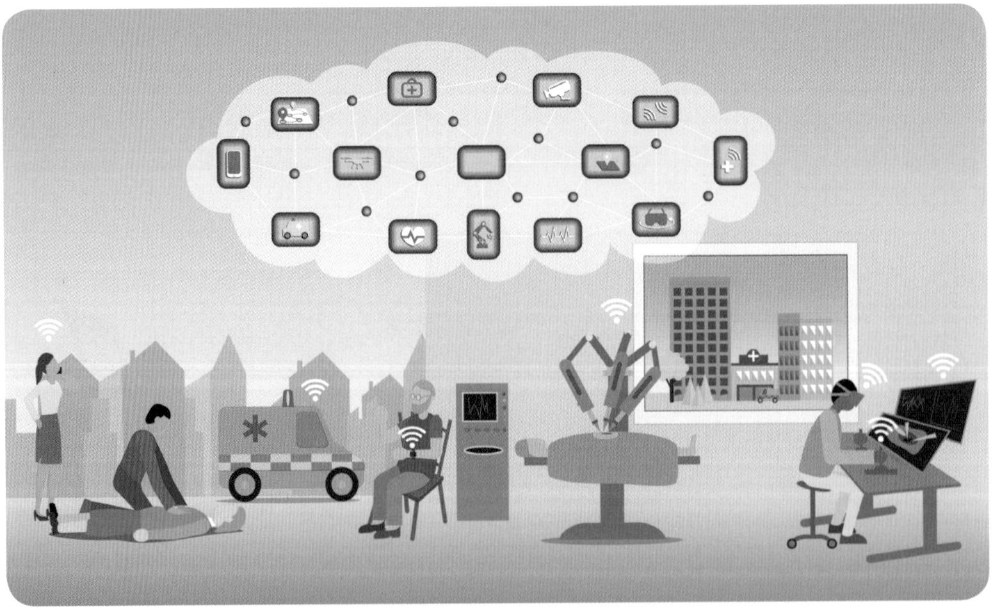

내가 스마트헬스케어 서비스를 만든다면?

스마트헬스케어 서비스를 만든다면 어떤 서비스를 만들고 싶은지 적어 보자.

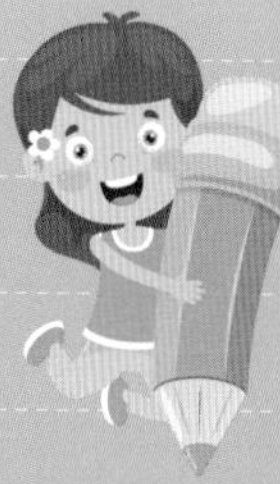

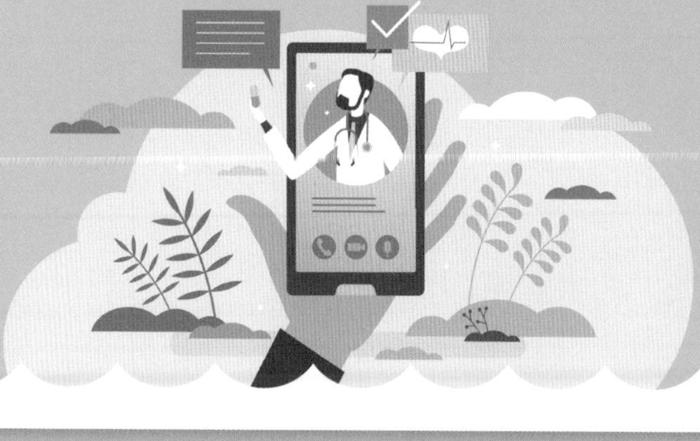

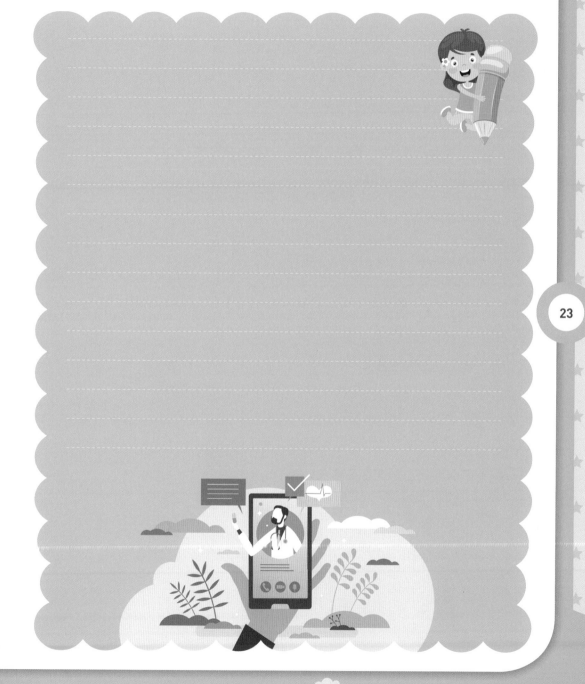

해답

4. 스마트헬스케어 서비스, 스마트헬스케어 앱 개발자, 실버케어 플래너
5. ①, ②, ③, ⑤, ⑥
6. ①, ②, ③, ④
7. ①, ③, ④
8. ①
9. 석경
10. ①, ②, ③
11. ①, ②, ④, ⑤
12. ①, ②, ③, ④
13. 대인 관계 능력, 의학 지식, 정보통신기술에 관한 지식, 배려심, 민첩성, 빠른 대응력, 공감 능력
14. ②
15. 스마트헬스케어 의료정보보호 전문가
16. A

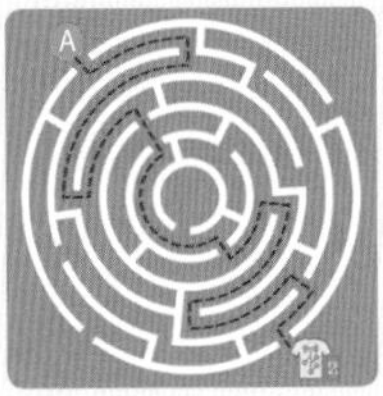
A

17. ①원격진료 코디네이터, ②의료정보보호 전문가, ③실버케어 플래너, ④스마트헬스케어 섬유연구원
18. ①, ②, ③, ⑤, ⑥
19. ○, ○, X, ○
20. 붉은 주머니-①, ③ / 파란 주머니-②, ④
22.

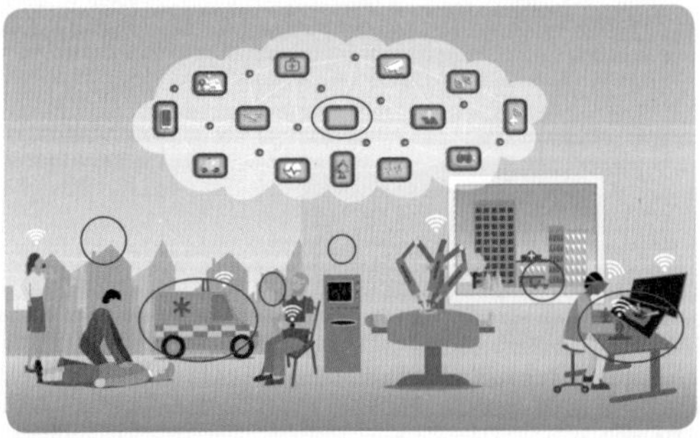